실용주의 사고와 학습

재출간판

실용주의 사고와 학습

지은이 **앤디 헌트**
옮긴이 **박영록** | 감수 **김창준**
펴낸이 **박찬규** | 엮은이 **김윤래** | 표지디자인 Arowa & Arowana

펴낸곳 **위키북스** | 전화 031-955-3658, 3659 | 팩스 031-955-3660
주소 경기도 파주시 문발로 115, 311호(파주출판도시, 세종출판벤처타운)

가격 22,000 | 페이지 300 | 책규격 | 175x235mm

초판 발행 2015년 10월 29일
ISBN 979-11-5839-015-0 (93000)

등록번호 제406-2006-000036호 | 등록일자 2006년 05월 19일
홈페이지 wikibook.co.kr | 전자우편 wikibook@wikibook.co.kr

Pragmatic Thinking & Learning: Refactor Your wetware
Original English language edition published by The Pragmatic Programmers, LLC.
Copyright © 2008 by The Pragmatic Programmers, LLC.
Korean language edition copyright © 2015 by WIKIBOOKS
All rights reserved including by arrangement with the original publisher.

이 책의 한국어판 저작권은 저작권자와의 독점 계약으로 위키북스가 소유합니다.
신 저작권법에 의해 한국 내에서 보호를 받는 저작물이므로 무단 전재와 복제를 금합니다.
이 책의 내용에 대한 추가 지원과 문의는 위키북스 출판사 홈페이지 wikibook.co.kr이나
이메일 wikibook@wikibook.co.kr을 이용해 주세요.

이 도서의 국립중앙도서관 출판시도서목록 CIP는
e-CIP 홈페이지 http://www.nl.go.kr/cip.php에서 이용하실 수 있습니다.
CIP제어번호 CIP2015028531

실용주의 사고와 학습

Pragmatic Thinking & Learning: Refector Your Wetware

앤디 헌트 지음 / 박영록 옮김 / 김창준 감수

위키북스

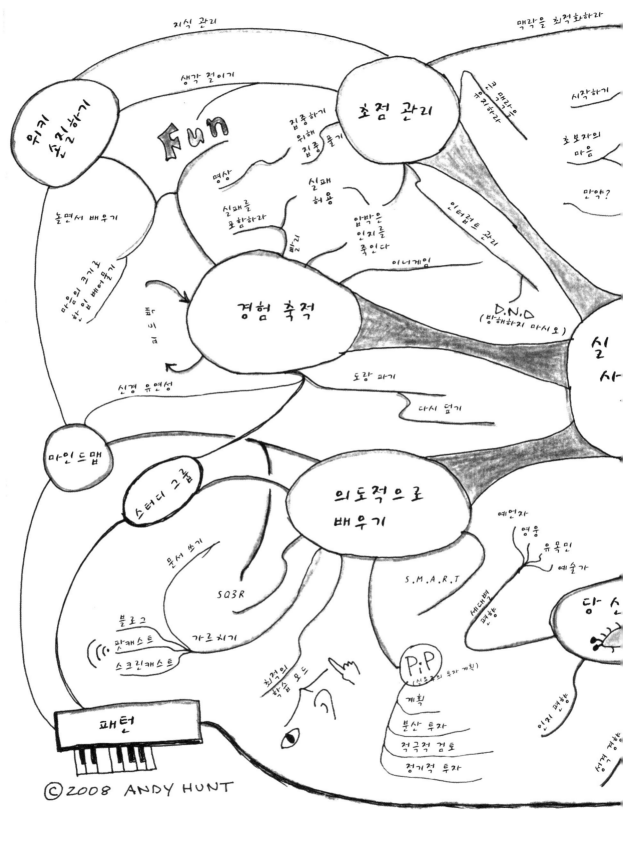

© 2008 ANDY HUNT

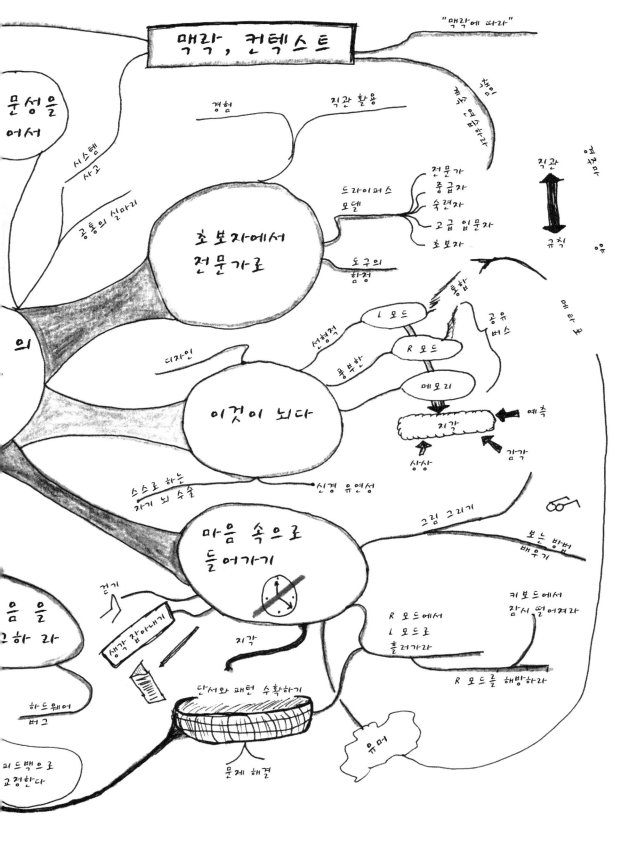

03장

이것이 뇌다

05장

당신의 마음을
디버그하라

06장
의도적으로 배우라

추천사

김창준 | juneaftn@hanmail.net

김창준은 애자일컨설팅 대표로
기업과 개인을 대상으로 애자일 방법론과 자신의 뇌를 계발하고
전문성을 높이는 것에 대해 교육, 코칭, 멘토링을 하고 있다.
애자일 이야기(http://agile.egloos.com) 블로그를 운영 중이다.

안녕하세요.

여러분은 예금할 때 더 높은 복리를 주는 곳을 찾으시나요? 자신이 개발을 할 때 개발 생산성과 자기 발전에 '복리'가 존재한다면 어떻게 하시겠습니까? 더 높은 복리를 얻을 생각이 있으시다면 이 책을 잘 고르신 겁니다(복리에 대해서는 '복리의 비밀'(http://agile.egloos.com/2854698)을 참고하세요).

저는 여기에서 제가 이 책에 참여하게 된 역사를 말씀드리고 싶습니다.

여러분이 손에 쥐고 있는 이 책은 생각보다 오랜 기간에 걸려 그리고 많은 사람들의 영향을 받아 출판되었습니다. 저는 이 책의 여정에 2006년 2월부터 참여하기 시작했습니다. 벌써 만 4년이 넘었군요.

시작은 이렇습니다. 저는 2006년 초에 앤디가 "Refactoring Your Wetware"(뇌 리팩터링하기)라는 발표를 했다는 사실을 알게 되었습니다(참고로 이 책의 원제는 출간 몇 달 전까지만 해도 Refactoring Your Wetware가 주 제목이었습니다).

어떻게 하면 소프트웨어 개발자로서 우리 자신의 머리를 잘 활용할 수 있을까에 대한 내용이었고, 주요 골자는 드라이퍼스 모델과 L/R 모드에 대한 도식적 설명이었던 것으로 기억합니다.

구체적인 내용은 알 수 없었습니다만 가슴이 뛰기 시작했습니다. 내가 수년 동안 관심 있어 하던 주제를 다른 누군가가 발표를 했다니! 그 자리에 내가 있어야 하는데 하는 샘도 나고, 또 어떤 내용일까 궁금하기도 했습니다.

저는 어렸을 때부터 뇌와 머리를 효율적으로 쓰는 것에 관심이 많았습니다. 중학생 때 아침 수업 전에 죽이 맞는 친구와 연관성 없는 단어 100개를 1초에 하나씩 불러주고 그걸 거꾸로 외우는 수련을 몇 달째 하던 아이였으니 참 특이했죠. 소프트웨어 개발 일을 하면서는 인지심리학과 전문성 연구에 큰 관심을 갖고 여러 가지 실험을 하고 가능성의 씨앗을 발견하여 흥분한 적도 많았습니다. 또 반대로 내가 비전공 분야에 너무 깊이 들어가는 건 아닌가 하고 걱정했던 때도 있었습니다.

내심 기회가 되면 소프트웨어 개발자들을 위한 두뇌 활용 서적을 써야지 하고 생각하고 있다가 앤디의 소식을 접한 겁니다. 그래서 이메일을 썼죠. 앤디가 닫힌 메일링리스트 (Pragmatic Wetware)로 초대를 하더군요. 처음에는 그곳에서 자신의 관심사를 토의하는 것으로 시작을 했습니다. 책 출판에 대한 계획은 없었죠. 그러다가 나중에는 앤디가 책을 쓰는데 아이디어를 보태고 같이 의논하고 원고를 리뷰하는 일까지 하게 되었습니다.

이 과정에서 저는 백 통이 넘는 이메일을 썼습니다. 수많은 연구와 논문, 책을 언급했고 제가 했던 경험과 실험들을 메일링리스트의 사람들과 나누었으며 여러 주제에 대해 토론도 했습니다. 그중의 일부가 이 책에 담겨 있습니다. 앤디는 책을 일관된 몇 가지의 한정적 주제로 묶고 싶어했습니다. 그래서 저는 솔직히 빠진 부분들에 아쉬움도 많이 남습니다.

저는 이런 역사를 알려드리고 싶었습니다. 왜냐하면 이 책은 최초의 소프트웨어 개발자를 위한 두뇌 활용 서적이라고 할 수 있는 '역사적'인 책이기 때문이고, 또 여러분 스스로 역사를 만들어 보실 것을 권하고 싶기 때문입니다.

이 중 특히 후자에 대해서는 부연 설명을 해야 할 것 같습니다.

우선, 제가 지금 이 책을 보면 맘에 안드는 부분도 있고(2006년에서 2008년 토론이 활발했던 당시에 앤디와 의견이 엇갈렸던 부분도 있고 그 이후 생각이 바뀐 부분도 있습니다), 추가하고 싶은 부분도 있습니다. 그래서 이 책만 보고 그 자리에 멈춰 서지 말고 더 나아가시라는 말씀을 해드리고 싶습니다. 지속적으로 자신의 머리에 관심을 갖고 꾸준히 자료도 구해 읽고, 다양한 실험도 해보라는 것이죠.

두 번째로는 '선생과 학생 사이의 아이러니'입니다.

요즘 인터넷 동영상 강의가 인기라고 합니다. 선생님들에 따라 강의 방식과 능력에 차이가 큰데 어떤 선생님 강의를 들으면 그야말로, "쏙쏙 이해가 된다"고 합니다. 그리고 그런 선생님들은 소위 스타 강사가 되지요. 그런데 교습 이론에 '바람직한 어려움'(Desirable Difficulties)이라는 개념이 있습니다. 최근 들어 많은 관심을 받고 있는 개념인데, 학습할 때 오히려 어려운 것들이 학생에게 더 이득이 되는 경우가 있다는 말입니다.

예컨대, 학생들의 수업 만족도가 높은(즉, 더 잘 배웠다고 생각이 드는) 수업이 사실 일정 기간 후의 기억력 테스트나 추론 테스트로 보면 오히려 더 못한 경우가 있다는 연구결과가 많습니다. 왜 그럴까요? 학생들에게 쉬운 방식으로 정보 전달이 되면 학생의 뇌와 선생의 뇌 중에서 가장 깊은 레벨에서 정보 처리가 이루어지는 것은 누구의 뇌일까요? 선생의 뇌입니다. 선생이 가장 공부가 많이 되는 모델입니다.

뇌과학을 연구하시는 정재승 교수님은 사석에서 제게 이런 이야기를 하시더군요. 레고는 정말 좋은 장난감인데, 레고를 만들어낸 사람의 두뇌가 제일 많이 계발되었을 것이라고요. 저는 같은 맥락에서, '쏙쏙 이해가 되는' 수업은 선생의 뇌에 가장 훈련이 되는 수업이고, 학생들의 뇌에는 가장 훈련이 적게 되는 수업이라고 생각합니다.

이 책도 그런 관점에서 보시기 바랍니다. 저나 앤디는 이 책의 집필에 참여하면서 여러 가지 연구를 읽고 직접 실험해보고, 주변의 사례를 듣고 정리하는 과정을 뇌 속에서 처리해야 했습니다. 여러분들은 이런 뇌의 정보 처리 과정의 결과를 보시는 겁니다. 가장 이득을 본 사람은 이 글을 쓴 사람들입니다. 여러분들의 뇌를 계발하고 싶으시면 여러분 스스로 이런 과정을 겪어보면서 제가 앞서 말씀드린 대로, 역사를 직접 만들어보시길 권합니다. 그래서 저와 이 책이 어떤 역사를 거치게 되었는지 말씀드렸습니다.

여러분의 가장 소중한, 하지만 이제껏 무시당했던 자산, 뇌를 좀 더 활용하고 나날이 계발하는 길이 쉽지는 않습니다만, 매우 즐겁고 흥미진진하며 보람찬 여행이 될 것이라는 점은 약속드릴 수 있습니다. 이 책이 그 여정에 첫 발자국이 되었으면 하는 바람입니다.

마지막으로 훌륭한 번역을 해주신 박영록 님께 감사의 말씀을 드립니다. 박영록 님과는 몇 번 함께 일을 해보면서 학습에 대한 열정과 뛰어난 학습 능력 등을 보며 감탄한 적이 많습니다. 박영록 님이 이 책을 번역해 주셔서 참 행운이라고 생각하고 있습니다.

감사합니다.

역자 서문

지금 내 실력은 어느 정도일까? 나는 앞으로 어떻게 하면 더 성장할 수 있을까? 어떻게 하면 팀원들과 함께 전문가로 성장해갈 수 있을까? 제가 사업이란 걸 하게 되면서 줄곧 하던 고민 중 하나였습니다.『실용주의 사고와 학습』은 이런 고민들에 대해 정말 큰 도움을 주었습니다. 사실 저는 앤디 헌트의 이전 작품 중 하나인 '실용주의 프로그래머'의 팬이기도 합니다. 그때도 많은 깨달음을 얻고 배웠는데 그 사이에 또 이렇게 훌륭한 책을 썼다는 것이 저는 놀랍기만 합니다.

하지만 또한, 이 책이 나랑 상관 없는 저 멀리 외국의 고수가 쓴 책으로만 생각할 필요는 없다는 점을 말씀드리고 싶습니다. 아마도 이 책을 보다 보면 '김창준'이라는 이름을 수도 없이 발견할 수 있을 것입니다. 앤디 헌트보다는 우리에게 좀 더 가까운 이름이겠지요. 실제로 김창준 씨와 앤디 헌트는 이 책의 내용과 관련해서 수많은 메일을 통해 생각을 주고받았고 그 결과들이 책에 많이 담겨 있습니다. 제가 몇 년 전 김창준 씨와 한 달 가량 함께 일한 적이 있었는데, 그때 들었던 이야기도 많아서 반갑기도 했었지요.

물론, 이 책에는 그뿐 아니라 수많은 사람들의 연구가 녹아들어 있습니다. 드라이퍼스 형제의 전문가에 대한 연구에서 출발해서 사람의 뇌는 어떻게 동작하는지, 어떻게 하면 더 잘 활용할 수 있는지에 대한 연구를 거쳐 학습과 창의력을 촉진할 수 있는 방법들에까지 많은 연구가 담겨 있습니다. 생각하고 배우는 방법을 집대성했다고 해도 과언이 아닐 겁니다. 고전 물리학을 집대성한 뉴튼은 이런 말을 했습니다. "내가 더 멀리 볼 수 있었던 것은 거인들의 어깨 위에 올라있기 때문이다." 앤디 헌트도 같은 말을 하지 않을까요? 이 책을 읽는 여러분도 앤디 헌트의 어깨 위에 올라서서 더 멀리 볼 수 있기를 바랍니다.

이 번역서가 나오는데도 많은 사람의 노력이 들어갔습니다. 우선, 번역 초기부터 검토에 참여해주셨던 검토자분들이 없었다면 아마 이 책의 번역 작업은 불가능했을 것입니다. 검토해주셨던 김장엽 씨, 오광신 씨, 김종욱 씨, 김태연 씨에게 감사드립니다. 특히 김장엽 씨는 제가 엉망으로 번역한 오류들은 다 잡아내주셨고 제가 잘 모르는 미국 문화에 관한 내용들을 번역할 수 있게 도와주셔서 무어라 감사드려야 할지 모르겠습니다. 번역하느라고 회사 일을 미루는 바람에 고생하게 만들었는데도 불평하지 않고 열심히 백업해준 동료이자 친구 염태근 군에게도 감사를 표합니다. 그리고 제가 힘들 때마다 늘 제 곁을 지켜주었던 제 사랑하는 아내 선화에게도 고맙다는 말을 전합니다. 끝으로, 두 달을 예상했던 일정이 1년을 넘어가는 엄청난 지연에도 재촉 한 번 하지 않고 묵묵히 기다려주신 위키북스 분들에게도 감사드립니다.

– 박영록

01 장

들어가며

반갑습니다!

이 책을 선택해주셔서 감사합니다. 이제부터 우리는 인지과학, 신경과학, 학습과 행동 이론을 거쳐가는 여행을 떠날 것입니다. 이제부터 여러분은 우리의 뇌가 어떻게 동작하는지에 대한 놀라운 이야기들을 보게 될 것이며 그 시스템을 넘어서서 어떻게 자신의 학습 기술과 사고 능력을 향상시킬 수 있는지 보게 될 것입니다.

이제부터 여러분의 웻웨어(wetware) [1]를 리팩터링, 즉 뇌를 다시 설계하고 연결하는 일을 시작할 것입니다. 그래서 여러분이 더 효과적으로 일할 수 있게 도울 것입니다. 여러분이 프로그래머나 관리자든, 지식 노동자든, 기술편집광이든, 혹은 깊이 있는 사색가든, 인간의 두뇌라는 것을 갖게 된 행운을 잘 활용하고 싶은 사람이든, 이 책이 도와줄 것입니다.

저는 프로그래머입니다. 그래서 소프트웨어 개발에 관한 이야기와 예제가 많습니다. 프로그래머가 아니라도 걱정할 필요는 없습니다. 프로그래밍은 비밀스럽고 암호 같은 언어로 소프트웨어를 만드는 그런 게 아닙니다(그런 습관에 관한 재미있는 이야기도 있지만).

---

1 (옮긴이) 소프트웨어를 생각해내는 인간의 두뇌.

프로그래밍은 곧 문제를 푸는 것입니다. 창의성과 고안력(ingenuity), 발명 능력이 필요합니다. 여러분 역시 직업이 무엇이든 창의적으로 문제를 해결해가야 합니다. 하지만 프로그래머가 하는 일, 즉 풍부하고 유연한 인간의 사고를 디지털 컴퓨터의 엄격한 제약조건과 조합해내는 일은 인간과 컴퓨터의 위력을 드러내기도 하지만 동시에 인간과 컴퓨터의 치명적인 약점을 드러내기도 합니다.

이 책의 독자 여러분 중에는 프로그래머도 있고 어려운 소프트웨어에 지친 일반 사용자도 있을 것입니다. 어느 쪽이든 여러분은 아마도 소프트웨어 개발이 인간이 상상하고 해왔던 일 중에 가장 어려운 일이 아닌가 싶을 것입니다. 너무나 복잡해서 매일 열심히 해도 종종 실패가 찾아옵니다. 때때로 그 실패가 너무 커서 기삿거리가 되기도 합니다. 우리 프로그래머들은 우주선을 다른 행성에 충돌시킨 적도 있고 귀중한 실험들로 가득한 로켓을 폭발시켜버리기도 했습니다. 고객들에게 0원이 적힌 청구서를 자동으로 보내서 괴롭히기도 하고 여행객들의 발을 묶어놓는 것도 거의 연례행사입니다.

하지만 어떻게 보느냐에 따라서 좋은 소식일 수도 있습니다. 이건 전부 우리가 잘못해서 벌어진 일이거든요. 우리는 종종 필요한 것 이상으로 어렵게 프로그래밍을 하곤 합니다. 그동안 이 분야가 진화해온 방향은 소프트웨어 개발자에게 중요하고 기초적인 기술을 많이 상실하게 하는 듯합니다.

> **소프트웨어는 여러분의 머리가 창조해내는 것입니다**

좋은 소식은 우리가 지금 당장 이 문제를 바로잡을 수 있다는 것입니다. 이 책이 그 방법을 보여 드릴 겁니다.

프로그래머가 프로그램 속에 집어넣는 버그의 숫자는 지난 40년간 변하지 않았습니다. 프로그래밍 언어, 기술, 프로젝트 방법론 등은 발전했지만 결함 비율은 거의 정해져 있었죠.[2]

이건 아마도 우리가 초점을 잘못 맞추었기 때문일 겁니다. 이 모든 기술의 변화에도 불구하고 변하지 않는 사실이 하나 있습니다. 바로 우리들, 개발자, 사람들입니다.

소프트웨어를 설계하는 것은 IDE나 어떤 도구가 아닙니다. 바로 우리의 머리가 상상하고 창조해내는 것입니다.

---

2 케이퍼스 존스의 밥 바인더를 통한 연구에서 나온 이야기.

사람들은 팀 안에서 아이디어와 개념을 공유하고 소통합니다. 우리 조직에 소프트웨어 개발 비용을 지급하는 사람들도 포함해서 말입니다. 우리는 지금까지 언어, 도구, 방법론 등의 기반 기술에 투자해 왔습니다. 그것도 좋습니다. 하지만 이제 더 나아가야 할 때입니다.

이제 우리는 정말 어려운 문제인 팀 내의, 혹은 팀 간의 사회적 상호작용을 살펴보아야 합니다. 그뿐만 아니라 더 어려운 문제인 생각하기에 대해서도 생각해야 합니다. 어떤 프로젝트도 외딴 섬이 되어선 안 됩니다. 고립된 상태에서는 소프트웨어를 만들 수도 없고 사용할 수도 없습니다.

프레더릭 브룩스는 그의 상징이나 마찬가지인 논문 『은총탄은 없다: 소프트웨어 공학의 본질과 재난』 [Bro86]에서 다음과 같이 주장했습니다. "소프트웨어 제품은 적용 방법, 사용자, 법, 그리고 전달 수단[3]으로 이루어진 문화적 매트릭스에 소속된다. 이 문화적 매트릭스는 끊임없이 변화하고 그 변화에 맞춰 소프트웨어도 변화하지 않으면 안 된다."

브룩스의 식견은 우리를 사회 자체의 거대한 소용돌이의 중심으로 밀어 넣습니다. 많은 이해당사자 간의 복잡한 상호작용과 끊임없는 변화를 통한 진화 속에서 살아남기 위해서는 다음의 두 가지 현대적인 기술이 중요해질 것입니다.

- 의사소통 기술
- 배우고 생각하는 기술

의사소통 기술은 소프트웨어 산업에서 몇 가지 의미 있는 진보를 이루어냈습니다. 특히 애자일 방법론(다음 페이지의 사이드바 참조)은 팀 구성원 간, 그리고 최종 사용자와 개발팀 간의 의사소통을 더 강화해야 한다고 강조합니다. 많은 사람들이 간명하고 효과적인 의사소통의 중요성을 인식하게 되면서 『프레젠테이션 젠』과 같은 책이 베스트셀러가 되기도 했습니다. 이것도 좋은 출발이라고 볼 수 있죠.

하지만 그다음에는 학습과 사고라는 것이 있습니다. 더 딱딱한 껍질을 깨뜨려야 과육을 맛볼 수 있습니다.

---

3 플랫폼을 말하는 것임.

프로그래머는 지속적으로 학습해야 합니다. 단순히 신기술을 학습하는 것뿐 아니라 애플리케이션에서 해결해야 하는 문제 영역도 탐구해야 하고 사용자 커뮤니티의 변덕에도 익숙해져야 합니다. 팀 동료의 기벽도 익혀야 하고 자기 분야의 흐름이 변화하는 것도 읽어야 하며 프로젝트 자체가 완성되어 가면서 진화하는 특성도 학습해야 합니다. 배우고 또 배워야 합니다. 그 배움의 힘으로 매일매일 쏟아지는 오래된 문제들과 새로운 문제들의 집중포화에 맞서는 것입니다.

원리 자체는 간단해 보이지만 배움이라는 것, 비판적인 사고, 창조성, 발명, 즉 마음의 능력을 확장하는 기술들은 그리 쉬운 것이 아닙니다. 가르침을 받는 것으로 될 일이 아닙니다. 배움의 능력이 필요합니다. 우리는 교사와 학생의 관계를 착각하는 경우가 많습니다. 학습은 교사가 가르치는 게 아닙니다. 학생이 배우는 것입니다. 배움은 전적으로 여러분에게 달린 것입니다.

이 책『실용주의 사고와 학습』을 통해 여러분의 학습 능력이 더욱 향상되고 더 실용적으로 생각할 수 있게 되기를 바랍니다.

| 애자일 방법론이 무엇인가요? |

애자일 방법론은 2001년 2월, 소프트웨어 개발의 리더 열일곱 명이 모인 회합에서 제안한 용어입니다. 당시 익스트림 프로그래밍(Extreme Programming), 스크럼(Scrum), 크리스털(Crystal) 등 다양한 방법론의 창시자들이 모였었죠. 물론 실용주의 프로그래밍을 주창한 우리도 빠지지 않았죠.

애자일 방법론은 전통적인 계획 중심의 방법론과 커다란 차이가 있습니다. 딱딱한 규칙을 되도록 피하고 실시간 피드백을 적용하면서 먼지 쌓인 오래된 일정을 폐기합니다.

이 책 전반에 걸쳐 애자일 방법론에 대한 이야기가 많이 나올 텐데, 그것은 애자일의 아이디어와 실천방법들이 좋은 인지적 습관을 기르는 데 잘 맞기 때문입니다.

01 | 또다시 "실용주의"로?

원작『실용주의 프로그래머』에서 실용주의 서가(Bookshelf) 시리즈에 이르기까지 모두 실용주의라는 단어를 내 걸고 있습니다. 실용주의의 본질은 실제로 도움이 되는 일을 하라는 것입니다. 여러분 자신에게 도움이 되는 일 말입니다.

그래서 시작하기에 앞서, 모든 개인은 다르다는 점을 마음에 새기기 바랍니다. 제가 앞으로 언급할 연구들은 풍부한 통계가 뒷받침하고 있는 것도 많지만 그렇지 않은 것도 있습니다. 뇌를 MRI로 스캔해서 입증한 과학적인 사실에서부터 개념적인 이론에 이르기까지, 오래된 아내들의 이야기부터 "어이, 프레드가 이거 해봤는데 그 녀석한테는 잘 맞던데"와 같은 이야기까지 다양한 소재들이 등장할 것입니다.

많은 경우, 특히 두뇌에 대한 이야기들은 더더욱 과학적인 기반이 아직 없거나, 알 수 없는 것이 있습니다. 하지만 걱정할 필요 없습니다. 제대로 돌아가기만 하면 그건 실용적인 것입니다. 그리고 여러분이 그것에 대해 생각할 기회를 줄 것입니다. 이 많은 아이디어들이 여러분에게 도움이 되었으면 좋겠습니다.

생각이 다른 사람도 있을 수 있습니다. 여러분도 역시 저와 생각이 다를 수 있죠. 그래도 상관없습니다. 어떤 조언이든 그대로 따라서는 안 됩니다. 제가 하는 말이라도 마찬가지입니다. 대신, 열린 마음으로 읽어주십시오. 제안들을 실행해보고 여러분에게 맞는지 아닌지를 판단하십시오.

> { 물살을 그대로 따라가는 것은 죽은 물고기뿐이다 }

| 웻웨어(Wetware)가 뭔가요? |　　wet·ware |wétwɛ́ər|: 어원: wet + software

명사. 인간의 뇌세포나 사고 과정. 컴퓨터 시스템과 비교하거나 대조해서 쓰임. 즉, 컴퓨터를 모델로 인간의 사고 과정을 비유하는 데 쓰입니다.

여러분이 자라고 사회에 적응해 갈수록 여러분은 습관과 사물에 대한 접근 방법을 수정해 나가야 할 것입니다. 삶에 있어서 고정불변인 것은 아무것도 없습니다. 오직 죽은 물고기만이 물살을 그대로 따라갑니다. 그러니 부디 초심을 잃지 말고 이 책을 취하시길 바랍니다.

이제부터 제가 저 자신의 여정에서 발견한 실용주의적인 아이디어와 기술들을 공유할 것입니다. 이것을 어떻게 소화할 것인지는 여러분에게 달렸습니다.

02 | 맥락을 고려하라

모든 것은 서로 연결되어 있습니다. 물리적인 세계, 사회 체제, 여러분 마음속 깊은 곳의 생각, 컴퓨터의 엄격한 논리 등 모든 것들이 모여서 거대하고 서로 연결된 현실세계를 이룹니다. 홀로 존재하는 것은 아무것도 없습니다. 모든 것은 시스템의 일부이며 더 큰 맥락(context)의 일부입니다.

현실이 이렇다 보니 작은 문제가 예상치 못한 큰 영향력을 미치는 경우가 있습니다. 이런 불균형적인 효과는 비선형계의 특징인데, 여러분이 지각하지 못할지는 몰라도 실세계는 분명 비선형적입니다.

> 우리가 무언가를 그 자체로만 집어내어 보면 결국 그것이 우주의 다른 모든 부분과 이어져 있다는 것을 깨닫게 된다.
>
> - 존 무어, 1911, 시에라에서의 첫 번째 여름

이 책에 담겨 있는 활동들이나 차이점이라고 이야기하는 것 중에는 겉으로 보기에는 차이를 구분하기 힘들 정도의 미묘한, 혹은 미미한 차이가 있는 것들이 많습니다. 이를테면, 어떤 생각을 단지 머릿속에서만 생각하는 것과 소리 내어 크게 말하는 것, 또는 문장을 종이에 쓰는 것과 컴퓨터의 편집기에서 타이핑하는 것과 같은 것들이죠. 개념적으로는 완전히 동일한 일입니다.

하지만 그렇지가 않습니다.

이런 종류의 활동은 뇌에서 아주 다른 부분을 활용하게 됩니다. 뇌의 어떤 부분을 활용하느냐는 여러분이 하는 생각 그 자체뿐 아니라 그것을 생각하는 방법에도 영향을 미칩니다. 여러분의 생각은 뇌의 다른 부분, 혹은 여러분의 몸과 유리된 것이 아닙니다. 모두 연결되어 있죠. 이것도 하나의 예일 뿐이고 뒤로 갈수록 뇌에 대해 더 많은 이야기들이 나올 것입니다. 어쨌든 이 이야기는 상호작용 체계에 대해 생각하는 것이 중요하다는 사실을 일깨워줍니다.

{ 모든 것은 서로 연결되어 있다 }

피터 센지는 그의 독창적인 책『제5경영: 학습 조직의 기술과 실제』[Sen90]에서 시스템 사고라는 용어를 세계를 보는 또 다른 접근 방법이라는 의미로 대중화시

켰습니다. 시스템 사고에서는 어떤 개체를 독립된 개체 자체로 보기보다 여러 시스템의 접점으로 보려고 합니다.

예를 들어, 나무를 우리 눈에 보이는 땅 위에 있는 하나의 개체로서 볼 수도 있습니다. 하지만 사실 나무는 최소한 두 가지 주요 시스템과 연결되어 있습니다. 나뭇잎을 통한 공기의 순환, 그리고 뿌리를 통한 대지와의 순환 시스템입니다. 이것은 고정된 것도 아니고 격리되어 있지도 않습니다. 더 재미있는 점은 여러분이 인지하든 아니든, 여러분 자신도 시스템에 있는 단순한 관찰자가 아니라 그 시스템의 일부라는 사실입니다.[4]

TIP 001 | 늘 맥락을 고려하라

이 글귀를 주위의 벽이나 책상, 회의실, 화이트보드, 혹은 어디든 생각이란 걸 하는 곳에 붙여 두세요. 이건 나중에 다시 이야기할 것입니다.

03 | 모든 사람이 이것에 대해 이야기한다

제가 이 책을 쓰기 위한 아이디어를 짜내고 있을 때 내가 흥미를 느끼는 주제에 대해 이야기하는 사람이 다른 분야에도 많다는 사실을 알아차리기 시작했습니다. 다음의 예처럼 상당히 다르고 멀리 떨어진 분야에 있는 사람들이었죠.

- MBA와 중역 대상 교육
- 인지과학 연구
- 학습 이론
- 간호학, 건강관리, 항공 산업과 관련 직업 및 산업
- 요가와 명상 기술
- 프로그래밍, 추상화, 문제 해결
- 인공 지능 연구

---

4   우리의 오랜 친구 하이젠베르크가 제안한 양자의 불확정성 원리. 좀 더 일반화하면, 관찰자가 대상의 상태에 영향을 미치기 때문에 시스템을 바꾸지 않고 시스템을 관찰할 수는 없다는 이야기.

{ 무언가 근본적인 것이 있다 } 이렇듯 전혀 달라 보이는 다양한 분야에서 같은 생각, 어떤 공통의 실마리를 찾아내기 시작했다면 이건 일종의 신호입니다. 즉, 영역은 이렇게 다양하지만 그 수면 아래에 숨어 있는 무언가 근본적이고 아주 중요한 것이 있다는 뜻이죠.

요가와 명상 기술은 오늘날에는 대중적인 인기를 누리고 있지만 늘 그랬던 것도 아니고 명확한 이유가 있는 것도 아닙니다. 2005년 10월인가, 비행기 안에서 본 잡지에서 이런 기사를 본 적이 있습니다. "많은 회사들이 직원들의 건강관리 비용을 줄이기 위해 요가와 명상을 도입한다."

큰 회사들은 역사적으로 이런 따뜻하고 뭔가 모호한 것 같은 활동을 권장하지 않았습니다. 하지만 회사에서 부담하는 건강보험 비용이 폭발적으로 늘어나면서 이런 상황에 도움이 될 만한 것이라면 뭐든지 해야 했죠. 대기업에서는 요가나 명상 기술을 실천하는 사람들이 다른 사람들보다 훨씬 건강한 삶을 누린다고 생각합니다. 이 책에서는 인지와 관련된 것에 더 관심이 많지만 건강에 도움이 된다는 것은 유익한 부산물이죠.

한 가지 더 이야기한다면 MBA와 중역 대상 교육 과정의 상당수가 명상, 창조, 직관의 기술을 배울 수 있는 다양한 과정을 포함하고 있습니다. 이 과정들은 이미 진행된 연구 결과를 잘 활용하고 있지만 이런 지식이 정작 현장 직원들에게까지 전달되고 있진 않습니다. 우리 같은 지식 노동자들도 예외가 아니고요.

하지만 MBA는 없어도 되니 걱정할 필요 없습니다. 우리가 이런 주제를 다룰 것입니다.

04 | 우리는 어디로 가고 있는가

여행을 잘하려면 지도가 있어야 합니다. 우리 지도는 이 책의 앞부분에서 봤을 것입니다. 이 책의 흐름은 선형적이지만 보다시피 각 주제들은 서로 얽히고설켜 있죠.

결국 모든 것은 다른 모든 것과 연결되어 있습니다. 하지만 이 책을 순서대로 읽는 것만으로는 그 참뜻을 알기 어렵습니다. 책에 있는 수많은 '참고문헌'을 찾아본다고 해서 그런 것을 깨달을 수 있는 것도 아닙니다. 그래서 시각적인 지도를 제시해서 무엇이 무엇에 연결되어 있는지를 조금 더 명확하게 알기를 바라는 것입니다.

이 정도를 염두에 두고 나서 우리가 나아갈 방향을 간략하게 살펴봅시다. 약간의 곁가지도 있고 이리저리 기웃거릴지도 모르니 길을 잃지 않도록 주의하세요.

초보자에서 전문가에 이르는 여정

이 책의 첫 부분에서 뇌의 동작 원리를 이해하게 될 것입니다. 기술의 전문성을 연구한 유명한 모델인 드라이퍼스(Dreyfus) 모델을 통해서 살펴볼 것입니다. 여기에는 초보자가 어떤 길을 거쳐서 전문가로 거듭나는지 그 과정이 잘 나와 있기 때문에 전문가가 되는 데 필요한 핵심적인 내용에 초점을 맞춰 볼 겁니다. 바로 경험을 활용하고 적용하는 것, 그리고 상황을 이해하고 직관을 활용하는 방법입니다.

이것이 뇌다

소프트웨어 개발에서 가장 중요한 도구는 당연히 여러분의 두뇌입니다. 기초적인 인지과학과 신경과학도 배울 텐데 이것도 소프트웨어 개발자인 우리에게 도움이 될 것입니다. 우리의 뇌가 마치 공유 버스(shared-bus)[5]로 연결된 듀얼 CPU를 닮았다는 사실이며, 우리 자신의 뇌수술을 어떻게 할 것인지 등등 재미있는 이야기들이 있습니다.

마음속 들여다보기

뇌를 더 잘 이해하고 나면 그동안 잘 활용하지 못했던 생각의 기술을 활용할 수 있게 됩니다. 그러면 더 창조적일 수 있고 문제 해결도 더 잘할 수 있게 됩니다. 물론 경험도 더 효과적으로 쌓고 활용할 수 있게 될 것이고요.

직관은 어디에서 오는지도 살펴볼 겁니다. 전문가라는 자격증이나 마찬가지인 직관은 다루기 까다로운 본능 같은 것입니다. 직관이 필요하고 거기에 의존하지만 이유를 모를 때는 직관을 따르기를 거부하기도 합니다. 또, '비과학적'이라는 오해로 여러분 자신이나 다른 사람의 직관을 의심하기도 하죠.

이제부터 그런 고정관념을 부수고 여러분의 직관에 자유를 줄 것입니다.

---

5 (옮긴이) 컴퓨터에서 CPU와 메모리 등의 다른 시스템 구성요소를 연결하는 통로를 버스(bus)라고 한다. 공유 버스(shared-bus)는 CPU와 각 구성 요소가 하나의 버스를 공유한다는 뜻인데 여기서는 두 개의 CPU가 하나의 버스를 공유한다는 뜻이다.

당신의 마음을 디버그하라

직관은 멋진 기술이지만 틀릴 때도 있습니다. 인간의 사고에는 '알려진 버그'가 많이 있습니다. 인지 자체에 내재된 편견(bias)이 있죠. 여러분이 태어난 시기, 여러분의 동료(아마도 여러분과 비슷한 시기에 태어났겠죠), 타고난 성격, 심지어 하드웨어의 배선 문제까지 이런 편견에 영향을 미칩니다.

시스템에서 이런 버그는 여러분의 판단을 흐리게 하고 나쁜 결정, 때때로 재앙이 될 수 있는 결정을 내리게 합니다.

이런 공통적인 버그를 아는 것만으로도 문제를 크게 완화할 수 있습니다.

의도적으로 배우기

이제 우리는 뇌가 어떤 구조로 돌아가는지를 살펴보았습니다. 이제 조금 더 적극적으로 이 뇌라는 시스템을 어떻게 잘 활용할 수 있을지 알아봅시다. 배움이란 것에 대해 먼저 배울 것입니다.

여기서 배움이란 가장 넓은 의미의 배움입니다. 신기술이나 프로그래밍 언어 등을 배우는 것뿐 아니라 팀의 역학을 배우는 것, 여러분이 개발 중인 소프트웨어가 진화해가면서 어떤 특성을 가지게 되는지를 배우는 것 등 많은 것을 포괄합니다. 즉, 늘 배워야 한다는 이야기입니다.

하지만 우리들 대부분은 어떻게 해야 하는지에 대한 가르침을 받지 못했습니다. 어떻게 해야 날개를 펼칠 수 있을지 말입니다. 그래서 제가 여러분의 배움의 기술을 향상시킬 수 있는 몇 가지 특별한 기법을 보여 드릴 겁니다. 계획 짜는 기술, 마인드맵, SQ3R 같은 독서의 기술, 교육과 글쓰기에서의 인지적 중요성 등입니다. 이런 기법들로 무장하고 나면 새로운 기술을 더 빠르고 쉽게 흡수하고 더 높은 통찰력을 지니게 될 것이며, 새로운 지식을 더 잘 기억할 수 있게 될 것입니다.

경험 축적

경험 축적은 배움과 성장의 열쇠입니다. 우리는 무언가를 직접 해봐야 가장 잘 배울 수 있습니다. 하지만 단순히 '그냥 하는 것'만으로는 성공을 보장할 수 없습니다. 도움이 되는 방향으로 하는 방법을 배워야 합니다. 하지만 그 과정에는 몇 가지 공통적인 장애물이 있습니다.

경험을 강요할 수도 없습니다. 너무 열심히 노력하는 것은 같은 동작을 반복하는 것과 마찬가지로 나쁜 일입니다(더 나쁘진 않을지라도). 피드백, 재미, 실패 등을 활용해 좀 더 효과적으로 학습할 수 있는 환경을 만드는 기술이 필요합니다. 마감일의 위험성도 알아야 합니다. 정신적인 활동으로 어떻게 가상적인 경험을 쌓을 수 있는지도 배우게 될 것입니다.

초점 유지하기

이번 여행에서 다음으로 중요한 것은 주의와 초점을 관리하는 것입니다. 지식과 정보의 홍수 속에서 빠져나오는 몇 가지 팁을 소개하고 경험을 축적하고 학습하는 데 필요한 통찰을 보여줄 것입니다. 정보가 넘쳐나는 시대이고 업무에서 매일매일 쏟아지는 요구에 침몰하기 쉽습니다. 그러면 우리의 경력도 끝이겠죠. 이제 허우적대는 건 멈추고 여러분의 주의력과 집중력을 향상시킵시다.

현재 상황을 어떻게 최적화하고 귀찮은 인터럽트(interrupt)[6]를 관리할 방법을 살펴볼 것입니다. 그리고 왜 인터럽트가 인지적으로 그처럼 나쁜지 알게 될 것입니다. 할 일들로 마음이 산란할 때 더 잘 집중하려면 왜 집중을 풀어야 하는지, 여러분의 지식을 더 주의 깊게 관리해야 하는 이유가 무엇인지도 살펴볼 것입니다.

전문성을 넘어서

드디어 변화가 왜 보기보다 이렇게 힘든 것인지를 살펴볼 차례입니다. 그리고 이제 당장 내일 아침부터 시작할 수 있는 것을 제안할 것입니다.

전문성을 넘어서면 무엇이 있는지, 그리고 어떻게 거기에 이르는지도 공유할 것입니다.

그러니까 일단 다시 앉아서 여러분이 좋아하는 음료를 마시면서 이 책 표지 밑에는 무엇이 있는지 찬찬히 살펴봅시다.[7]

---

6   (옮긴이) 어떤 일을 하다가 다른 일에 대한 요청으로 현재 일을 중단하는 것

7   원서 표지는 다음 URL에서 살펴볼 수 있습니다. https://imagery.pragprog.com/products/107/ahptl.jpg?1298589772

다음 할 일 ➜

이 책을 읽는 내내 '다음 할 일'이라는 항목을 만나게 될 것입니다. 이것은 여러분이 이 책의 내용을 실천하고 현실화하기 위한 도움말입니다. 연습문제도 있고 시도해볼 만한 실험도 있고, 당장 시작해야 할 습관도 있습니다. 체크박스도 넣어 드릴 테니 여러분이 직접 실천하고 나면 체크를 해보세요. 다음과 같은 것들입니다.

☐ 여러분의 프로젝트에서 당면한 문제를 깊이 살펴보세요. 다른 시스템들이 연관되어 있다는 것을 발견하셨나요? 이것들은 어디서 상호작용하나요? 상호작용하는 지점이 여러분이 보고 있는 문제와 연관이 있나요?

☐ 여러분의 문제를 유발한 주변 상황에서 뭔가 의미 있는 세 가지를 찾아보세요.

☐ 여러분의 모니터에 "맥락을 고려하라"라고 적고 한번 읽어보세요.

| **그림에 대해** | 이 책의 그림들은 어도비 일러스트레이터 같은 걸로 그린, 반짝거리고 기계적으로 완벽해 보이는 그런 그림과는 좀 다르죠? 이것은 의도적인 것입니다.

애자일 개발자들은 포레스트 M. 밈스 3세의 전자기학 책이라든지, 냅킨 뒷면에 대충 그린 설계 문서처럼 손으로 그린 그림을 좋아합니다. 손으로 그린 그림은 독특한 속성이 있죠. 그게 무엇인지는 이 책의 후반부에 다시 설명할 것입니다.

05 | 감사의 말

먼저 엘리 헌트에서 특별한 감사를 전합니다. 드라이퍼스 모델, 그리고 간호학에서 그에 관련된 연구를 소개해주었고, 어설프고 산만한 제 글에 고통받으면서도 제가 길을 잃지 않게 해주었습니다. 그리고 우리 가계가 기름을 잘 쳐둔 기계처럼 잘 굴러가게 해주었죠. 편집자의 작업은 어려운 일이지만 감사를 받기 힘든 일입니다. 서문에서 간단하게 감사하는 것만으로는 다 표현할 수 없을 정도입니다. 편집자로서, 어머니로서, 비즈니스 매니저로서 늘 잘 해주시고 참을성 있게 대해주셔서 감사드립니다.

Pragmatic Wetware 메일링 리스트의 친구들과 검토자들에게도 감사를 드려야겠습니다. 버트 베이츠, 돈 그레이, 론 그린, 션 하트스톡, 디에르그 쾨니그, 니클라스 닐슨, 폴 오크스, 제어드 리처드슨, 린다 라이징, 요한나 로스먼, 제러미 시딕, 스텝 톰슨, 데렉 웨이드, 그 외에도 여러 가지 생각과 경험, 읽을 거리를 올려주신 모든 분께 감사드립니다. 이 모두의 경험이 합쳐져서 이 책이 나왔습니다.

이 책 전반에 걸쳐 많은 공헌을 하신 김창준 씨에게도 특히 감사드립니다. 자신의 경험에서 나온 광범위한 연구와 이야기들, 그리고 이 책의 기획 단계 내내 주셨던 많은 피드백들에 감사드립니다.

패트리샤 배너 박사에게도 감사드리지 않을 수 없습니다. 전문적인 간호 기술을 습득하는 데 드라이퍼스 모델을 적용한 사례를 소개해주셨고 그녀의 논문을 인용하도록 허락해주시고 도와주셨습니다. 그리고 배움의 열정도 보여주셨죠.

뇌의 반구성(lateral specialization)에 대해 연구한 결과를 실제로 적용하는 데까지 나아갔던 베티 에드워즈 박사에게도 그의 논문을 인용할 수 있도록 허락해주시고 도와주셔서 감사드립니다.

색인 작업을 해주신 새라 린 이스틀러와 오자, 문법 오류 등을 교정해주신 김 윔프셋, 조판에 수고해주신 스티브 피터에게도 감사드립니다.

마지막으로, 이 책을 구입하고 저와 함께 여행을 떠나시게 될 여러분께도 감사드립니다.

이제 우리의 직업을 좀 더 바람직한 방향으로 이끌어 봅시다. 우리의 경험과 직관을 활용하고 새로운 배움의 환경을 창조해 봅시다.

02장

초보자에서
전문가에 이르는 여정

"문제를 만들었을 때와 같은 사고방식으로는 그 문제를 해결할 수 없다."

– 알베르트 아인슈타인

전문가가 되고 싶지 않으십니까?

직관적으로 정답을 알 수 있다면 얼마나 좋을까요? 이제 전문가로 가는 길에서 우리 여정의 첫발을 내디뎠습니다. 이번 장에서는 초보자는 어떤지, 전문가라는 것은 무엇을 의미하는 것인지 살펴볼 겁니다. 그리고 그 사이의 모든 단계도 살펴볼 것입니다. 이야기는 여기서 시작합니다.

옛날 옛적에 인공지능 기술을 발전시키고 싶어했던 두 명의 형제 연구자가 있었습니다. 사람이 배우고 기술을 습득하는 방식과 똑같은 방식으로 배우고 기술을 익히는 소프트웨어를 만들고 싶었습니다. 안 된다면 차라리 왜 안 되는지 증명이라도 하고 싶었죠. 그러려면 사람이 어떻게 배우는지를 배워야 했죠.

그래서 기술 습득의 드라이퍼스 모델[1]이라는 개념을 개발했습니다. 이 모델에서는 초보자에서 전문가로 가는 과정을 다섯 단계로 구분해서 설명하고 있습니다. 이 개념을 깊이 살펴보고 나면 이것을 효과적으로 활용한 게 우리가 처음이 아니라는 것을 알 수 있을 겁니다.

---

1 『기계를 넘어서서 마음으로: 인간 직관의 힘과 컴퓨터 시대의 전문성』 [DD86]

1980년대 초반으로 돌아가 보면, 미국에서는 간호 분야에서 드라이퍼스 모델의 교훈을 활용해 접근법을 교정하고 전문성을 개선했습니다. 그때 간호사들이 직면했던 문제를 오늘날 프로그래머와 엔지니어들이 똑같이 겪고 있습니다. 그들의 전문성은 엄청나게 진보했는데 그동안 우리는 큰 발전이 없었죠.

| 이벤트 이론 vs. 구성 이론 | 드라이퍼스 모델은 구성 이론으로 분류합니다. 이론에는 두 가지 종류가 있습니다. 이벤트 이론과 구성 이론이죠.[2] 둘 다 우리가 관찰하는 현상을 설명하는 데 쓰입니다.

이벤트 이론은 측정 가능합니다. 이런 종류의 이론은 검증할 수 있고 증명할 수 있습니다. 이벤트 이론의 정확성을 판단할 수 있다는 것이죠.

구성 이론은 무형의 추상적 개념입니다. 증명한다고 말하는 것 자체가 말이 안 되죠. 대신, 구성 이론은 그 유용성으로 평가합니다. 구성 이론은 정확한지 아닌지 평가할 수 없습니다. 이건 사과와 실존주의를 섞어 놓은 것이나 마찬가지입니다. 사과는 물건이지만 실존주의는 추상적인 개념이죠.

예를 들어, 뇌에 관한 모든 것은 간단한 전기를 이용하거나, 혹은 복잡한 영상의학 기기를 활용하면 증명할 수 있습니다. 하지만 그래도 여러분이 마음이란 것을 가지고 있는지 아닌지는 증명할 수 없죠. 마음은 추상적 개념입니다. 실제로 그런 게 존재하는 것은 아닙니다. 그저 생각이고 개념이라고 할 수 있죠. 하지만 이건 아주 유용한 개념입니다.

드라이퍼스 모델은 구성 이론입니다. 추상적인 개념이고, 앞으로 보게 되겠지만 아주 유용합니다.

관찰에 따르면 간호사와 프로그래머에게 공통으로 적용되는 사실이 몇 가지 있습니다. 아마 다른 직업에도 적용될 것입니다.

- 현장에서 일하는 전문가들이 늘 전문가로 인정받거나 제대로 대우받지는 않습니다.
- 모든 전문가들이 관리직으로 가고 싶어하지는 않습니다.
- 구성원들의 능력 차이가 굉장히 큽니다.
- 관리자들의 역량 차이가 굉장히 큽니다.
- 어떤 팀이든지 멤버들의 기술 수준은 다양하며 하나의 동질적인 집단으로 간주하거나 대체 가능한 자원으로 볼 수 없습니다.

---

2 「비판적인 사고의 도구: 심리학의 메타 사고」 [Lev97]

그림 2.1 | 유닉스 마법사

기술 수준에는 그저 잘한다, 똑똑하다, 빠르다 정도 이상의 무언가가 있습니다. 드라이퍼스 모델은 우리의 능력, 자세, 실력, 관점이 기술 수준에 따라 어떻게 바뀌는지, 또 왜 바뀌는지를 설명해줍니다.

이것은 왜 과거에 많은 소프트웨어 개발 개선 노력이 실패로 돌아갔는지를 설명해줍니다. 대신 소프트웨어 개발 분야에 의미 있는 발전을 이루기 위해 해야 할 일련의 활동들을 제안합니다. 개별적인 실천가들뿐 아니라 산업 전반에 도움이 되는 것들입니다.

그럼 한번 살펴봅시다.

01 | 풋내기 vs. 전문가

소프트웨어 개발 전문가를 뭐라고 부릅니까? 마법사는 어떤가요? 매직 넘버(magic number)[3]를 다루고 16진수로 된 것들도 다룹니다. 좀비 프로세스도 나오고 `tar -xzvf plugh.tgz`나 `sudo gem install —include-dependencies rails`처럼 신비한 주문을 외기도 합니다.

---

3   (옮긴이) 코드상에서 의미를 파악할 수 없는 숫자 상수를 빗대어 magic number라고 부름.

심지어 우리는 신원을 다른 사람으로 바꾸거나 유닉스 세계에서 최고의 권력을 상징하는 루트 사용자(root user)로 변신하기도 합니다. 마법사는 힘도 들이지 않고 해낼 수 있습니다. 영원(newt)[4]의 눈물 한 방울, 박쥐 날개 먼지 약간, 그리고 주문을 외면, 짠! 마법이 일어납니다.

| **쉬워 보이게 만들기** | 예전에 오르간 전문 연주자를 면접 본 적이 있었습니다. 오디션 곡으로 찰스 마리 와이더의 '토카타'(관심 있는 분을 위해 덧붙이자면, 교향곡 5번 F 단조, Op. 42 No.1에 있는 곡입니다)를 선택했습니다. 저 같은 아마추어의 귀에는 적당히 어렵게 들리는, 열정적인 곡이죠.

후보 한 명은 정말 제대로 해냈습니다. 발은 페달 위에서 날아다니고 손은 오르간의 두 줄을 자유자재로 오르락내리락하더군요. 그녀의 눈썹 사이로 나타난 엄숙한 표정에서 그녀의 높은 집중도를 엿볼 수 있었습니다. 땀범벅이 되어 갔죠. 훌륭한 연주였고 그만큼 저도 감동했습니다.

하지만 그다음에 진짜 전문가가 나타났습니다. 그녀는 이 어려운 곡을 아주 약간 더 잘 소화했고 약간 더 빠르게 연주했습니다. 하지만 그녀는 웃음을 머금었고 그녀의 손과 발이 마치 문어발처럼 움직이면서도 우리와 대화를 나눌 수 있었습니다.

그녀는 마치 그게 쉬운 일인 것처럼 보이게 만들었죠. 결국 오디션에 합격한 것은 그녀였습니다.

마치 신화적인 이야기처럼 들리지만 특정 분야의 전문가를 대할 때 이렇게 느끼는 경우는 흔합니다(우리 직업이 특별히 더 마술처럼 보이긴 하죠).

예를 들어, 숙련된 주방장을 생각해 봅시다. 밀가루와 각종 양념이 날리고 수습생이 설거지 해야 할 접시가 산더미처럼 쌓여가는 상황에서 숙련된 주방장은 이 요리를 어떻게 해내야 하는지를 명확하게 표현하지 못할 수도 있습니다. "글쎄, 이거 조금 하고 저건 후딱 해치우고, 그렇다고 너무 심하게 하진 말고, 다 익을 때까지 요리하면 됩니다."

{ **전문성을 명확하게 말로 설명하기는 어렵다** } 주방장 클로드가 일부러 무딘 척하는 것이 아닙니다. 그는 "다 익을 때까지 요리한다"라는 말의 의미를 압니다. 그냥 충분한 것과 '지나친 것'의 미묘한 차이를 육즙이 얼마나 풍부한지, 고기를 어디서 샀는지, 야채가 얼마나 신선한지 등으로 구분해냅니다.

---

4   (蠑蚖) 도마뱀처럼 생긴 동물.

전문가들은 그들의 행동을 세세하게 설명하지 못하는 경우가 많습니다. 그들의 반응은 거의 습관화되어 있어서 생각하기도 전에 움직입니다. 그들의 많은 경험은 뇌에서 언어를 사용하지 않는 무의식 영역에 저장되어 있기 때문에 관찰하기도 어렵고 그들이 직접 말로 설명하기도 어렵습니다.

전문가가 무언가를 할 땐 다른 사람들에게는 거의 마술처럼 보이기도 합니다. 이상한 주문을 외기도 하고 출처 불명의 통찰력을 번뜩이기도 하고 다른 사람들은 문제 자체도 확신하지 못하고 있을 때 정답을 찾아내는 무시무시한 능력을 보여주기도 합니다.

물론 이건 마술이 아닙니다. 하지만 전문가가 세계를 인지하는 방식, 문제를 푸는 방식, 그들이 사용하는 마음의 모델 등은 풋내기와 사뭇 다릅니다.

초보 요리사는 이와는 딴판입니다. 긴 하루 일과를 끝내고 퇴근하지만 습도의 미묘한 차이나 나물에는 관심이 없습니다. 초보자는 지금 이 레시피에서 사프란(saffron)[5]을 정확히 얼마나 넣어야 하는지를 알고 싶어합니다. 이건 비단 사프란이 말도 안 되게 비싸기 때문만은 아닙니다.

초보자와 전문가는 근본적으로 다릅니다. 다른 방법으로 세상을 보고 다른 방법으로 반응합니다. 이제부터 그 차이를 자세히 살펴봅시다.

02 | 드라이퍼스 모델의 다섯 단계

1970년대에 드라이퍼스 형제(휴버트와 스튜어트)는 사람들이 어떻게 기술을 습득하고 통달하게 되는지에 대한 연구의 초기 단계를 시작했습니다.

드라이퍼스 형제는 상업 항공의 비행기 조종사, 세계적으로 유명한 체스 마스터 등 고도로 숙련된 전문가들을 관찰했습니다.[6] 그 연구에서 풋내기가 전문가가 되는

{ 드라이퍼스는
기술 단위로 적용 가능하다 }

과정에서 나타나는 많은 변화를 보여주었습니다. 그냥 더 '잘하게 되거나' 기술을 익힐 수 있는 것은 아닙니다. 세상을 인지하는 방법, 문제 해결에 접근하는 방법, 마음의 모델을 구성하

---

5 (옮긴이) 과자용 향미료.

6 『초보자에서 전문가로: 간호의 임상 실습에서의 탁월함과 힘』[Ben01]

고 활용하는 방법에서 근본적인 차이를 경험해야 하죠. 새로운 기술을 습득하는 방법도 계속 바뀝니다. 여러분이 성과를 내는 데 도움이 되거나, 혹은 방해가 되는 외부 요인들도 계속 변하고요.

사람 전체를 다루는 다른 모델이나 평가 방법과는 달리 드라이퍼스 모델은 기술별로 적용합니다. 즉, 상황적인 모델이지 재능이나 개성의 모델이 아닙니다.

모든 영역에서 '전문가'이거나, '초보자'인 사람은 없습니다. 보통 특정 기술 영역에서 각 단계 중 하나에 속하게 되죠. 초보 요리사지만 스카이다이빙의 전문가일 수도 있고, 그 반대일 수도 있습니다. 대부분의 비장애인은 걷는 데는 전문가입니다. 계획하거나 생각하지 않고도 걸을 수 있죠. 거의 본능이 된 겁니다. 우리들 대부분은 세금에 관해서는 초보자입니다. 명확한 규칙이 충분히 있으면 어떻게든 해낼 수 있지만 뭐가 어떻게 돌아가는 건지는 잘 모르죠 (대체 세금 관련 규칙들은 왜 그리 복잡한지 모르겠습니다).

그럼, 이제부터 초보자에서 전문가로 가는 여정의 다섯 단계를 살펴보겠습니다.

단계 1: 초보자

전문가
숙련자
중급자
고급 입문자
→ **초보자**

초보자(novice)는 정의 그대로 해당 기술 영역에서 사전 경험이 거의 없는 사람입니다. 여기서 '경험'이란 그 기술을 계속 쓰면서 사고에 변화가 생기는 그런 경험을 말합니다. 예를 들면, 10년 경력의 개발자가 있다 하더라도 사실은 그냥 1년치의 경험을 9번 반복한 것에 불과할 수도 있습니다. 이런 것은 경험으로 보지 않습니다.

초보자는 일을 해내기 위한 능력에 관심이 많습니다. 경험이 적기 때문에 자신의 행동이 좋은 결과를 가져올지 가져오지 않을지도 잘 모릅니다. 초보자는 뭔가를 배우고 싶어하기보다 당면 과제를 달성하고 싶어합니다. 실수에 어떻게 대응해야 할지도 모르고 뭔가 잘못되면 혼란에 빠지기 쉽습니다.

그렇지만 초보자들도 상황에 관계없이 통하는(context-free) 규칙이 있으면 효과적으로 일할 수 있습니다. 말하자면, "X가 일어나면 Y를 하라" 같은 규칙이죠. 쉽게 말해서 레시피(recipe)[7]가 필요한 것입니다.

---

7 (옮긴이) 요리법. 그대로 따라 하면 되는 규칙을 일컬음

이런 방법이 있기 때문에 콜 센터가 돌아갑니다. 어떤 분야에 경험이 없는 사람이라도 대량으로 고용해서 규칙에 따라 행동하게 만들 수는 있습니다.

{ 초보자는 레시피가 필요하다 }

컴퓨터 하드웨어 대기업은 다음과 같은 고객 응대 대본을 사용했을 겁니다.

1. 고객에게 컴퓨터의 전원을 꽂았는지 물어본다.

2. 만약 꽂혀 있다면 컴퓨터가 켜져 있는지 물어본다.

3. 꽂혀 있지 않다면 꽂아달라고 한 뒤 잠시 기다린다.

4. 기타 등등...

그림 2.2 | 옥수수 머핀의 레시피. 그렇지만 요리가 얼마나 오래 걸릴지도 알 수 있는가?

따분해 보이지만 이렇게 고정된 규칙이 있으면 초보자도 어느 정도 도움이 됩니다. 물론 여전히 주어진 상황에 맞는 규칙이 뭔지 모르는 문제는 어쩔 수 없습니다. 그리고 뭔가 예기치 못한 일이 일어나면 완전히 당황하죠.

대부분의 사람들과 마찬가지로 저 역시 세금에 관해서는 초보자입니다. 25년 이상 세금을 정산해왔지만 경험은 일천합니다. 별달리 배운 것도 없고 사고방식에도 아무런 변화가 없었죠. 배우고 싶지도 않습니다. 그저 매년 세금을 꼬박꼬박 제대로 정리한다는 목표를 달성하고 싶을 뿐입니다. 실수를 어떻게 처리해야 할지도 모릅니다. 국세청에서 무뚝뚝하고 불손한 형식적인 편지가 날아오면 뭐가 뭔지도 모르고 어떻게 해결해야 할지도 모릅니다.[8]

물론, 이것도 해결책이 있습니다. 상황과 무관하게 적용할 수 있는 규칙이 있습니다! 아마도 다음과 같은 것들일 겁니다.

- 지난해에 번 돈을 모두 입력한다.
- 그걸 세무서에 보낸다.

간단명료합니다.

레시피, 즉 상황에 무관한 규칙이란 것의 문제점은 모든 사항을 완벽하게 정의할 수 없다는 데 있습니다. 예를 들어, 옥수수 머핀 레시피에서 '대략 20분' 동안 요리하라고 합니다. 그럼 좀 더 오래 요리해야 할 때는 언제인가요? 더 짧게 해야 할 때는 없을까요? 다 된 건지 어떻게 알 수 있을까요? 물론 이런 것들을 설명하기 위해 더 많은 규칙을 설정해둘 수도 있겠지만 그러면 그 규칙을 다시 설명할 규칙이 필요해질 겁니다. 그런데 이렇게 일일이 설명하다 보면 클린턴처럼 돼버릴지도 모릅니다. "그건 ~ 이다, 라는 말의 의미가 무엇인가에 따라 다릅니다." 이런 현상을 무한회귀라고 부릅니다. 그래서 명시적으로 정의하는 것을 그만두어야 할 때가 있습니다.

규칙이 있으면 시작할 수는 있지만 더 앞으로 나아갈 수는 없습니다.

단계 2: 고급 입문자

전문가
숙련자
중급자
→ **고급 입문자**
초보자

초보자 단계를 넘어서고 나면 고급 입문자의 관점에서 문제를 바라보게 됩니다. 고급 입문자는 고정된 규칙에서 조금씩 벗어나기 시작합니다. 자신만의 작업을 시도하기도 하는데 그래도 여전히 문제 해결에는 어려움을 느낍니다.

---

8 그저 제 담당 회계사에게 거액의 수표를 주면서 부탁할 뿐입니다. 물론, 그가 이런 문제에 대한 전문가이기를 빌어야겠죠.

정보를 빨리 얻고자 하는 욕구도 커집니다. 예를 들어, 새로운 언어나 API를 배울 때와 비슷한 느낌입니다. 문서를 쭉 훑으면서 메서드 시그너처(method signature)[9], 인자 목록 등을 빨리 찾으려고 하죠. 길고 지루한 설명을 읽기도 싫고 기초적인 내용을 다시 보고 싶어할 리도 없습니다.

고급 입문자는 적절한 상황에서 조언을 활용하기 시작합니다. 물론 생판 밑바닥부터 시작하는 게 아니라 자신의 경험 중에서 비슷한 상황에 맞춰서 하는 것이죠. 이제

> **고급 입문자는 큰 그림을 필요로 하지 않는다**

슬슬 종합적인 원칙을 하나씩 도출해내기 시작하지만 여전히 '큰 그림'은 잘 모릅니다. 전체적인 이해는 아직 없고 그걸 바라지도 않습니다. 더 큰 맥락을 보라고 해도 자신과 상관없는 일로 간주하고 거부합니다.

모든 구성원이 참석한 가운데 CEO가 판매 상황을 보여주는 차트와 그림을 보여줄 때 이런 반응을 볼 수 있습니다. 경험이 일천한 직원들은 자기 일과 상관없다고 생각해서 그런 회의에 참석하길 꺼립니다.

물론, 그건 아주 중요하고 내년에도 이 회사에서 여러분의 자리가 그대로 남아 있을지 아닐지를 결정하기도 합니다. 하지만 여러분의 기술 수준이 낮은 단계에 있다면 그 연관성을 깨닫기 힘들 것입니다.

단계 3: 중급자

전문가
숙련자
→ **중급자**
고급 입문자
초보자

세 번째 단계에 이른 실무자는 문제 영역에서 개념적인 모델을 정립하고 그 모델을 효과적으로 활용할 수 있습니다. 문제를 스스로 해결하고 새로운 문제를 해결할 방법을 찾아내기 시작합니다. 설령 전에 접하지 못했던 문제라도 당황하지 않습니다. 전문가의 조언을 찾아서 듣고 효과적으로 활용합니다.

이전 단계에서 반사적으로 대응했던 것과는 달리 중급자(competent)는 문제를 찾아서 해결합니다. 사려 깊은 계획과 과거의 경험을 활용합니다. 하지

> **중급자는 문제를 해결할 수 있다**

---

9   (옮긴이) 메서드의 이름, 반환 값, 인자 등에 대한 선언

만 여전히 경험이 부족하기 때문에 문제를 해결할 때 어디에 초점을 맞추어야 하는지를 판단하는 데는 어려움을 느낍니다.

이런 수준에 오르게 되면 보통 "스스로 일을 찾아서 한다"라든지, "능력 있다"라는 평가를 듣게 됩니다. 이들은 팀을 이끄는 역할을 맡는 경우가 많습니다(비공식적인 리더가 되는 경우도 많죠).[10] 팀에 이런 사람이 있다는 것은 좋은 일입니다. 이들은 초보자에게 멘토가 되기도 하고 전문가의 시간을 많이 빼앗지도 않습니다.

소프트웨어 개발이란 분야에서 우리는 이 수준에 이르고 있지만 이 수준에서도 실무자들이 애자일 방법론을 제대로 적용하기는 어렵습니다. 자기 자신을 돌아보고 잘못을 스스로 교정할 수 있는 능력이 부족하기 때문입니다. 그래서 다음 단계인 숙련자에 이르려면 도약이 한번 필요합니다.

단계 4: 숙련자

전문가
→ **숙련자**
중급자
고급 입문자
초보자

실무에서 숙련자(proficient)가 되면 큰 그림이 필요해집니다. 해당 기술에 관한 큰 개념적인 틀을 찾아서 이해하고자 하게 되죠. 너무 단순한 정보는 좋아하지 않습니다.

예를 들어, 달인 수준이 되면 고객 지원 전화를 걸었는데 전원을 꽂았냐는 질문을 받으면 별로 좋아하지 않습니다(개인적으로, 전화를 걸었을 때는 빨리 담당자를 바꿔줬으면 싶습니다).

{ **숙련자는 자가 교정을 할 수 있다** }

숙련자는 드라이퍼스 모델에서 중요한 약진을 해낸 것입니다. 이전에 잘못했던 일을 스스로 교정할 수 있습니다. 이전에 했던 일을 돌아보고 다음번에는 더 잘할 수 있는 접근법을 찾습니다. 이 단계에 이르면 단순한 자기 계발은 더 이상 이루어지기 힘듭니다.

---

10 「업무 환경에서 가르치고 배우는 일반적인 기술」[SMLR90]

또, 이들은 다른 사람의 경험에서도 배웁니다. 실무자로서 숙련
자에 이르면 사례 연구(case study)를 읽고 실패한 프로젝트의 뒷
담화도 듣고 다른 사람이 어떻게 했는지도 살펴봅니다. 그리고 그
런 이야기로부터 효과적으로 배웁니다. 직접 참여하지 않은 경우에
도 말이죠.

이처럼 다른 사람에게서 배울 수 있는 능력이 있으면 격언을 이해하고 적용할 수 있는 능력
도 따라옵니다. 속담이나 격언처럼 원론적인 진실을 실제 상황에 적용할 수 있는 능력이 생기
는 것이죠.[11] 격언은 레시피가 아닙니다. 상황과 맥락에 맞게 적용해야 하는 것입니다.

예를 들면, 익스트림 프로그래밍 방법론에서 널리 알려진 격언 중 하나로 이런 게 있습니다.
"뭐든지 잘못될 수 있는 것은 모두 테스트하라."

| 실용주의 팁 | 데이브 토마스와 제가 실용주의 프로그래머 원작을 처음 썼을 때 우리는 우리 분
야에서 가장 중요하다고 생각하는 조언들을 많이 실었습니다.

이런 팁, 곧 격언에는 수년간 쌓아온 우리의 전문성이 담겨 있습니다. 생각의 폭을 넓혀줄 수 있는 실천 방
안, 매년 새로운 언어를 하나씩 배우라는 것에서부터 꽤 어려운 원칙인 자기 자신을 반복하지 말라(DRY,
Don't Repeat Yourself), 깨진 유리창 법칙까지, 격언은 전문성을 전달하는 열쇠입니다.

초보자는 이걸 레시피로 받아들입니다. 뭘 테스트해야 하지? 필드에 값을 넣거나 가져오는
메서드도 테스트해야 하나? 간단한 출력문은 어떻게 하지? 그들은 결국 별로 중요하지 않은
것들도 테스트하게 됩니다.

하지만 숙련자는 뭐가 문제가 되는지, 좀 더 정확하게 말하자면 뭐가 문제가 될 소지가 있는
지를 압니다. 이 격언을 맥락에 맞게 이해할 수 있는 경험과 판단력이 있습니다. 그리고 이 맥
락이야말로 전문가가 되는 열쇠입니다.

달인은 경험상 다음에 무슨 일이 일어날지를 예측할 수 있을 만큼 경험이 풍부합니다. 그리
고 뭐가 잘 안 될 때는 뭘 바꾸어야 해결할 수 있는지도 압니다. 계획에서 어떤 부분을 버리고
어떤 부분을 해야 하는지가 명확해집니다.

---

11 『개인적인 지식』 [Pol58]

비슷한 관점에서, 숙련자는 소프트웨어에 패턴(대표적으로 GoF 책으로 알려진『GoF의 디자인 패턴: 재사용성을 지닌 객체지향 소프트웨어의 핵심요소』[GHJV95]가 있다)을 효과적으로 적용할 수 있습니다(하지만 그보다 낮은 단계에는 필수적이지 않은 것이기도 하죠. 다음에 나오는 사이드바를 보세요).

이제 진도가 좀 나갔습니다. 달인은 애자일 방법론의 핵심인 회고와 피드백을 최대한 활용합니다. 그 이전 단계와 확연하게 구분되는 것이죠. 숙련자 단계는 실력 있는 중급자보다 전문가 수준의 초기 단계에 훨씬 가깝습니다.

| 잘못 적용한 패턴과 허약한[12] 방법론 |

이제 깨달았는지 모르지만 소프트웨어 개발 커뮤니티에서 가장 획기적인 움직임은 대개 숙련자나 전문가 개발자를 대상으로 하는 것입니다.

애자일 개발은 피드백에 기초하고 있습니다. 『애자일 프랙티스』[SH06]에서 저는 애자일 개발을 이렇게 정의했습니다. "애자일 개발은 협력하기 쉬운 환경에서 피드백을 통해 끊임없이 조정하는 것이다." 하지만 이전에 했던 실행 결과에 기초해서 자가 교정을 할 수 있으려면 높은 기술 수준에 도달해야 합니다.

고급 입문자와 중급자는 종종 소프트웨어 디자인 패턴을 레시피로 착각하곤 합니다. 그 결과는 재앙이 되곤 하죠. 예를 들어, 어떤 프로젝트에서 이제 막 GoF 책을 본 개발자를 만난 적이 있었습니다. 그는 열정에 넘쳐서 디자인 패턴을 쓰고 싶어했습니다. 한 번에 그 모든 것을 다 쓰고자 했죠. 단지 리포트를 만드는 코드가 필요했을 뿐인데 말입니다.

결국 23개의 GoF 패턴 중 17개를 그 불운한 코드 조각에 우겨 넣었습니다. 다른 사람들이 미처 알아차리기도 전에 말입니다.

단계 5: 전문가

→ **전문가**
숙련자
중급자
고급 입문자
초보자

마지막으로 다섯 번째 단계, 진화의 끝인 전문가입니다.

전문가는 어떤 분야든 지식과 정보의 근원입니다. 늘 더 나은 방법과 수단을 찾습니다. 늘 적절한 맥락에서 써먹을 수 있을 만큼 방대한 경험을 갖고 있죠. 이런 사람들은 책을 쓰고 기사를 쓰고 순회강연을 하기도 합니다. 현대판 마법사랄까요.

---

12 (옮긴이) fragile, agile을 잘못 적용한 경우를 빗댄 말

통계적으로 전문가는 많지 않습니다. 아마 전체의 1~5퍼센트 정도일 겁니다.[13]

전문가는 이유가 아니라 직관으로 일합니다. 이 주장에 대해서는 여러 가지 흥미로운 분파가 있습니다. 또한 핵심적인 질문, 즉 직관이 무엇인가 하는 질문을 일으키는 주장이기도 합니다(직관에 대해서는 이 책 내내 자세히 살펴보게 될 겁니다).

전문가는 직관이 놀라울 정도로 뛰어납니다. 다른 사람들에게는 마법처럼 보일 정도죠. 그렇지만 그들이 어떻게 결론을 내렸는지 그 과정을 완벽히 말로 설명하지는 못하는 경우가 많습니다. 정말로 모르는 것입니다. 그저 그것이 "옳다고 느낍니다."

{ 전문가는 직관으로 일한다 }

예를 들어, 내과 의사가 환자를 보는 경우를 생각해 봅시다. 척 보자마자 의사가 말합니다. "이 환자는 블로즌-플랫(Blosen-Platt) 증이 있는 것 같아. 이러이러한 검사를 해보는 게 좋겠네." 그러면 담당자가 검사를 수행하고 그 의사가 맞다는 것이 밝혀집니다. 그 의사는 어떻게 알았을까요? 물어볼 수는 있겠지만 의사의 대답은 이런 것일 겁니다. "그가 정상이 아닌 것 같아서."

사실 의사가 본 것은 단순히 '정상'이 아닌 것만이 아닐 겁니다. 무언가 경험과 정제된 판단, 기억, 그리고 그 외의 여러 가지 정신적인 활동이 의사의 머릿속에서 광범위하게 얽혀서 그 환자에게서 나타나는 희미한 단서들의 조합을 찾아내고 그 결과로 진단을 제시할 수 있었을 것입니다. 아마 피부색이 창백해 보였거나 환자의 눈이 쑥 들어가 있었겠죠. 누가 알겠습니까?

전문가는 압니다. 전문가는 세부사항 중에서도 중요한 것과 그렇지 않은 것을 가려낼 수 있습니다. 아마 의식적인 것은 아니겠지만 전문가는 초점을 맞추어야 할 것과 무시해도 괜찮은 것을 구분할 수 있습니다. 전문가는 범위를 제한하고 집중해서 패턴을 발견해내는 데 아주 능숙합니다.

---

13 「온라인 의사소통의 표준」[HS97]

03 | 실전에서의 드라이퍼스: 경주마 몰이와 양 경주시키기

지금까지 드라이퍼스 모델을 자세히 살펴보았습니다. 그럼 드라이퍼스의 교훈을 어떻게 실무에 적용할 수 있을지 알아봅시다. 적어도 소프트웨어 개발에서는 이걸 제대로 적용하지 못하고 있는 상황입니다.

전문가는 완벽하지 않습니다. 다른 사람처럼 실수를 저지르기도 하고 인지적 오류나 편견에 빠지기도 합니다(5장 '당신의 마음을 디버그하라'에서 살펴볼 것입니다). 같은 분야의 전문가들끼리도 서로 견해가 다른 경우가 많습니다.

| 기술도 없고, 없다는 사실도 모른다 |

여러분이 어떤 영역에 기술이 부족할 경우 오히려 그 영역에 대해 스스로를 전문가라고 생각하기 쉽습니다.

"기술도 없고, 없다는 사실도 모른다: 자신의 부족함을 안다는 것이 어렵기 때문에 자신을 과대평가한다"(KD99)라는 논문에서 크루거와 더닝이라는 심리학자가 도둑이 되고 싶었던 사람의 불행한 스토리를 들려줍니다. 대낮에 은행을 털려고 했었죠. 그는 그렇게 바로 붙잡힌 것을 믿기 힘들어했습니다. 얼굴에 레몬주스를 바르면 보안 카메라에 걸리지 않는 줄 알고 있었던 것입니다.

이 '레몬주스 사나이'는 그의 가설을 한 번도 의심해 보지 않았습니다. 정확한 자기 평가가 없다는 것은 곧 이차적 무능력을 뜻합니다. 즉, 기술이 없는데 없다는 사실조차 모르는 것이죠.

이런 상태는 소프트웨어 개발에서도 큰 문제입니다. 많은 개발자와 관리자가 더 나은 방법과 실천 방안이 있다는 사실조차 모르니까요. 성공적인 프로젝트를 경험해 보지 못한 젊은 프로그래머(1년에서 5년 정도의 경력)를 많이 만나보았는데 그들은 모두 일반적인 프로젝트는 다 고통스럽고 실패할 수밖에 없다는 생각에 사로잡혀 있었습니다.

찰스 다윈은 다음과 같은 말을 한 적이 있습니다. "무지가 지식보다 더 자주 확신을 준다."

그 역도 마찬가지로 참입니다. 전문가가 되고 나면 여러분이 아는 것이 얼마나 적은지 뼈저리게 깨닫게 될 것입니다.

{ 규칙은 전문가의 생산성을 갉아먹는다 }

하지만 이보다 더 심한 것은 드라이퍼스 모델에 대한 오해에서 비롯됩니다. 우리는 전문가들의 전문성을 빼앗아 버릴 수 있습니다. 사실 전문가를 탈선시키고 그들의 생산성을 깎아 먹는 일은 아주 쉬운 일입니다. 그들에게 고정된 규칙을 따르라고 강요하기만 하면 됩니다.

드라이퍼스의 연구 중 하나에서 바로 그렇게 한 연구자가 있었습니다. 노련한 비행기 조종사에게 그들의 비법을 담아서 초보자를 위한 규정집을 만들라고 한 것입니다. 그래서 규정집을 만들었고 그 규정 덕분에 초보자들은 그들의 성과를 향상시킬 수 있었습니다.

문제는 그 규정을 전문가들에게도 지키도록 한 것입니다.

그러자 성과가 현저하게 떨어졌습니다.[14] 이것은 팀워크에도 발생하는 일입니다. 절대적으로 지켜야 하는 규칙이 있는 개발 방법론이나 회사 문화를 생각해 보세요. 그 팀의 전문가는 어떤 영향을 받을까요? 전문가들의 생산성도 거의 초보자 수준으로 떨어져 버릴 것입니다. 전문가들의 경쟁력을 잃어버리는 것입니다.

하지만 이런 식으로 전문가의 생산성을 갉아먹는 일은 소프트웨어 산업 전반에서 흔한 일입니다. 마치 경주마들을 양떼 몰이하듯 하는 격이죠. 그래서는 경주마의 값어치를 제대로 할 수 없습니다. 경주마는 경주를 하게 해야죠.[15]

모든 분야에서 직관은 전문가의 중요한 도구입니다. 하지만 조직은 그런 직관이 "과학적이지 않다"라든가, "반복적으로 활용할 수 없다"라고 잘못 느끼기 때문에 깎아내리려 합니다. 그래서 우리는 목욕물과 함께 아기까지 내던져버리고[16], 우리가 거액을 지급해야 하는 전문가들의 의견에는 귀를 막곤 합니다.

반대로, 초보자들을 개발 업무에서 그들의 능력 밖인 어려운 곳으로 내몰기도 합니다. 이번에는 양떼를 경주시키는 격이죠. 물론 이것 역시 초보자들을 제대로 활용하는 길은 아닙니다. 이들을 '양떼 몰이하듯' 할 필요도 있습니다. 즉, 명확한 방향을 설정하고, 빨리 성공을 맛보게 하는 것 등이죠. 애자일 개발은 아주 효과적인 도구지만 초보자나 고급 입문자로만 구성된 팀에서는 제대로 되지 않습니다.

---

14 「항공기 조종사의 위급 상황 대응 행동의 범위, 한계, 훈련에 대한 함의」[DD79]에서 인용

15 머스탱이 아니라 서러브레드처럼 말입니다. (옮긴이) 머스탱은 멕시코, 텍사스 등에서 서식하는 야생마이고 서러브레드는 경주마로 많이 쓰는 혈통의 말이다.

16 (옮긴이) 아기를 목욕시킨 목욕물이 더러워지면 목욕물만 버려야 하는데 아기까지 던져버린다는 것. 직관의 단점으로 인해 직관 전체를 버리는 것에 대한 경계

하지만 업계에서는 두 가지 방향에서 우리를 압박하는 힘이 있습니다. 정치적 올바름[17]에 대한 오해로 말미암아 개발자들을 능력에 상관없이 다 같다고 간주해버리는 것입니다. 이것은 초보자와 전문가 모두에게 나쁩니다(누구의 연구를 믿을 것인가에 따라 다르지만, 개발자 사이에 생산성이 20:1에서 40:1까지 날 수 있다는 현실을 무시하는 것이기도 합니다).[18]

| **규칙에 따라 일하기** | 총파업을 할 수 없는 산업이나 상황에서는 종종 시위의 수단으로 천천히 작업하기를 합니다.

때때로 이것을 규칙에 따라 일하기나 악의적인 복종으로 부르기도 합니다. 즉, 근로자들이 정확하게 직무 기술서에 있는 내용대로, 더도 덜도 말고 그대로 일하며, 규정집을 글자 그대로 따르는 것입니다.

그 결과는 엄청난 지연과 혼란입니다. 아주 효과적인 노동 시위가 되죠. 실세계의 전문가라면 아무도 규칙을 글자 그대로 따르지 않습니다. 그대로 하면 비효율적일 게 뻔하니까요.

베너는 『초보자에서 전문가로: 간호의 임상 실습에서의 탁월함과 힘』[Ben01]에서 이렇게 말했습니다. "실전은 실시간으로 특수한 상황에 맞게 다른 판단을 내려야 하기 때문에 결코 객관화할 수도, 공식화할 수도 없다."

TIP 002 | 초보자는 규칙을 활용하고 전문가는 직관을 활용하라

물론, 초보자에서 전문가로 가는 길에는 단순히 규칙이나 직관만 있는 것은 아닙니다. 기술 수준이 올라갈 때마다 많은 특성이 변합니다. 하지만 가장 중요한 세 가지 변화는 다음과 같습니다.[19]

- 규칙에 의지하던 것에서 직관에 의존하는 것으로 변화한다.
- 인식에 변화가 생긴다. 문제가 더 이상 같은 비중의 많은 조각이 모인 것이 아니라 하나의 완전하고 독특한 전체이며 그중 중요한 부분은 일부에 불과하다고 생각하게 된다.
- 마침내 문제에서 유리된 관찰자가 아니라 전체 시스템의 일부가 된 입장에서 사고하게 된다.

---

17 (옮긴이) 곧, 평등

18 1968년에 출판된 『온라인과 오프라인 비교에 관한 탐색적 실험 연구』[Sac68]에서 프로그래머의 생산성 차이에 10:1의 차이가 있다는 언급이 있음.

19 『초보자에서 전문가로: 간호의 임상 실습에서의 탁월함과 힘』[Ben01]에서 밝혀낸 것. 이 기념비적인 책에는 조금 더 상세한 내용이 있다.

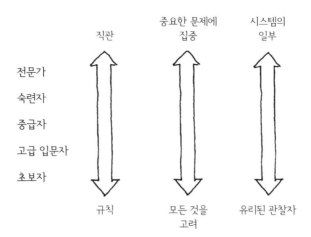

그림 2.3 | 기술 습득의 드라이퍼스 모델

　이것이 초보자에서 전문가에 이르는 과정입니다. 독립적이고 절대적인 규칙에서 벗어나 직관을 활용하고 결국 시스템 자체의 일부가 되어 가는 것입니다(시스템 사고를 기억하시죠?).

기술 분포의 슬픈 측면

이쯤에서 아마 여러분은 사람들 대다수가 가운데쯤에 있으리라 생각하실 것입니다. 드라이퍼스 모델도 정규 분포를 따르고 그것은 전형적인 종 모양일 테니까요.

　하지만 그렇지 않습니다.

　안타깝게도 조사에 따르면 대부분의 기술 영역에서 대다수의 사람이 그들의 일생 내내 2단계, 고급 입문자를 넘어서지 못한다고 합니다. "그들에게 주어진 일을 해내고 필요에 따라 새로운 작업을 배우기도 하지만 직무 환경에 대한 좀 더 넓은 개념적인 이해에는 도달하지 못합니다.[20] 좀 더 정확한 분포는 다음 페이지 그림 2.4에서 볼 수 있습니다.

{ **대부분은 고급 입문자다** }

---

20 「온라인 의사소통의 표준」 [HS97]에 나와 있다.

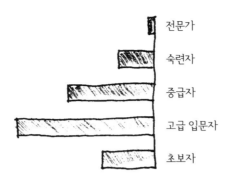

그림 2.4 | 기술 분포

이런 현상은 도처에서 볼 수 있습니다. 복사해서 붙이기 코딩(copy-and-paste coding)에서부터(이제 구글까지 IDE의 일부인 것처럼 쓰고 있죠) 잘못된 적용 사례가 널려 있는 소프트웨어 디자인 패턴까지 다양합니다.

물론, 메타 인지 능력이나 자의식이나 다 높은 기술 수준이 되어야 가능한 것입니다. 안타깝게도 이것은 낮은 기술 수준에 있는 실무자들이 자신의 능력을 과대평가하는 경우가 많다는 뜻입니다. 대략 50퍼센트 정도입니다. "기술도 없고, 없다는 사실도 모른다: 자신의 부족함을 알기 어렵기 때문에 자신을 과대평가한다"[KD99]에 따르면, 자신의 능력을 더 정확하게 평가하려면 개인의 기술 수준을 높여서 메타 인지 능력을 향상시키는 것 외에는 방법이 없다고 합니다.

이것을 이차적 무능력이라고 부르는데 곧 자신이 모른다는 사실을 잘 모른다는 이야기입니다. 그래서 초보자는 강한 확신을 하는 경우가 많습니다. 하지만 전문가는 뭔가 이상해질 수 있을 때 더 조심스럽게 행동합니다. 전문가는 자기 자신을 되돌아보는 모습을 더 많이 보여줍니다.

TIP 003 | 네가 모른다는 것을 알라

안타깝게도 전문가보다는 고급 입문자가 훨씬 많습니다. 그렇지만 비록 바닥에 쏠린 분포이긴 해도 단계별로 사람이 없지는 않습니다. 운 좋게도 여러분의 팀에 전문가가 있다면 그 사람을 잘 붙들어야 할 것입니다. 마찬가지로, 소수의 초보자, 그리고 많은 고급 입문자도 필요하고 수는 적지만 강력한 중급자, 숙련자들도 필요합니다.

| **전문가 != 선생님** | 전문가라고 다 좋은 선생님인 것은 아닙니다. 가르치는 것은 그 자체로 하나의 전문성입니다. 어떤 주제에 대해서 전문가라고 해도 그것을 가르치는 것을 잘할 수 있다는 보장은 어디에도 없습니다.

물론, 전문가가 주어진 현상에서 왜 특정한 결론을 내렸는지 그 이유를 말로 설명하지 못하는 경우가 많습니다. 아마 중급자 수준인데도 초보자를 가르치는 것은 전문가보다 더 잘하는 경우도 본 적이 있을 것입니다. 팀 내에서 짝으로 함께 작업하거나 멘토링을 할 때는 교육 대상자에 가까운 기술 수준을 가진 멘토가 나을지도 모릅니다.

전문가의 상징은 직관을 활용하는 것과 맥락에서 패턴을 인식하는 능력입니다. 물론, 그렇다고 초보자는 전혀 직관이 없다거나, 중급자가 패턴을 전혀 인식하지 못한다는 말은 아닙니다. 그보다는 전문가의 직관이나 패턴 인식은 명시적인 지식을 대체할 수 있다는 뜻입니다.

> { 직관과 패턴 인식으로 명시지를 대체합니다 }

초보자가 상황무관 규칙(context-free rule)을 쓰는 단계에서 전문가가 상황에 맞는 직관을 발휘하는 단계까지 가는 것은 드라이퍼스 모델에서 가장 흥미로운 부분입니다. 즉, 우리의 목표, 곧 이 책의 나머지 부분에서 다룰 내용은 어떻게 하면 직관을 더 잘 활용하고 패턴을 더 잘 인지하고 적용할 수 있는지에 대한 것이 될 것입니다.[21]

04 | 드라이퍼스 모델을 효과적으로 활용하기

1970년대 후반 즈음, 간호사라는 직업은 절망적인 상황에 빠져 있었습니다. 간단히 말하면, 몇몇 사례 연구와 이야기가 보여주는 다음의 내용이 그들의 문제였습니다.[22]

- 간호사들은 종종 단순한 소모품으로 격하되었습니다. 고도로 훈련된 의사의 명령을 실행하는 것뿐이고 환자를 돌보는 데 어떤 정보를 줄 수는 없다고 생각했습니다.
- 급여가 불공평했기 때문에 전문가 간호사들은 모두 환자를 직접 돌보는 일을 그만두었습니다. 관리직이나 교육, 순회강연이 더 돈이 되었으니까요.

---

21 여기서 말하는 패턴은 일반적인 영어에서 말하는 패턴이지 소프트웨어 디자인 패턴이 아니다.

22 「초보자에서 전문가로: 간호의 임상 실습에서의 탁월함과 힘」 [Ben01]에 나와 있음

- 간호 교육이 흔들리기 시작했습니다. 많은 사람들이 틀에 박힌 실습이 가르치는 데 가장 효과적이라고 생각했습니다. 형식적인 방법과 도구에 지나치게 의존한 나머지 실습에서 진정한 경험은 사라져갔습니다.

- 결국 간호사들은 진짜 목표인 환자의 회복을 도외시하게 되었습니다. 어떤 과정이나 방법론을 따르든, 누가 환자와 함께하든 중요한 것이 무엇이었을까요? 환자가 생존하고 건강해지느냐 아니냐가 아니었을까요?

여러분이 이 목록을 주의 깊게 읽었다면 이 문제가 뭔가 친숙하다는 것을 느꼈을 겁니다. 이것을 살짝 고쳐서 소프트웨어 개발에 맞게 바꿔보면 어떨까요.

- 코더들은 종종 단순한 소모품으로 격하되었습니다. 고도로 훈련된 분석가의 명령을 실행하는 것뿐이고 프로젝트의 설계나 아키텍처에 어떤 정보를 줄 수는 없다고 생각했습니다.

- 급여가 불공평했기 때문에 전문가 프로그래머들은 모두 직접 코딩하는 일을 그만두었습니다. 관리직이나 교육, 순회강연이 더 돈이 되었으니까요.

- 소프트웨어 공학 교육이 흔들리기 시작했습니다. 많은 사람들이 틀에 박힌 실습이 가르치는 데 가장 효과적이라고 생각했습니다. 형식적인 방법과 도구에 지나치게 의존한 나머지 실습에서 진정한 경험은 사라져갔습니다.

- 결국 프로그래머들은 진짜 목표인 프로젝트의 성공을 도외시하게 되었습니다. 어떤 과정이나 방법론을 따르든, 누가 프로젝트를 수행하든 중요한 것이 무엇이었을까요? 프로젝트가 성공하고 번영하느냐 아니냐가 아니었을까요?

휴~ 이제 좀 더 친숙하게 보입니다. 이것들은 정말 우리 산업이 당면하고 있는 심각한 문제들입니다.

1980년대 초반으로 돌아가 보면, 간호 전문가들은 드라이퍼스 모델을 자신들의 산업에 적용하기 시작했고 놀라운 성과를 얻었습니다. 베너 박사의 훌륭한 저서에 드라이퍼스 모델이 등장하고 설명이 되었고 그 결과 모든 관련 단체들이 자신들의 기술과 역할, 그리고 자기 동료들에 대해 더 깊이 이해하게 되었습니다. 그 직업을 한 차원 높여주는 지침을 제시한 것입니다.

그리고 그 후 다음 25년간 베너와 후속 연구자, 저자들은 그들의 직업을 완전히 바꾸어 놓았습니다.

　그래서 바로 그 R&D(Rip off and Duplicate, 훔쳐서 베끼기)의 정신으로 그들이 해냈던 것을 소프트웨어 개발에도 적용해 봅시다. 그럼 이제 그들이 어떻게 했는지를 자세히 살펴보고 우리는 어떻게 해야 할지를 알아보겠습니다.

| **전문성을 얻기까지 10년** |　그래서 전문가가 되고 싶으십니까? 어떤 분야든 10년 가량의 노력을 쏟아부어야 합니다. 연구자들은[23] 체스, 작곡, 회화, 피아노, 수영, 테니스 등의 기술과 훈련을 연구했습니다. 그 결과 사실상 거의 모든 경우, 모차르트에서 비틀즈까지, 세계적인 수준의 전문성이 드러나기까지는 최소 10년 동안의 노력이 필요한 것으로 밝혀졌습니다.

예를 들어 비틀즈의 경우, 1964년 에드 설리번 쇼에서의 기념비적인 출연으로 세계를 흔들어 놓았습니다. 그리고 처음으로 겨우겨우 성공했던 앨범, 'Sgt. Pepper's Lonely Hearts Club Band'는 얼마 뒤인 1967년에 발표했죠. 하지만 이 밴드가 1964년부터 갑자기 잘하게 된 것은 아닙니다. 그들은 1957년부터 클럽에서 연주를 해왔습니다. Sgt. Pepper's까지 10년이 걸린 셈입니다.

그리고 그 과정의 노력도 중요합니다. 단순히 한 주제를 10년 동안 반복하는 것으로는 충분하지 않습니다. 연습을 해야 합니다. 인지과학자인 K. 앤더슨 박사가 말한 바로는 사려 깊은 연습이 되려면 다음 네 가지 조건을 만족해야 합니다.

- 작업이 잘 정의되어 있어야 합니다.

- 작업은 적당히 어려워야 합니다. 도전적이지만 할 수 있는 수준이어야 합니다.

- 여러분의 활동에 대해 풍부한 정보가 담긴 피드백을 받을 수 있는 환경이 되어야 합니다.

- 반복하면서 잘못을 교정할 기회가 필요합니다.

이런 종류의 실습을 꾸준히 10년간 반복한다면 여러분도 해낼 수 있습니다. 『실용주의 프로그래머』에서도 이야기했었고 심지어 초서(Chaucer, 영국의 시인)도 "인생은 짧고 기술은 배우는 데 오래 걸리는구나"라고 불평했었죠.

어쨌거나 좋은 소식도 있습니다. 한 분야에서 전문가가 되고 나면 다른 분야에서 전문성을 얻기도 훨씬 쉬워집니다. 최소한 기술을 습득하는 능력과 적절한 상황에 모델을 세우는 능력은 있다고 볼 수 있습니다.

에릭슨 박사의 연구를 소개해주신 김창준 씨께 감사드립니다.

23　「완전 문제 해결사」[Hay81]와 「젊은이의 재능 계발하기」[BS85] 참조

책임을 받아들이는 것

25년 전, 간호사들은 명령에 의문을 품지 말고 따라야 했습니다. 심지어 열렬하게, 그리고 자랑스럽게 "절대 의사의 명령을 어기지 않는다"라는 신조를 지켰습니다. 환자의 상태나 원하는 것이 분명히 바뀌었는데도 말이죠.

이런 자세는 일정 부분 의사가 만든 것입니다. 환자의 상태는 작으나마 계속 변하는데 의사는 그걸 볼 수 없는 상황이었습니다. 물론, 간호사 자신에게도 책임이 있습니다. 의사의 권위에 따라야 한다는 강령을 실천하기 위해 스스로 의사결정의 책임을 포기했습니다. 그게 직업상 안전했고 위치상 심리적으로도 그럴 수밖에 없었습니다.

이런 실험[24]이 하나 있었습니다. 실험의 연구자가 병원에 전화를 걸어 의사인 척하면서 간호사에게 지정된 환자에게 특정한 약을 투여하라고 지시한 것입니다. 그 지시는 몇 가지 의심할 만한 상황이 생기도록 꾸민 것이었습니다.

- 처방은 문서가 아니라 전화로 주었습니다.
- 그 특정한 약은 병원에서 일상적으로 쓸 수 있도록 승인된 약이 아니었습니다.
- 약병에 적힌 적정 투여량보다 두 배의 양을 처방했습니다.
- 전화를 건 '의사'는 간호사나 다른 직원이 모르는 사람이었습니다.

이처럼 분명히 의심할 여지가 많은데도 불구하고 간호사의 95퍼센트가 지시를 듣고 바로 조제실에서 약을 가져와서 환자에게 투여했습니다.

다행히 이 실험의 다른 연구자가 투약 직전에 멈추고 그 실험에 대해 설명했습니다. 그리고 믿을 수 없는 지시는 따르지 않도록 했죠[25].

프로그래머와 그들이 참여한 프로젝트의 관리자, 아키텍트 사이에도 같은 문제를 볼 수 있습니다. 아키텍처, 요구사항, 혹은 비즈니스 프로세스를 정의하는 사람들에게 코더가 피드백을 주는 일은 거의 없거나, 있어도 무참하게 무시당하거나, 프로젝트의 진행 중에 묻혀버리기 일쑤였습니다. 프로그래머는 종종 잘못되었다는 것을 알면서도 구현을 합니다. 간호사가 그

---

24 『영향: 과학과 실제』 [Cia01]에 설명되어 있음.

25 이것은 좀 오래된 연구입니다. 지금은 병원에 가짜 지시를 내렸다간 경찰이 잡으러 올지도 모릅니다.

랬듯이 분명히 잘못된 일이라는 신호가 있는데도 무시해버립니다. 애자일 방법론은 팀의 모든 구성원들의 피드백을 촉진하고 효과적으로 활용하도록 도와주지만 그래 봤자 절반의 해결책일 뿐입니다.

특수한 상황에서 벌어지는 다양한 변화에 맞춰서 현장에서 바로 결정을 내리려면 간호사 개개인이 책임을 받아들일 수 있어야

{ "나는 그저 지시대로 했을 뿐이에요!"라고 해봤자 소용없습니다 }

합니다. 프로그래머도 마찬가지로 같은 책임을 받아들여야 합니다. 뉘른베르크 스타일[26]로 "나는 그저 지시대로 했을 뿐이에요!"라고 해봤자 2차대전에서도 통하지 않았고 간호사들도, 소프트웨어 개발에서도 예외가 아닙니다.

하지만 이런 태도의 변화를 이끌어내려면 기대치를 높여야 합니다. 고급 입문자는 이런 종류의 의사결정을 스스로 해내기 힘듭니다. 고급 입문자가 기술 수준을 중급자 수준으로 올릴 수 있도록 도와야 합니다.

이걸 달성하는 좋은 방법은 같은 근무 환경에 모범이 될 만한 사람이 있는 것입니다. 사람은 본능적으로 따라하는 것을 잘 합니다(7.4절 '이너게임에 대해 배우기' 참조). 예제는 배우는 데 가장 좋은 방법이죠. 사실, 여러분도 아이가 있다면 아이들은 여러분이 말하는 대로 행동하는 것이 아니라 여러분이 하는 대로 똑같이 따라 한다는 것을 아실 겁니다.

TIP 004 | 보고 따라 하면서 배우라

| 경험이 없으면 전문성도 없다 |
재즈는 실세계의 경험에 크게 의존하는 예술입니다. 재즈를 연주하는 데 필요한 모든 화음과 기술을 배운다고 해도 '느낌'이 없으면 제대로 연주할 수 없습니다. 유명한 트럼펫 주자이자 보컬인 루이 '사치모' 암스트롱은 재즈에 대해 다음과 같이 말했죠. "여보게, 물어보기만 해서는 절대로 알 수 없네."

경험이 없으면 전문성도 없습니다. 경험을 대신할 수 있는 것은 아무것도 없습니다. 하지만 그 경험을 더 효율적이고 효과적으로 활용할 수는 있습니다.

---

26 (옮긴이) 나치 독일의 전범 재판. 논란이 된 부분은 당시 명령에 따를 수밖에 없던 사병들을 어떻게 처벌할 것인가 하는 것이었는데 대부분 처벌을 받았다.

트럼펫 주자 클라크 테리는 학생들에게 음악을 배우는 비법으로 다음 세 가지를 이야기합니다.

- 흉내 내라
- 흡수하라
- 혁신하라

즉, 처음에는 다른 사람을 흉내 내다가 조금씩 그 암묵지와 경험을 흡수해가는 겁니다. 그러다 보면 결국 흉내를 넘어서 혁신할 수 있는 수준이 될 수 있습니다. 이것은 무술 수련에서 수(守), 파(破), 리(離)라고 부르는 훈련 주기와 비슷합니다.

수 단계에서, 학생은 가르침을 받은 대로(한 명의 교육자에게) 기술을 따라 하며, 기술을 변형하지 않습니다. 파 단계에서 학생은 수련의 의미와 목적을 되새겨 보고 더 깊이 있게 이해하려고 노력합니다. 리 단계에 이르면 가르침을 넘어서고 경험을 초월하게 됩니다. 이제 더 이상 학생이 아니며, 새로운 방법을 창출해낼 수 있는 실천가가 됩니다.

그래서 무엇보다도 프로젝트에서 이미 있는 전문성을 활용하는 방법을 찾을 필요가 있습니다. 아무리 위와 같은 발전을 이루어 내더라도 실무자가 현장에 없으면 소용이 없으니까요.

실전에서 전문성 활용하기

간호사는 급여 수준이나 경력 개발의 기회도 제한되어 있었기 때문에 빠른 속도로 전문성을 잃어갔습니다. 기술 수준이 높은 간호사는 경력이 어느 정도 쌓이면 임상 실무에서 벗어나 관리직이나 교육을 맡기도 하고 아예 그 분야를 떠나기도 합니다.

{ 승자는 패자를 책임지지 않는다 } 이런 경우는 소프트웨어 개발에서도 많죠. 프로그래머(즉, '코더')의 급여는 고만고만합니다. 영업사원이나 컨설턴트, 고위 관리직 등이 팀 내 최고의 프로그래머보다 두 배 이상은 받을 겁니다.

이제 회사들은 이러한 스타 개발자들이 조직에 어떤 가치를 가져다주는지 좀 더 자세히, 그리고 제대로 알아야 합니다.

예를 들어 많은 프로젝트 팀이 팀워크, 공동의 목표 등의 긍정적인 측면을 표현하기 위해 프로젝트를 스포츠에 비유합니다. 하지만 실제로 우리가 이상적이라고 생각하는 팀워크는 실제 전문 스포츠 팀과 거리가 있습니다.

야구팀에는 두 명의 투수가 있는데 한 명은 연간 25만 달러(3억 원)를 버는 반면, 다른 한 명은 단지 5만 달러(6천만 원)밖에 벌지 못합니다. 문제는 두 사람이 경기하는 포지션도 아니고 그들이 몇 년 동안 뛰었느냐도 아닙니다. 문제는 그들이 조직에 어떤 가치를 가져오느냐가 아니겠습니까.

지오프레이 컬빈의 기사[27]에도 이런 생각이 드러납니다. 진정한 팀에는 스타가 있습니다. 팀의 모든 구성원이 다 스타는 아니며, 일부는 신인(초보자와 고급 입문자)이고 몇몇은 단지 중급자입니다. 신인들은 성공의 계단을 오르기 위해 경쟁하지만 승자가 패자를 배려해주지는 않습니다. 패자는 팀을 떠나게 되죠. 마지막으로, 상위 2% 정도는 세계적인 수준이라고 할 수 없다고 합니다. 상위 0.2%에 들어야 합니다.

그리고 이것은 압박이 심한 스포츠 팀에만 해당되는 것이 아닙니다. 심지어 교회에서도 이런 실력의 차이를 인식하고 이런 차이를 효과적으로 활용하려고 합니다. 최근에 국립 교회의 뉴스레터에서 음악 프로그램을 어떻게 유지하고 성장시킬 것인가에 대한 조언을 봤습니다. 그 조언은 아주 익숙한 내용이었습니다.

- 한 집단의 성과는 그 집단에서 가장 약한 고리가 결정한다. 가장 높은 성과를 내는 사람들을 모아서 중요한 일을 하게 하고 다른 일들은 '농장 팀'[28]을 만들어서 맡겨라.
- 매주 같은 성과를 내는 사람들을 그룹으로 만들어라. 그룹이 고정되는 것이 좋다. 구성원을 자꾸 바꾸면 생산성이 떨어질 것이다.
- 타이밍은 생명이다. 밴드에서 드럼 주자나 합창단에서의 반주자는 고정하는 것이 좋다. 괴짜 드럼 주자나 오르간 연주자를 쓰느니 미리 녹음한 반주를 쓰는 게 낫다.
- 당신의 그룹이 재능 있는 음악가에게 편안한 곳으로 느껴지게 하라. 그리고 무슨 일이 일어나는지를 살펴보라.

27 포춘지 2002년 3월 18일자, 50쪽
28 (옮긴이) Farm team: 프로 야구의 이군. 일군으로 쓸 예비 선수를 양성하기 위해 만든 팀이다.
    http://krdic.naver.com/detail.nhn?kind=korean&docid=40229800

이건 소프트웨어 팀에서 여러분이 바라는 것과 완전히 같은 것입니다.[29] 숙련된 개발자에게 제대로 된 환경을 제공하는 것은 아주 중요한 일입니다.

최고 수준의 개발자는 최저 수준의 개발자보다 수십 배는 더 높은 성과를 낼 수 있습니다. 그러니 지금처럼 개발자에게 비슷비슷한 수준의 급여를 주는 것은 완전히 잘못된 것입니다. 간호사와 마찬가지로 우리도 점점 전문가들을 경영이나 경쟁자들, 혹은 다른 분야에 빼앗길 위험에 직면하고 있습니다.

이런 현상은 최근에 아웃소싱과 인건비가 싼 외국에 개발을 맡기는 것 때문에 더 악화되고 있습니다. 이런 현상은 코딩이 단순한 기계적인 일이라는 사람들의 고정관념을 더 굳어지게 만들고 저가 입찰에 뛰어들게 만들기 때문에 불행한 일입니다. 물론, 이런 방식으로는 제대로 일이 될 리가 없습니다.

간호사와 마찬가지로 코딩 전문가는 코딩을 계속하면서 그 속에서 의미 있는 경력을 쌓고 보상받을 수 있어야 합니다. 이를 현실화하는 첫걸음은 최고 수준의 코더가 조직에 주는 가치를 제대로 반영하는 급여 체계 및 경력 단계를 만드는 것입니다.

> **TIP 005 | 전문가를 남아 있게 만들어라**

05 | 도구의 함정을 경계하라

소프트웨어 개발에는 도구의 역할, 정형적인 모델, 모델링 등에 대한 글이 많습니다. 많은 사람들이 UML과 모델 주도 아키텍처(MDA)가 미래라고 이야기하지만 또 그만큼의 사람들이 RUP와 CMM 프로세스 모델을 구세주라고 이야기합니다.

하지만 모든 은총탄 시나리오는 금방 그렇게 쉽게 되지 않는다는 사실이 들통납니다. 이런 도구와 모델이 나름의 의미가 있고 적절한 환경에서는 유용할 수 있지만 이 가운데 어떤 것도 모두가 꿈꿔왔던 보편적인 만병통치약은 아닙니다. 더 나쁜 사실은 이런 접근법을 잘못 적용할 경우 오히려 더 일을 악화시킬 수 있다는 것입니다.

---

29 드럼 주자에 대한 비유를 조금 더 확장합니다. 하지만 개발 프로젝트의 리듬에 대해서는 『애자일 프랙티스: 빠르고 유연한, 개발자의 실천 가이드』[SH06]에서 좀 더 이야기할 것입니다.

흥미롭게도 간호사들도 도구나 정형적인 모델을 활용하는 데 있어서 비슷한 문제를 겪었습니다. 많은 아키텍트와 설계자가 빠졌던 것과 똑같은 함정에 빠졌죠. 모델이 거울이 아니라 하나의 도구라는 것을 잊어버린 것입니다.

{ **모델은 도구지 거울이 아닙니다** }

규칙은 주어진 상황에서 해야 할 가장 중요한 일이 무엇인지, 정확한 길이 무엇인지를 알려주지는 못합니다. 기껏해야 '훈련 도구'일 뿐입니다. 시작할 때는 도움이 되지만 나중에는 생산성을 제한하거나 심지어 깎아 먹기도 합니다.

데보라 고돈 박사는 베너의 책에 한 장(chapter)을 썼는데 거기서 간호에서 형식화 모델에 지나치게 의존할 경우의 위험성을 소개하고 있습니다. 그녀의 주장을 우리 직업에 관련지어서 재해석해 보았습니다. 하지만 원래 버전도 꽤 익숙하게 들릴 것입니다.

■ 모델과 현실을 혼동한다

모델은 현실이 아닙니다. 하지만 그 둘을 혼동하기 쉽죠. 한 젊은 프로젝트 관리자의 오래된 이야기가 있습니다. 팀의 경력 많은 프로그래머가 임신해서 프로젝트를 계속할 수 없다고 하자 그 관리자는 "프로젝트 계획에 들어 있지 않아요"라고 하면서 반대했습니다.

■ 정형화할 수 없는 것을 낮게 평가한다

좋은 문제 해결 능력은 우리 직업에서 아주 중요한 일입니다. 하지만 문제 해결은 정형화하기 힘듭니다. 예를 들어, 문제에 대해서 얼마나 오래 앉아서 생각해야 할까요? 10분? 하루? 일주일? 시계에 창조성과 발명을 불어넣을 수는 없습니다. 특정한 테크닉을 지시해서 될 일도 아니고요. 팀에서 원하는 것이 있어도 관리자가 정형화시킬 수 없다는 이유로 가치를 둘 수 없게 만듭니다.

■ 개개인의 독립성을 훼손하는 행동을 법제화한다

코드를 작성하는데 뒤에 매달려서 코드를 휘저어버리는 원숭이가 떼거리로 있다면 반갑지 않을 것입니다. 사려 깊고 책임감 있는 개발자가 되고 싶은데 말입니다. 정형화된 모델에 너무 의지하게 되면 군중 심리에 의한 행동이 나타나고 개인의 창의성은 떨어집니다.[30]

---

30 물론, 그 사이 어딘가에서 균형을 맞출 수는 있습니다. 팀과 상식을 무시하는 "카우보이 코더"가 제멋대로 구는 것을 바라지는 않을 테니까요.

■ **경험 많은 실무자가 초보자 뒤치다꺼리를 한다**

이것은 정말 위험한 부작용입니다. 방법론을 초보자에 맞추면 경험 많은 팀 구성원들에게는 형편없는 작업 환경이 됩니다. 그러면 팀을 떠나거나, 심지어 조직을 떠나게 되겠죠.

■ **너무 많은 세부사항을 정의한다**

특수한 세부사항에 대해 정의하는 것이 너무 많아질 수 있습니다. 그러면 소위 무한 회귀에 빠집니다. 어떤 일련의 가정들을 명시적으로 정의해버리면 이제 또 그 가정에 대한 가정도 정의해야 합니다. 그리고 또 그 가정에 대한 가정, 그 가정에 대한 가정…

■ **복잡한 상황을 지나치게 단순화한다**

초기의 RUP(Rational Unified Process, 래쇼날사의 방법론) 전파자들은(그리고 최근에도 일부의 전파자는) 여러분이 해야 할 일은 '단지 프로세스를 따르는 것'이라는 개념에 집착했습니다. 익스트림 프로그래밍의 초기 전도사들은 여러분이 해야 할 일은 '이 12개의, 아니 아마 13개의 실천 방안을 따르는 것뿐'이고 그러면 다 잘될 것이라고 주장했습니다. 양쪽 모두 틀렸습니다. 모든 프로젝트와 모든 상황은 그렇게 단순하지 않습니다. 누군가 "여러분이 해야 할 일은 이것뿐입니다", 혹은 "이것만 하면 됩니다"와 같은 식으로 말한다면 그들은 틀린 얘기를 하는 것입니다.

■ **지나친 일관성을 요구한다**

같은 표준이 모든 상황에서 똑같이 적용되는 것은 아닙니다. 지난 프로젝트에서 아주 좋았던 것이 이번 프로젝트에서는 재앙이 될 수 있습니다. 만약 밥과 앨리스가 이클립스에서 높은 생산성을 냈다고 해도 캐럴과 테드는 아닐 수도 있습니다. 그들은 IntelliJ나 텍스트메이트(TextMate), 혹은 vi를 좋아할지도 모릅니다.[31]

■ **맥락상의 뉘앙스에 대해 무감각해진다**

정형적인 방법론은 특수한 상황이 아니라 전형적인 상황에 맞추어진 것입니다. 하지만 과연 그런 '전형적인' 상황은 일어나기는 하는 것일까요? 전문가의 생산성에는 맥락이 아주 중요한데 정형적인 방법론에서는 형식화로 인해 상황의 미세한 점을 놓치기 쉽습니다(그럴

---

31 사실 고백해야 할 것이 있습니다. 저는 이 책을 쓸 때 vi와 vi 모드의 XEmacs, 텍스트 메이트를 사용해서 작업을 했습니다.

수밖에 없는 것이, 안 그러면 아침에 커피 한 잔을 타는 데도 수천 페이지의 문서가 필요할지도 모릅니다).

■ **규칙을 따르는 것과 현장에서 판단하는 것을 혼동한다**

규칙을 깨뜨려도 되는 것은 언제일까요? 항상? 아니면 절대로 안 되는 걸까요? 아니면 그 사이 어딘가? 어떻게 알 수 있을까요?

■ **신비화**

연설이 너무 슬로건처럼 되면서 진부해지고 결국 의미를 완전히 잃게 됩니다(예를 들면, "우리는 고객 중심의 조직입니다!"라는 것처럼). 애자일 방법론도 바로 이 문제 때문에 그 효과를 급속히 잃고 있습니다.

정형화된 방법론에도 다른 용도와 이득이 있기는 하지만 목표를 달성하는 데는 도움을 주지 못합니다. 낮은 기술 수준에는 기준이 되는 규칙을 정립할 수 있다는 이득이 있지만 그 경우에서조차도 규칙이 판단을 대신할 수는 없습니다. 판단력이 높아질수록 규칙에 대한 의존도는 낮아져야 합니다. 어떠한 고정된 명령도 강제해서는 안 됩니다.

> **TIP 006 |** 창의성, 직관, 고안력이 필요하다면 정형화된 방법론을 피하라

도구나 모델의 가짜 권위에 굴복하지 마십시오. 생각하는 것을 대신할 수 있는 것은 아무것도 없습니다.

06 | 맥락을 생각하라, 다시 한 번!

드라이퍼스 모델의 가장 중요한 교훈은 초보자들에게는 상황에 무관한 규칙이 필요하지만 전문가들은 맥락에 의존적인 직관을 사용한다는 것입니다.

> "절인 생선에는 하나의 진실과 많은 거짓이 있다. 그 생선은 그런 색깔도 아니고 그런 질감도 아니고 그렇게 죽은 것도 아니며 그런 식으로 냄새를 맡지도 않는다."
>
> - 존 스타인벡 : 코르테즈의 바다

코르테즈의 바다에서 스타인벡은 상황과 진실의 연계 플레이를 묘사합니다. 연구실에 있는 멕시코산 시에라 물고기[32]를 묘사하는 것은 쉬운 일입니다. 단지 "악마 같은 냄새가 나는 항아리를 열고 포르말린 용액에서 딱딱하고 핏기 없는 물고기를 끄집어 내서 가시 수를 세고 진실을 적는다. 'D. XVII-15-IX'라고." 이건 과학적 사실이지만 맥락이 결여되어 있습니다. "생동감 넘치는 색깔에 꼬리를 퍼덕이는" 살아 있는 물고기와는 같을 수가 없습니다. 살아 있는 물고기는 서식지라는 맥락에서 실험실의 유리병 속에 보존된 것과는 근본적으로 완전히 다릅니다. 이처럼 맥락이 중요한 것이죠.

전문가에게 잠긴 문을 열어달라고 부탁할 일이 있을지 모릅니다. 별일 아닐 수도 있지만, 상황에 따라 어떻게 달라질 수 있는지를 생각해 보세요. 불타는 집에서 건너편에 있는 아기를 구하기 위해 문을 여는 것과 워터게이트 호텔에서 흔적을 남기지 않고 잠금을 해제하는 것은 완전히 다른 일입니다. 예를 들면 그렇다는 것이죠. 역시 맥락과 상황이 중요합니다.[33]

> **맥락에서 벗어난 객관성을 경계하라**

맥락에서 벗어난 객관성, 즉 무언가를 맥락에서 떼어놓고 객관적이려고 하는 것은 그 자체로 위험을 내재합니다. 예를 들어, 앞서 언급한 스타인벡의 인용구처럼 연구용으로 해부한 것일지도 모르는 보존된 물고기와 은빛으로 반짝이면서 파도를 타고 넘는 물고기는 완전히 다릅니다.

문을 부수고 들어가는 예를 다시 봅시다. "이 잠긴 문을 열고 싶어요"로는 부족합니다. 어떤 상황입니까? 왜 이 문을 열어야 하죠? 도끼와 사슬 톱을 쓰는 게 좋을지, 아니면 문 따는 도구를 써야 할지, 혹은 둘러가서 다른 문을 쓰면 되는 일인지, 어느 것일까요?

객체지향 프로그래밍 같은 시스템 사고에서는 종종 물체 자체보다 물체 사이의 관계가 더 흥미롭습니다. 이런 관계가 모든 차이를 만들어내는 맥락을 형성합니다.

맥락은 중요합니다. 하지만 드라이퍼스 모델에서 낮은 단계에서는 그것을 충분히 알지 못합니다. 그래서 드라이퍼스 모델의 사다리를 올라가는 방법을 찾아야 합니다.

---

32 (옮긴이) 삼치의 일종.

33 문을 따는 전문성에 대해서는 「즉석에서 만든 도구로 잠긴 문을 따는 방법」[Con01] 참조

07 | 매일매일 드라이퍼스하자

그래요, 드라이퍼스 모델은 아주 재미있고 매력적입니다. 그런데 이게 정말 도움이 되는 걸까요? 이걸 열심히 공부하고 나면 무엇을 할 수 있게 될까요? 어떻게 이 지식을 유용하게 활용할 수 있을까요?

먼저, 한 사이즈의 옷이 모두에게 맞을 수는 없다는 것을 기억하세요. 여러분이든 다른 사람이든 마찬가지입니다. 모델에서 보듯, 여러분이 어떤 수준에 있느냐에 따라 여러분에게 필요한 것도 다릅니다. 시간에 따라서도 배워야 할 것과 개인적인 성장 정도도 달라질 것이고요. 물론, 팀에서 여러분이 다른 사람의 이야기를 듣고 반응하는 방법도 상대방의 기술 수준에 따라 달라져야 할 것입니다.

초보자에게는 빨리 성공을 맛보게 해야 하고 맥락에 무관한 규칙이 필요합니다. 그들이 새로운 상황을 스스로 처리해낼 수 있을 것이라고는 기대하지 마십시오. 초보자들

> { 한 사이즈의 옷이 모두에게 맞을 수는 없다 }

은 주어진 문제 영역에서 중요하든 아니든 모든 것들을 고려하느라 멈춰 서게 됩니다. 그들 자신을 시스템의 일부로 바라보지 못합니다. 그래서 그들의 행동이 끼칠 영향(긍정적이든 부정적이든)에 대해 잘 모릅니다. 초심자들에게는 필요한 지원을 하되, 불필요한 큰 그림으로 혼란스럽게 하지는 마십시오.

이와 반대로 전문가들은 큰 그림을 볼 필요가 있습니다. 그들에게 제한적이고 관료적인 규칙을 강요해서 판단력을 잃은 절름발이로 만들지 마십시오. 전문가들의 판단에서 오는 이득을 취해야 합니다. 전문가들은 자신이 시스템 자체의 일부라는 것을 알고 있습니다. 좋든 나쁘든 말입니다. 그래서 여러분이 생각하는 것보다 더 직접적으로 일을 처리하려고 할 것입니다.

이상적으로는 다양한 기술 수준이 팀 안에 섞여 있는 것이 좋습니다. 전원이 전문가로 구성된 팀은 그 나름의 어려움을 겪습니다. 모두가 숲을 보고 있으면 나무를 볼 사람이 필요해질 것입니다.

아마 여러분은 드라이퍼스 모델을 여기서 처음 접했을 것입니다. 그래서 아직은 드라이퍼스 모델에 대해서는 초보자겠지요. 드라이퍼스 모델과 기술 습득을 이해하는 것 자체도 기술입니다. 배우는 방법을 배우는 것이 드라이퍼스 모델의 주제니까요.

TIP 007 | 배우는 기술을 배우라

앞으로 나아가기

이 책 내내 드라이퍼스 모델의 교훈을 활용할 것입니다. 전문성으로 가는 길에 오르기 위해서는 다음과 같은 것을 해야 합니다.

- 더 많은 직관을 함양한다.

- 맥락과 상황적 패턴 관찰의 중요성이 점점 커진다는 것을 깨닫는다.

- 자신의 경험을 더 잘 활용한다.

이런 목표를 어떻게 달성할 수 있을지 보기 위해 다음 장부터는 뇌가 어떻게 동작하는지 자세히 살펴볼 것입니다.

다음 할 일 ➡

- ☐ 자신을 평가해 보세요. 여러분은 업무의 가장 중요한 기술에서 드라이퍼스 모델의 어디쯤 와 있나요? 여러분의 현재 기술 수준에 영향을 줄 수 있는 방법들을 나열해 보세요.

- ☐ 여러분이 초심자인 기술들이 어떤 것인지, 고급 입문자인 기술은 어떤 것인지 등을 찾아보세요. 이런 평가를 할 때 이차적 무능력의 가능성을 염두에 두기 바랍니다.

- ☐ 이런 각각의 기술에서 다음 단계로 가려면 무엇이 필요한지 생각해 보세요. 그리고 그 예들을 이 책의 나머지를 읽는 내내 기억하시기 바랍니다.

- ☐ 여러분이 프로젝트 팀에서 겪었던 문제로 돌아가 봅시다. 그중에 팀이 드라이퍼스 모델을 알고 있었다면 피할 수 있었던 문제가 있나요? 여러분이라면 어떻게 다르게 만들 수 있었을까요?

- ☐ 여러분의 팀 동료에 대해 생각해 보세요. 그들은 이 여정의 어디쯤 있나요? 그런 사실이 여러분에게 어떤 도움이 될까요?

03장

이것이 뇌다

인간의 뇌는 태어난 순간부터 작동하기 시작하며
당신이 대중 앞에서 연설하기 위해 일어서기 전까지는 멈추지 않는다.

— 알베르트 아인슈타인

여러분의 뇌는 현존하는 컴퓨터 중 최강의 성능을 자랑합니다.

하지만 우리에게 친숙한 컴퓨터와는 좀 다릅니다. 그리고 사실 몇 가지 정말 이상한 특성들이 있기 때문에 여러분의 다리를 걸어 넘어뜨릴 수도 있고 여러분을 위대함으로 이끌어줄 수도 있습니다. 그래서 이번 장에서는 여러분의 뇌가 어떻게 동작하는지 살펴볼 것입니다.

먼저 직관이 어디서 오는지 살펴봅니다. 그리고 직관을 더 잘 활용해서 전문가에 다가가는 법을 살펴보고 '문제가 안 될 것'이라고 생각했던 것들이 왜 여러분의 성공에 절대적으로 중요한 역할을 하는지 배울 것입니다.

우리는 모두 컴퓨터에 친숙하기 때문에 뇌와 그 인지 과정을, 마치 컴퓨터 시스템으로 설계된 것처럼 이야기하는 것이 괜찮을 듯합니다.

하지만 이것은 단지 비유일 뿐입니다. 뇌는 기계적인 장치가 아닙니다. 컴퓨터가 아니죠. 사람을 프로그래밍할 수도 없습니다. 컴퓨터와 달리 여러분은 같은 동작을 정확히 같은 방법으로 두 번 수행할 수도 없습니다.

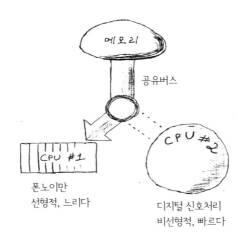

공유버스

메모리

CPU #2

CPU #1

폰노이만
선형적, 느리다

디지털 신호처리
비선형적, 빠르다

그림 3.1 | 이것이 여러분의 뇌입니다.

이것은 근육 때문이 아닙니다. 그런 단순한 하드웨어 문제가 아니라 소프트웨어 문제죠. 뇌는 실제로 여러분의 동작을 매번 약간씩 다르게 계획합니다. 골퍼나 투수, 볼링 선수의 비애도 여기 있는 것입니다.[1]

뇌는 소름끼치도록 복잡하고 흐늘흐늘한 덩어리입니다. 너무 복잡해서 분석하거나 연구하는 것도 엄청나게 어렵습니다. 그러니 위 그림은 그저 비유에 불과합니다. 그렇지만 도움이 될 겁니다. 여러분의 뇌는 그림 3.1에서 보듯, 두 개의 CPU, 단일 마스터 버스 설계로 구성되어 있습니다.

이번 장과 다음 장에서 보겠지만 이렇게 두 개로 설계한 것은 문제가 좀 있습니다. 하지만 여러분이 알아채지 못한 엄청난 가능성도 숨어 있죠.

01 | 두 개의 CPU 모드

CPU #1은 아마 익숙할 것입니다. 이것은 선형적이고 논리적인 생각, 그리고 언어 처리를 담당합니다. 명령을 하나씩 순서대로 실행하는 전통적인 폰 노이만형 CPU라고 할 수 있습니다. CPU #1은 상대적으로 느리고 전체 뇌 용량의 작은 부분을 사용합니다.

---

1 『동작을 변하게 하는 핵심 원인』 [CAS06]

이것은 '대기 루프' 루틴으로 프로그램되어 있습니다. 만약 CPU #1이 아무것도 처리할 게 없으면 단순히 말로 재잘거리는 내부 흐름을 만듭니다. 이것이 여러분의 뇌에서 울리는 작은 목소리입니다.[2]

하지만 CPU #2는 완전히 다릅니다. CPU #1이 선형적이고 단계별로 접근하는 반면, CPU #2는 디지털 신호 처리기처럼 마술을 부립니다. 뇌의 구글이나 마찬가지죠. 초정규식 검색 엔진 같은 게 있다고 생각해 보십시오. 이런 식으로 검색과 패턴 매칭을 담당합니다. 마찬가지로 명백하게 연관되지 않은 경우에도 비슷한 패턴을 찾아냅니다. 여러분이 무언가 다른 것을 '생각하고 있을 때'도 검색이 진행되고 비동기로 결과 집합을 반환합니다. 하루가 더 걸릴 수도 있지만요. CPU #2는 언어적인 처리를 하지 않기 때문에 검색 결과도 언어적이지 않습니다.

두 CPU는 메모리의 중심으로 가는 버스를 공유합니다. 한 번에 하나의 CPU만 메모리 영역에 접근할 수 있죠. 즉, CPU #1이 버스를 점유하고 있을 때는 CPU #2는 검색을 위해 메모리를 쓸 수가 없다는 뜻입니다. 마찬가지로 CPU #2가 높은 우선순위로 검색하느라 바쁠 때는 CPU #1이 메모리에 접근할 수 없습니다. 그들은 서로를 간섭합니다.

{ 두 개의 CPU가 각각 R 모드와 L 모드로 동작한다 }

이 두 CPU는 뇌에서 두 가지 다른 종류의 처리를 담당합니다. CPU #1의 선형적인 처리 스타일을 선형 모드, 또는 L 모드라고 부르겠습니다. 그리고 CPU #2의 비동기, 전체론적인 스타일을 풍부한 모드(rich mode), 또는 R 모드라고 줄여서 부를 것입니다.

두 가지는 다 필요한 것입니다. R 모드는 직관, 문제 해결, 창조성에 필수적입니다. L 모드는 세부적인 것들을 통해서 작업하는, 그리고 무언가 일을 되게 만드는 힘을 줍니다. 각 모드는 여러분의 마음의 엔진을 가동하고 최고의 성능을 발휘하는 데 도움을 줍니다. 두 모드는 함께 어울려야 합니다. 이제 이 필수적인 두 개의 인지 모드에 대해 자세히 살펴봅시다.

---
2 여러분도 이런 거 하나쯤 있어야겠죠?

메모리와 버스를 사이에 둔 경합

R 모드는 매일매일의 작업에서 아주 중요한 역할을 합니다. 장기 기억과 '처리 중'인 아이디어를 검색하는 엔진처럼 동작하죠. 하지만 앞서 언급했듯이 R 모드는 어떠한 언어처리도 담당하지 않습니다. 언어 요소를 가져오고 인지할 수는 있지만, 그걸로 혼자서 뭘 어떻게 할 수는 없습니다. 메모리 버스를 두고 L 모드와 R 모드가 경합하기 때문이죠.

| **입체적 기억** | 기억은 입체적으로 저장됩니다. 여러분의 기억은 홀로그램 같은 특성이 있다고 할 수 있죠.[3]

레이저로 만드는 실제 홀로그램은 필름의 모든 조각이 전체 이미지를 구성합니다. 즉, 필름 반을 잘라내도 나머지 반이 전체 이미지를 담고 있습니다. 하지만 그 충실도와 해상도가 떨어지죠. 계속해서 필름을 또 대강 반으로 잘라서 더 작고 작은 조각으로 만들어도 여전히 전체 이미지에 대한 표현이 담겨 있습니다. 이건 전체 이미지가 필름 전체에 걸쳐 흩어져서 저장되어 있기 때문입니다. 작은 조각조각이 전체를 표현하고 있습니다.

과학자들은 이런 현상을 생쥐를 대상으로 연구했습니다. 연구자들은 미로에서 많은 쥐들을 훈련시켰습니다. 그리고 뇌의 절반을 떼어 냅니다(외로운 토요일 밤 연구실에서 달리 할 일이 뭐가 있겠습니까?).

생쥐들은 여전히 전체 미로를 탐색합니다(뭔가 좀 이상하긴 하겠지만). 하지만 연구자들이 뇌를 점점 더 들어낼 때마다 조금씩 정확도가 떨어집니다.[4]

가령 일어나자마자 꿈을 묘사하려고 해본 경험이 있나요? 너무나 선명하고 생생한 꿈인데 뭔가 말로 표현하려고 하면 기억에서 스르륵 사라지지 않나요? 이건 이미지나 느낌, 전반적인 느낌 등을 R 모드에서 처리하기 때문입니다. 꿈은 R 모드에서 생성됩니다. 꿈을 말로 표현하려고 하면 버스에서 경합이 일어납니다. L 모드가 버스를 점유하면 그 기억들을 살릴 수 없습니다. 사실, 말로 표현할 수 없기도 하고요.[5]

여러분에게는 놀라운 지각 능력이 있습니다. 그런데 그 대부분이 말로는 효과적으로 표현하기 힘듭니다. 예를 들어, 친한 사람들이 한 번에 많이 몰려와도 그 얼굴을 바로 알아볼 수 있

---

3 「토끼의 머리와 거북이의 마음: 적게 생각할수록 지성이 높아진다」 [Cla00] 참조.

4 「뇌 뒤집어보기: 홀로그램 같은 마음에 대한 탐구」 [Ple81] 참조

5 「언어가 시각적 기억을 흐리게 한다: 말로 표현하지 않는 것이 더 나은 것도 있다」 [SES90]

습니다. 머리 모양을 바꾸든, 옷 입는 방식을 바꾸든, 살이 5kg 더 찌든, 심지어 20년이 지나든 상관이 없습니다.

| **메모리는 리프레시되어야 합니다** | 영화 토탈 리콜을 기억하십니까? 뭐, 기억할 수 없다면 아마 그건 비밀 스파이 조직이 여러분의 기억을 억압시켜버렸기 때문일 겁니다. 이런 정신 조작은 그저 공상과학소설에 나오는 이야기만이 아닙니다. 기억은 특정한 효소[6]만 억제하면 쉽게 지울 수 있습니다.

효소는 PKMzeta라고 부르는 시냅스에 있는데 마치 기억 엔진의 축소모형처럼 기억을 유지하고 시냅스 접점의 구조적 측면을 바꾸면서 돌아갑니다. 만약 PKMzeta의 처리가 뇌의 어떤 영역에서 무언가의 이유로 멈추게 되면 기억을 잃게 됩니다. 그게 무슨 기억이든 말입니다.

오랫동안 기억은 플래시 램(RAM)이랑 비슷하다고 생각해왔습니다. 뉴런이 조합된 구조를 물리적으로 보존하는 방식으로 기억이 기록됩니다. 대신, 실행 루프를 통해 지속적으로 유지되어야 합니다.

휘발성 정적 램도 전력이 공급되는 동안만 데이터가 유지됩니다. 뇌에는 그런 정적 램은 없는 대신 동적 램이 있는데 이것은 지속적으로 리프레시해주지 않으면 사라집니다. 쉽게 말해, 자전거를 타는 것조차 당연한 일이 아닙니다. 즉, 배운 것을 잊어버릴 수 있다는 것입니다. 어떤 경험이 얼마나 끔찍하든, 혹은 환상적이든, 그 경험은 잃어버릴 수 있습니다.

그래서 여러분의 뇌는 소프트웨어랑 다릅니다. 소프트웨어는 나이를 먹지도, 퇴화하지도 않습니다. 하지만 두뇌는 계속 리프레시를 해야 하고 계속 써야 합니다. 그렇지 않으면 기억은 사라집니다.

이 이야기와 기사를 소개해준 숀 하스톡에게 감사합니다.

하지만 가장 가깝고 사랑하는 사람일지라도 그 얼굴을 묘사하려고 하면 쉽지 않습니다. 어떻게 그런 인식력을 말로 표현할 수 있을까요? 사람들의 얼굴을 묘사하는 데이터베이스를 만들고 그 데이터베이스의 묘사를 통해 사람들을 인식하는 것이 가능할까요? 불가능한 일입니다. 얼굴 인식은 엄청난 능력이지만 말, 언어, L 모드로 할 수 있는 것은 아닙니다.

그리고 복잡한 문제에 관해서도 R 모드 검색 엔진은 직접 제어할 수 없습니다. 주변시와 마찬가지죠. 주변시는 정면시보다 훨씬 빛에 민감합

{ **R 모드는 직접 제어할 수 없습니다** }

---

6 http://pressesc.com/news/1088/16082007/memories-can-be-erased-scientists-find

니다. 그래서 시야의 구석에서도 무언가 서서히 흐려지는 것(수평선의 배, 혹은 별처럼)을 알아차릴 수 있는 것입니다. 정면에서 보면 그냥 사라져버릴 것입니다. R 모드는 마음의 '주변시'와 같습니다.

샤워 중에 성가신 문제의 답이 문득 떠오른 경험이 있나요? 버그나 설계 문제, 혹은 오랫동안 잊어버렸던 밴드의 이름 같은 것 말입니다. 혹은 다음 날 생각지도 않고 있는데 갑자기 떠오른 적은요? 이것은 R 모드가 비동기로 동작하기 때문입니다. R 모드는 백그라운드 프로세스(background process)처럼 오래된 정보를 휘저으면서 필요한 정보를 파고들어 갑니다. 살펴봐야 할 것이 아주 많죠.

R 모드는 입력을 저장하는 데 아주 부지런합니다. 사실 여러분이 가진 경험은 그것이 평범하더라도 모두 저장됩니다. 하지만 반드시 색인(index)화되는 것은 아닙니다. 뇌는 디스크에 쓰듯이 저장만 할 뿐이고 그 정보를 가리키는 포인터나 색인을 만들지는 않습니다.[7]

아침에 일하러 차를 몰고 나가다가 바로 10분 전까지 어떻게 운전했는지 생각이 안 나는 것을 깨달은 적이 있습니까? 뇌는 그게 유용한 자료가 아니라는 것을 인식했기 때문에 색인을 만드는 수고를 하지 않은 것입니다. 그래서 그걸 기억하는 것은 좀 어렵습니다.

하지만 문제를 열심히 풀고 있을 때는 R 모드가 모든 기억을 검색해서 해답을 찾으려고 합니다. 색인이 없는 자료도 전부 찾고 심지어 여러분이 반쯤 졸았던 학교 강의 내용까지 뒤집니다. 아주 편리하죠.

이제부터 이런 점을 어떻게 이용할 수 있을지를 살펴볼 것입니다. 그리고 다음 장에서는 R 모드의 다른 문제를 피해갈 수 있는 특별한 기술들을 살펴볼 것입니다. 하지만 먼저, R 모드가 비동기라는 사실을 활용할 수 있는, 간단하지만 활용도는 아주 높은 테크닉을 하나 살펴봅시다.

7　엄밀하게 말하면 색인이라기보다 아주 긴 해시 버킷(hash bucket)에 가깝습니다. 각 연결마다 활성화하는 데 필요한 에너지가 감소하죠. 하지만 비유적으로 그냥 색인이라고 봐도 무방합니다.

| 여기 담당자가 누구요? | 아마 여러분은 머릿속에서 맴도는 목소리가 제어를 하고 그 목소리가 의식이라고, 혹은 진짜 '자신'이라고 생각할지 모릅니다. 하지만 그렇지 않습니다. 사실 단어들이 머릿속에서 형성될 때 기반이 되는 사고는 이미 그전부터 있던 것입니다. 시간이 어느 정도 지나야 머릿속의 그 단어들이 실제로 입 밖으로 나오는 것입니다.

원래 생각과 그 생각을 지각하는 것 사이에는 시간 차가 있을 뿐 아니라, 뇌 안에는 생각의 중심이 따로 있는 것도 아닙니다. 생각들이 떠올라서 구름 안에서 서로 경쟁합니다. 그리고 잠시 후 승자가 여러분의 의식이 됩니다. 8.2절 '집중하기 위해 집중을 풀어라'에서 더 자세히 살펴볼 것입니다.

02 | 24×7 통찰을 잡아라

R 모드는 어떻게 해도 예측할 수 없기 때문에 거기에 대비해야 합니다. 해답이나 통찰력은 의식적인 활동과는 무관하게 갑자기 솟아오릅니다. 늘 원하는 시간에 올라오는 것도 아니죠. 백만 달러짜리 아이디어가 주변에 컴퓨터도 없는 상황에서 떠오를 수도 있습니다(사실, 컴퓨터가 없기 때문에 더 정확하게 그 좋은 아이디어를 잡아낼 가능성이 훨씬 높을 것입니다. 이건 나중에 다시 다룹니다).

즉, 여러분은 어떤 통찰이나 아이디어가 떠오르면 바로 잡을 수 있도록 1년 365일 24시간 준비가 되어 있어야 한다는 뜻입니다. 다른 뭔가를 하고 있더라도 말이죠. 다음과 같은 테크닉을 시도해보는 것도 좋을 것입니다.

■ 펜과 노트

저는 늘 피셔 우주펜(Fisher Space Pen)과 작은 노트를 들고 다닙니다. 이 펜은 훌륭합니다. 습기가 가득한 화장실에서도 위아래로 쓸 수 있습니다.[8] 노트는 편의점에서 산 96센트짜리 싸구려입니다. 얇고 특대형 책처럼 나선형으로 된 것도 아닙니다. 이 펜과 노트는 어디를 가든 항상 가지고 다니죠.

---

8 사람들이 Zebra T3 시리즈도 추천합니다. http://www.jetpens.com에 보면 펜과 샤프연필도 있습니다.

■ 인덱스카드(Index cards)

어떤 사람들은 분리된 카드에 적는 것을 좋아합니다. 이렇게 하면 필요 없는 것을 쉽게 버릴 수 있고 중요한 것을 책상 압지나 코르크판, 냉장고 등에 붙여놓을 수 있습니다.

■ PDA

애플의 아이폰이나 아이팟 터치, 혹은 팜 OS나 포켓 PC 기계에 메모 소프트웨어나 위키를 넣어서 쓸 수 있습니다(8.3절 '지식을 관리하라'에서 더 자세히 볼 수 있습니다).

■ 음성 메모

휴대전화나 아이팟, 아이폰, 혹은 기타 음성 메모가 가능한 장치를 쓸 수 있습니다. 이건 장거리를 출퇴근하면서 운전 중에 쓰기 좋습니다.[9] 음성 메일 서비스 중에는 음성을 텍스트(비주얼 음성 메일(visual voicemail)이라고 부름)로 변환해서 메일에 오디오 파일을 첨부해서 보내주는 것도 있습니다. 그러면 여러분이 어디에 있든 음성 메일을 호출하기만 하면 핸즈프리(hands-free)로 메시지를 남길 수 있습니다. 나중에 이메일에서 그 내용을 여러분의 할 일 목록이나 소스 코드, 블로그 등으로 복사해서 붙여 넣기만 하면 됩니다. 아주 편리하죠.

■ 포켓 모드(Pocket Mod)

http://pocketmod.com에 가면 공짜로 플래시 애플리케이션을 받을 수 있습니다. 이것을 이용하면 표준화된 단면 종이를 이용해서 소책자를 만들 수 있습니다. 가로 선이 그어진 페이지, 표, 할 일 목록, 악보 등의 다양한 템플릿이 준비되어 있습니다(그림 3.2 참고). 이 종이 한 장과 골프 모형에서 나온 뭉툭한 연필 하나만 있으면 엄청나게 싸고 다 쓴 후 버려도 되는 PDA가 있는 거나 마찬가지입니다.

---

9 핸즈프리 장치는 지역별로 법률을 확인하고 쓰세요.

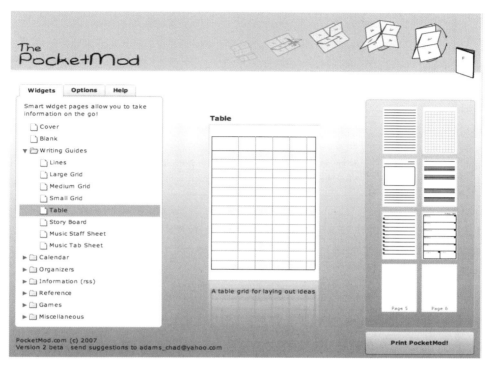

그림 3.2 | 쉽게 쓰고 버릴 수 있는 휴대용 계획표. POCKETMOD.COM

■ 노트

좀 더 큰 규모로 떠도는 생각을 정리하기 위해서 커버가 가죽으로 된 노트(Moleskine notebook)를 가지고 다닙니다(56쪽 사이드바를 보세요). 무겁고 무늬 없는 크림색 종이는 발명을 이끌어내는 무언가가 있습니다. 하지만 싸구려 일회용 쪽지보다 더 오래갈 것 같은 느낌이 들기 때문에 사고가 어느 정도 구체화되기 전까지는 노트에 쓰지 않는다는 사실을 알게 되었죠. 어느 정도 생각이 정리되지 않은 상태에서 써넣으려고 하지 않는 거죠. 이건 좋지 않습니다. 그래서 늘 여분의 가죽 노트가 있다는 사실을 되새기곤 합니다. 이 차이는 꽤 큽니다.

| 가죽 노트 | 오늘날 가장 널리 쓰이는 노트는 가죽으로 된 것입니다(http://www.moleskine.com). 크기나 스타일도 다양하고 줄이 그어진 것도 있고 아닌 것도 있습니다. 두꺼운 것도 있고 얇은 것도 있죠. 이런 노트에는 어떤 신화가 있습니다. 200년 이상 유명한 예술가나 작가의 사랑을 받았다는 것입니다. 반 고흐나 피카소, 헤밍웨이, 심지어 저도 포함됩니다.

가죽 노트의 제작자는 이것을 '아이디어와 느낌의 저수지, 발견과 지각을 저장하며, 시간을 넘나들며 사용할 수 있는 에너지를 담은 배터리'라고 부릅니다.

저는 이것을 머리 바깥의 대뇌 피질, 즉 내 머릿속에 다 담을 수 없는 것들을 담는 저렴한 외부 마음 저장소라고 생각합니다. 10달러가 아깝지 않죠.

중요한 것은 여러분이 항상 가지고 있는 무언가를 활용한다는 것입니다. 그게 종이든, 휴대폰이든, MP3 플레이어든, PDA든 그런 건 중요하지 않습니다. 늘 가지고 있기만 하면 됩니다.

TIP 008 | 떠오르는 모든 아이디어를 잡아라. 그러면 더 잘 활용하게 될 것이다

좋은 아이디어들을 기록해두지 않으면 그 아이디어는 여러분의 것이 아닙니다.

그 역도 역시 참입니다. 아이디어를 기록하기 시작하면 거기서 더 많은 것을 끄집어낼 수 있습니다. 뇌는 사용하지 않으면 정보를 주는 것도 중단합니다. 하지만 뇌를 사용하기 시작하면 기쁜 마음으로 여러분이 원하는 것 이상을 모아줄 것입니다.

{ 누구나 좋은 아이디어를 갖고 있다 } 교육 수준, 경제력, 직업, 나이에 관계없이 누구나 좋은 아이디어를 갖고 있습니다. 하지만 좋은 아이디어를 가진 이 많은 사람 중에 아주 일부만이 그 아이디어를 기록하는 수고를 합니다. 그중에서도 아주 일부만이 아이디어를 실제로 실천에 옮깁니다. 또 그중에 아주 소수만이 아이디어를 성공하게 할 능력이 있고요.[10] 그림 3.3의 피라미드 꼭대기에 올라가기 위해서는 적어도 여러분의 아이디어를 기록해두긴 해야 합니다.

---

10 이 말이 의심스럽다면 아무 벤처캐피탈에나 가서 물어보십시오.

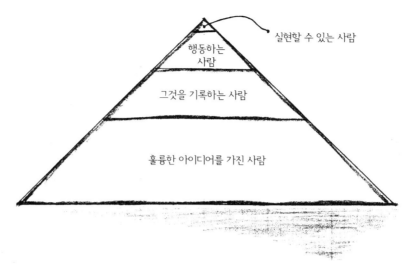

그림 3.3 | 모든 사람은 좋은 아이디어를 갖고 있다. 그중 소수만이 다음 단계로 간다.

하지만 물론 그걸로는 충분하지 않습니다. 아이디어를 잡아두는 것은 첫 단계일 뿐입니다. 그러고 나서 아이디어를 실천해야 합니다. 좀 더 효과적으로 실천하기 위한 방법이 몇 가지 있습니다. 이것은 나중에 8.3절. '지식을 관리하라'에서 더 자세히 다룰 것입니다.

뭔가 기록할 것을 갖고 다니세요...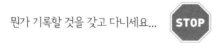

03 | 선형적 특성과 풍부한 특성

물론 R 모드와 L 모드에는 R 모드의 예측 불가능성 외에도 분명한 차이가 있습니다.

만약 여러분이 "그 문제에 대해서는 망설여져"라는 말을 한 적이 있다면 그 말이 여러분이 당시에 머리로 생각한 것보다 실제 상황에 가까운 말일 것입니다. 사실 뇌에는 여러 가지 다른 처리 방식이 있습니다. 그 각각의 처리 방식은 필요할 때 도움을 주는 독특한 특성이 있습니다.

가장 **빠른** 처리 방식은 뇌의 피질(cortex)까지 올라가지 않고 반응하는 종류의 근육 기억입니다.[11] 피아노 연주자는 빠른 악절에서 각각의 음표와 화음을 일일이 생각하지 않습니다. 근육이 바로 그 문제를 스스로 해결하죠. 별다른 의식의 작용이나 지시가 없습니다.

이와 비슷하게 본능적으로 브레이크를 밟거나 자전거를 피하는 일도 CPU의 처리가 필요 없습니다. 주변 기관이 알아서 처리합니다. 번개처럼 **빠른** 타이핑과 비슷한 물리적인 기술은 프로그래머와 별 상관이 없습니다. 이런 CPU가 필요 없는 모드와 반응에 대해서는 별로 다루지 않을 것입니다.

물론 사고와 의식에서 중요한 두 가지 핵심 모드인 R 모드와 L 모드에 대해서는, 그리고 그 모드로 할 수 있는 일에 대해서는 할 이야기가 많습니다.

1970년대에 심리생물학자 로저 W. 스퍼리는 그 유명한 '분리된 뇌' 연구를 개척했습니다. 이를 통해서 왼쪽 뇌 반구와 오른쪽 뇌 반구가 서로 완전히 다르게 정보를 처리한다는 사실을 발견했습니다(조금 신뢰성을 높이기 위해 덧붙이자면, 그는 이 연구로 1981년에 노벨상을 받았습니다).

먼저, 한 가지 시험해볼 것이 있습니다. 앉아서 여러분의 오른발을 바닥에서 떼고 시계방향으로 돌려보세요. 그러면서 동시에 오른손으로는 공중에 6을 그려보세요.

아마 발의 방향이 바뀔 것입니다. 여러분의 몸이 꽤 이상하죠? 뇌의 연결을 끊으면 두 가지 일이 일어납니다. 여러분은 아주 특이한 경험을 하게 될 것이고, 유명한 연구자들은 뇌에 대해 여러 가지를 배울 기회를 잡은 것입니다.

스퍼리의 연구에서 환자들은 왼쪽 뇌 반구와 오른쪽 뇌 반구가 서로 통신하거나 협력하지 않는 동작을 했습니다. 연결이 잘려나간 거죠. 그래서 어느 쪽 뇌 반구가 어떤 능력이나 행동을 담당하는지 볼 수 있었습니다.

예를 들어 어떤 실험에서, 이처럼 분리된 뇌를 가진 환자들에게 양쪽 눈에 각기 다른 이미지를 동시에 보여주었습니다. 그래서 무엇을 보았느냐고 물어보면 오른쪽 눈(주로 언어를 담당하는 왼쪽 뇌 반구를 사용하는)에 비친 이미지를 보았다고 대답합니다. 하지만 손으로 만져보

---

11 피질은 라틴어로 나무껍질이라는 말에서 온 단어입니다. 뇌의 바깥을 싸고 있는 주름진 회색 물질이고 의식적인 사고의 열쇠입니다.

라고 하면 왼쪽 눈(비언어적인 오른쪽 뇌 반구와 연결된)에 비친 이미지를 보았다고 대답합니
다. 그림 3.4를 보면 알 수 있습니다.

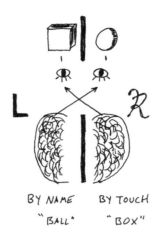

그림 3.4 | 양쪽 뇌가 각각 어떤 감각을 담당하는지를 보여준다.

스페리는 이처럼 뇌가 반구별로 다른 능력이 있다는 점을 밝혀냈고 그래서 좌뇌(left brain)
와 우뇌(right brain)라는 용어를 만들었습니다. 하지만 이게 완전히 맞는 것은 아니라는 사실
이 밝혀졌기 때문에(다음에 나오는 사이드바 참조) 이 책에서는 선형 모드(L 모드)와 풍부한
모드(rich mode, R 모드)로 부를 것입니다.

스페리와 제흐 레비(Jerre Levy), 그리고 후속 연구자들은 다음의 특성들이 각 모드와 연관
되어 있다는 사실을 밝혀냈습니다.[12]

L 모드 처리의 특성

L 모드 처리는 편안하고 익숙한, 컴퓨터광의 잔디밭입니다. L 모드는 다음과 같은 능력이 있
습니다.

---

12 「뇌의 오른쪽 면의 재조명」 [Edw01] 참조

■ **언어**

이름을 붙이고 묘사하고 정의하기 위해 단어들을 사용하는 것

■ **분석**

어떤 대상을 단계별, 부분별로 분석하는 것

■ **상징**

무언가를 나타내는 상징을 사용하는 것

■ **추상**

정보의 작은 조각을 가져와서 전체를 표현하는 데 활용하는 것

■ **시간**

시간을 기록하고 일의 순서를 정하는 것

■ **추론**

이유와 사실에 근거해서 결론을 이끌어내는 것

■ **수치**

숫자를 세는 것처럼 수치를 활용하는 것

■ **논리**

논리(정리, 잘 정리된 논증)에 기초해서 결론을 이끌어내는 것

■ **선형**

연결된 아이디어라는 관점에서 생각하는 것. 하나의 생각에 바로 다른 생각이 이어지고 종종 하나의 결론으로 수렴한다.

이것은 명백히 화이트칼라, 지식 노동자, 엔지니어들의 삶에서 떼려야 뗄 수 없는 것들입니다. 학교에서도 시험을 보고 일을 할 때도 활용하며 우리가 즐겨 쓰는 컴퓨터 시스템에도 잘 들어맞는 능력입니다.

하지만 파블로 피카소가 이야기한 유명한 말이 있죠. "컴퓨터는 쓸모없다. 컴퓨터는 오로지 답을 줄 뿐이다." 왜 그는 그런 이상한 말을 했을까요?

만약 '답'이 쓸모없다면 그 말은 '질문'이 더 중요하다는 의미일 것입니다. 사실, 사물에 대한 이런 정반대의 시각이야말로 R 모드 사고의 상징입니다. L 모드 방식에 완전히 둘러싸인 우리들에게는 R 모드의 특성이 좀 이상하고 기묘하게, 심지어 아주 불편하게 들리겠지만요.

| **좌뇌 vs. 우뇌** | 실제로 좌뇌 사고나 우뇌 사고 같은 것은 존재하지 않습니다. 뇌의 다양한 부위와 다층 구조가 고도로 분산된 방식으로 서로 협력합니다. 오래된 파충류에서 유래한 부분에서부터 최근에 추가된 신피질에 이르기까지 모두 서로 협력해서 동작합니다. 하지만 이런 협력에도 불구하고 두 가지 다른 인지 방식이 있습니다. CPU #1과 CPU #2가 그것이죠.

이 두 가지 인지 방식은 여러 가지 이름으로 불립니다. 대중적인 심리학 용어로는 간단히 좌뇌, 우뇌 사고라고 지칭합니다만 이것은 잘못된 명칭입니다. 뉴런의 활동은 단순히 좌뇌 우뇌로 나누는 것보다는 훨씬 복잡하기 때문에 더 많은 용어가 필요합니다.

가이 클랙스턴(Guy Claxton)은 『토끼의 머리와 거북이의 마음: 적게 생각할수록 지성이 높아진다』[Cla00]에서 이것을 d 모드(d-mode)와 언더마인드(undermind)라고 불렀습니다. d 모드의 d는 'deliberate(자발적인)'을 뜻하며 언더마인드는 CPU #2가 의식 이전 수준에서 처리가 일어난다는 것을 뜻합니다.

『완전히 새로운 정신: 정보의 시대에서 개념의 시대로』의 저자 댄 핑크(Dan Pink)는 이 두 가지를 l 방향(l-directed)과 r 방향(r-directed)으로 지칭합니다.

'뇌의 오른쪽 면의 재조명'[Edw01]으로 유명한 베티 에드워즈 박사는 좌뇌 우뇌의 틀에서 처음으로 벗어나 단순하게 L 모드와 R 모드로 구분했습니다.

두 인지 모드의 특성을 명확히 하기 위해 이 책에서는 선형적인 모드와 풍부한 모드로 구분하고 줄여서 L 모드와 R 모드라고 부를 것입니다.

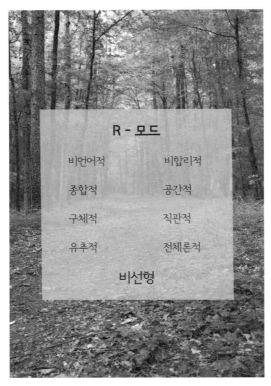

그림 3.5 | R 모드의 속성

R 모드 처리의 특성

L 모드와 비교해서 R 모드는 그림 3.5에 나온 것과 같은 능력을 갖고 있습니다. 모두 중요하지만 그중에서도 오른쪽에 있는 전문가의 상징이라고 할 수 있는 '직관'을 눈여겨봐주세요.

이쪽은 비언어적입니다. 언어를 검색해서 가져올 수는 있지만 만들지는 못합니다. 종합, 즉 사물을 모아서 전체를 형성함으로써 배우는 것을 좋아합니다. 현 시점에서 사물을 있는 그대로 연관 짓는다는 의미에서 아주 구체적입니다. 사물의 연관 관계를 평가하는 데 유추를 사용합니다. 재미있는 이야기를 좋아하며 시간에 구애받지 않습니다. 결과를 내기 위해 이유나 사실에 기초할 필요가 없을 때는 합리성에 얽매이지도 않습니다. 완전히 판단을 유보하고 싶어 합니다.

R 모드는 분명 전체론적이고 패턴과 구조를 지각하면서 한 번에 전체를 보려고 합니다. 공간적으로 동작하며 어디에 사물이 다른 사물과 연결되어 있는지, 각 부분이 어떻게 전체를 형성하는지를 봅니다. 가장 중요한 것은 종종 불완전한 패턴, 예감, 느낌, 시각적 이미지에 기초해서 직관적으로 동작하고 도약적인 통찰을 한다는 것입니다.

하지만 이것들은 모두 꽤 불편한 영역입니다. 마치 예술가나 다른 괴짜에게나 맞는 것처럼 보입니다. 엔지니어에게는 안 맞는 것 같습니다. 우리들에게도요.[13]

그렇다면 '비합리적인' 것에 대해서는 어떨까요? 이는 모욕적인 말처럼 들립니다. 프로그래머들은 완전히 합리적이지 않다는 이유로 기소되기보다 살인으로 기소될 가능성이 높을 겁니다.

하지만 유효한 사고 과정이 합리적으로 이루어지지 않는 경우는 많습니다. 직관도 그렇고 그게 나쁜 것은 아닙니다. 혹시 결혼하셨나요? 그건 합리적인 결정이었습니까? 즉, 그 결혼의 장단점을 나열하고 의사결정 트리를 그리거나 표를 그려서 논리적이고 합리적인 방식으로 결정하려고 했습니까? 아마 그렇지 않을 것입니다.

여기에 잘못된 건 아무것도 없습니다. 단지 사고 과정이 비합리적이고 반복 불가능하다는 것이 비과학적이고 신뢰할 수 없고 부적당한 게 전혀 아니기 때문입니다.

드라이퍼스 모델의 논의가 이벤트 이론이 아니라 증명할 수 없어서 불편했습니까? 그렇다면 여러분은 L 모드에 편중되어 있다는 것을 보여주는 것입니다.

R 모드의 처리 방식에 많은 장점이 있음에도 우리는 별로 사용하지 않습니다. 많은 능력이 낭비되고 있는 것입니다. 여러분에 대해서는 잘 모르지만, 솔직히 저는 제가 얻을 수

{ **능력이 낭비되고 있다** }

있는 두뇌의 능력을 모두 사용할 수 있습니다. R 모드에는 아주 흥미로우면서도 활용되지 않는 능력이 많이 잠재되어 있습니다.

---

13 이것들은 심지어 측정 가능하지도 않습니다. HR은 이런 기술을 측정하지도 못하고 이에 대해 보상하지도 못합니다. 적어도 L 모드의 특성만큼 쉽게 측정하거나 그에 맞게 보상하지 못합니다.

왜 R 모드를 강조할까요?

우리는 지금보다 더 R 모드를 많이 사용하고자 합니다. 왜냐하면 R 모드는 직관을 주고 우리가 그토록 열망하는 전문가가 되는 데 필요한 것들을 주기 때문입니다. R 모드 없이 전문가가 될 수는 없습니다. 드라이퍼스 모델은 전문가의 암묵지를 강조합니다. 그리고 그것은 R 모드에 있습니다. 전문가는 패턴을 보고 식별합니다. 여기도 패턴 매칭(pattern matching)이 있는 것입니다.

R 모드의 유추적이고 전체론적인 사고방식은 소프트웨어 아키텍처와 설계에서 아주 중요합니다. 좋은 설계는 이런 것들로 이루어져 있습니다.

여러분은 이미 생각보다 더 종합적인 학습을 많이 하고 있을 것입니다. 어려운 설계 문제에 부딪혔을 때, 혹은 교묘한 버그를 만났을 때, 좋은 프로그래머는 일반적으로 코드에서 무언가 배울 수 있는 것을 뽑아내고 싶은 욕망을 느낍니다. 이것이 L 모드의 '분석'과는 반대인 R 모드의 '종합'입니다. 그래서 프로토타입(prototype)을 좋아하고 독립적인 단위 테스트를 좋아하는 것입니다. 이들은 종합, 즉 구축을 통해 무언가를 배울 기회를 줍니다.

사실, 종합은 아주 막강한 학습 기술입니다. 그래서 MIT 미디어랩의 니콜라스 니그로폰테는『개구리를 해부하지 말고 만들어내라』[Neg94]에서 개구리를 제대로 배우고 싶으면 전통적인 해부로는 안 된다고 이야기한 바 있습니다. 더 나은 방법은 개구리를 만들어보는 것입니다.

즉, 학생들에게 개구리와 같은 특성이 있는 것을 만들어보게 하라는 것입니다. 이것이야말로 무엇이 개구리를 개구리답게 만드는지, 개구리가 어떻게 그들의 독특한 환경에 적응하는지를 제대로 배울 수 있는 훌륭한 방법입니다. 종합을 통해서 배우는 완벽한 예제라고 할 수 있죠.

TIP 009 | 분석을 통해서 배우는 것만큼 종합을 통해서 배우라

하지만 학습 기술로 종합을 활용하는 것은 단지 시작일 뿐입니다. 사실, 문제를 해결하는 두 뇌의 힘을 높이기 위한 방법은 많습니다. 두 사고 모드를 적절하게 활용해야 합니다. 생각하는 동안 손으로 무언가를 만지작거린다든지, 전화받는 동안 낙서를 한다든지 등의 단순한 방법에서부터 정말 재미있고 이색적인 방법까지 동원할 수 있습니다.

이제부터 이 모든 것들을 살펴보면서 여러분이 어떻게 여러분의 바른 마음[14] 속으로 들어갈 수 있을지 보게 될 것입니다. 하지만 그 전에 잠시 주제에서 벗어나서 여기에 관련된 큰 그림을 보고 왜 R 모드란 게 여러분이 생각하는 것보다 훨씬 중요한지 힌트를 드리겠습니다.

04 | R 모드의 부상

L 모드와 R 모드의 특성을 보면서 느꼈겠지만 우리는 문화적으로 L 모드의 사고와 연관된 활동으로 편향되어 있습니다. 그리고 R 모드 사고를 덜 중요하고 지엽적인 것으로 간주합니다. R 모드는 마치 인류가 세계가 평평하고 번개는 보이지 않는 신들의 전쟁으로 인한 여파라고 믿었던 구세대의 기묘한 잔재, 퇴화한 부속물처럼 보입니다.

그리고 사실, 인류를 다른 짐승들과 구분 짓는 것이 바로 L 모드의 힘이기도 합니다. 인류를 숲과 정글에서 마을과 도시로 데려왔고 들판에서 공장으로, 최종적으로는 책상과 마이크로소프트 워드가 있는 땅으로 데려왔습니다.

하지만 이런 분석적이고 언어적인 L 모드 사고의 능력이 이만큼의 진전을 이루어냈음에도 우리는 R 모드가 필요할 때조차 L 모드에 지나치게 의존하면서 핵심적인 몇 가지 능력을 상

{ L 모드는 필요하지만 충분하지 않습니다 }

실했습니다. 좀 더 진보하기 위해서, 인간 능력 계발의 새로운 혁명을 위해 우리는 그동안 많이 무시해왔던 R 모드를 L 모드와 재통합해야 합니다.

자, 질색하며 이 책을 던져 버리기 전에 제가 여러분의 마음속에 있는 아이, 혹은 어떤 다른 절름발이나 바보처럼 보이는 것을 건드릴지 모른다는 말씀을 드려야 할 것 같습니다. 먼저, 로버트 A. 러츠의 이야기를 들어보세요.

러츠 씨는 전에 해병대이자 파일럿이었습니다. 뉴욕 타임즈에 실린 그의 사진은 근엄하고 각진 턱에 스포츠 머리를 하고 있습니다. 지금 그는 북미 제너럴 모터스의 부회장입니다. 아주 진지한 비즈니스죠.

---

14 (옮긴이) right mind, 일종의 언어유희

러츠 씨는 타임지와 인터뷰하면서 그가 이끄는 GM의 미래에 대한 질문을 받았을 때 이렇게 말했습니다. "우뇌를 조금 더 써야 할 듯한⋯우리는 예술의 영역에 있는 것 같습니다. 운송 분야에도 예술적인 것들, 즉 엔터테인먼트라든지, 모바일 기기 등의 활약이 필요해졌다는 것이죠."

그는 엔지니어링이나 기능에 대해서 말하는 것이 아닙니다. 이제는 모든 사람들이 팝업 컵홀더와 아이팟 커넥터를 사용합니다. 그는 미학에 대해서 말하는 것입니다.

하지만 이건 예술가들을 작업실에 밀어 넣거나 괴상한 이론에 심취한 연구자를 데려다 놓는다고 해결할 수 있는 일이 아닙니다. 미국에서 세 번째로 큰 회사의 부회장이란 말입니다.[15] 러츠는 이 역사적인 순간에 이처럼 미학에 초점을 맞추는 것이 올바른 길이라고 생각했습니다.

작가 댄 핑크도 여기에 동의했습니다. 그의 유명한 책 『완전히 새로운 정신: 정보의 시대에서 개념의 시대로』[Pin05]에서는 경제적 사회적 압박 때문에 이런 예술적이고 심미적인, R 모드의 속성이 필요해지고 있다고 했습니다. 그래서 마샤 스튜어트[16]처럼 축하 카드를 직접 만드는 것이 이제 더 이상 사치가 아니며, 기존의 평범한 주류 비즈니스 세계에도 이것들이 필요해질 것이라고 주장합니다.

트럼프 기능 디자인하기

{ 상품화란 심미성을 겨루는 것이다 }

예를 들어, 상품화의 효과를 생각해 봅시다. 여러분은 대규모 소매상을 운영합니다. 욕실용 솔 같은 생필품을 팝니다. 아마 가격으로 경쟁하기는 힘들 겁니다. 누구든지 1달러만 있으면 중국산 욕실용 솔을 살 수 있습니다. 그럼 여러분의 상품을 어떻게 차별화해야 할까요?

대형 소매점인 타겟(Target)은 욕실용 솔을 유명한 디자이너이자 건축가인 마이클 그레이브스가 만든 것이라고 내세우기로 했습니다. 가격으로 경쟁할 수 없기 때문에 미학으로 경쟁해야 합니다.

---

15 2006년 기준입니다. 하지만 자동차 산업은 경쟁이 치열합니다.

16 (옮긴이) 집을 꾸미는 아이디어, 각종 장식 등의 정보를 볼 수 있는 사이트. http://www.marthastewart.com/ 참고

욕실용 솔을 넘어서 우리의 심장과 귀에 가까운 것을 봅시다. 바로 아이팟 말입니다. 시장을 선도하고 있는 아이팟이지만 기능별로 비교해보면 다른 상품보다 나을까요? 아니면 그저 좀 더 심미적으로 즐겁게 사용할 수 있도록 잘 디자인된 것일까요?

패키지부터 봅시다. 아이팟 패키지는 번잡하지 않습니다. 그저 얼마나 많은 곡과 동영상을 저장할 수 있는지 적혀 있을 뿐입니다. 그리고 괜찮은 그림이 하나 있죠. 썰렁해 보이지만 세련되어 보입니다.

비교해 봅시다. 유튜브에 떠도는 패러디가 하나 있습니다. 아이팟을 마이크로소프트가 디자인했다면 어떻게 만들었을까 하는 것이죠. 이 패러디는 끔찍합니다. 패키지 상자는 단순한 것과는 거리가 멉니다. 포장지부터 빽빽한 글자와 상표, 아이콘, 무보증 문구 등으로 가득합니다.

박스 안에도 법적으로 책임이 없음을 나타내는 문서가 여러 장 있고 제삼자의 보증과 큰 글씨로 30GB*라는 것이 적혀 있습니다(별표를 붙인 것은 기가바이트가 정확히 10억 바이트는 아니라는 점을 설명하기 위해서입니다. 실제 쓸 수 있는 양은 달라질 수 있고 전체 용량을 다 못 쓸 수도 있습니다. 또, 자신의 MP3를 직접 복사해 넣어야 하는 번거로움이 있다는 뜻이기도 합니다. 근데 너무 많이 샜군요...).

여기서 중요한 것은 아이팟은 얼마나 많은 곡을 담을 수 있는지를 알려준다는 것입니다.

마이크로소프트 패러디(그리고 많은 진짜 경쟁제품들)는 기가바이트 단위의 용량을 알려줍니다. 소비자는 기가바이트에는 관심 없

> **중요한 것은 몇 곡을 담을 수 있느냐지, 기가바이트가 아니다.**

습니다. 우리 같은 컴퓨터광이나 관심을 두겠죠. 실제 사람들은 얼마나 많은 곡, 얼마나 많은 사진이나 동영상을 담을 수 있는지를 알고 싶어합니다.[17]

아이팟은 포장에서부터 사용자 인터페이스까지 디자인이 훌륭하고 매력적입니다. 그리고 이게 그냥 마케팅을 위한 금칠을 한 것은 아니었습니다. 매력적인 물건이 본래의 역할도 더 잘 해냅니다.

---

17 이 패러디는 사실 마이크로소프트 내부에서 만든 것이라는 소문이 있습니다. 아마도 그들이 따라야 하는 제약에 불평하고 싶었나 봅니다(옮긴이: 이것은 패러디일 뿐 사실과는 다릅니다. 마이크로소프트가 만든 MP3 플레이어 Zune은 아이팟을 베꼈다는 말을 들을 정도로 아이팟과 유사한, 세련된 디자인입니다. 패키지 박스도 깔끔합니다).

매력적인 것이 더 잘 통한다

몇몇 연구에서[18, 19, 20] 매력적인 사용자 인터페이스가 매력적이지 않은(좀 더 과학적인 용어로, 못생긴) 인터페이스보다 더 사용하기 쉽다는 결과가 나왔습니다.

일본의 연구자들은 은행의 ATM 인터페이스를 연구했습니다. 기능과 동작 방식이 완전히 똑같은 경우에도 사람들은 예쁜 버튼을 못생긴 버튼보다 더 쉽게 사용했습니다.

 문화적 편향이 있을 수 있다는 생각에 이 연구를 이스라엘에서도 똑같이 했습니다. 이처럼 완전히 다른 문화에도 불구하고 결과는 심지어 더 강하게 나왔습니다. 하지만 왜 이런 일이 생길까요? 심미적인 고려는 단지 감정적인 반응만 나타내고 인지적인 처리에는 영향을 주지 않는 것 아니었나요? 그럴 수 있나요?

네, 그럴 수 있습니다. 사실, 후속 연구[21]에서 긍정적인 감정이 학습과 창조적인 사고에 아주 중요하다는 것이 밝혀졌습니다. '행복한' 것이 여러분의 사고 프로세스를 확장시키고 뇌의 하드웨어를 더 많이 열어줍니다.

회사 로고조차도 여러분의 인지에 영향을 미칩니다. 듀크 대학의 한 연구[22]에서 애플(Apple)의 로고를 사람들에게 잠깐 보여주었더니 사람들이 훨씬 창조적으로 바뀌었습니다. 어떤 이미지가 특정 관념과 연결되어 있을 경우, 그 이미지를 보게 되면 그 이미지와 연결된 관념이 행동에까지 영향을 미칩니다. 이 경우 애플 로고는 독특함, 혁신, 창조성 등의 이미지를 주기 때문에 창조적이고 혁신적인 영향을 준 것입니다.

그 역도 잘 정립되어 있습니다. 화가 나거나 겁에 질렸을 때, 즉 부정적인 감정 상태에 있을 때 뇌는 불가피하게 맞닥뜨릴 싸움이나 도피를 대비해서 뇌의 여러 가지 부가 자원들을 차단시킵니다(7.5절 '압박은 인지를 죽인다'에서 더 자세히 살펴볼 것입니다). 그래서 주변 환경의 사물들이 부서져 있으면 뇌에도 부정적인 영향을 미칩니다. 우리는 깨진 창문 이론(『실

---

18 『감성적 디자인: 왜 우리는 매일매일 부딪히는 것들을 사랑하는개혹은 미워하는가)』 [Nor04]

19 『명백한 사용성 대 고유의 사용성: 명백한 사용성의 결정 요인에 관한 실험적 분석』 [KK95]

20 『미학과 명백한 사용성: 경험적으로 축적되는 문화와 방법론적 이슈』 [Tra97]

21 『긍정적인 감정과 그 인지적 영향에 대한 신경심리학 이론』 [AiT99]

22 『브랜드를 행동 자극에 노출했을 때 저절로 일어나는 효과: 애플이 어떻게 사람을 '다르게 사고하게' 만드는가』 [FCF07]

용주의 프로그래머』[HT00] 참조)을 현실 속에서 수년간 보아왔습니다. 알려진 문제(코드 속의 버그나, 조직의 나쁜 프로세스, 형편없는 인터페이스, 바보 같은 관리)가 해결되지 않고 남아 있으면 그 문제가 스스로 생명력을 가지고 더 많은 문제를 일으키게 됩니다.

| **칸막이가 뉴런을 죽인다** | 아마 뇌세포의 숫자가 한정되어 있고 늘어나지 않는다는 이야기를 들어본 적이 있을 것입니다. 이 뇌세포는 죽기는 하지만 새로 생기진 않습니다. 알코올을 많이 섭취하거나 나이가 들면 뇌세포가 죽습니다. 그래서 나이가 든 사람은 처음보다 남아 있는 뇌세포 수가 적기 때문에 덜 똑똑해 보입니다.

다행히도 엘리자베스 굴드 교수는 생각이 다릅니다. 그 분야를 놀라게 할 만한 발견을 이루어냈죠. 성인이 된 후에도 새로운 뇌세포가 계속 생겨나는 신경조직의 발생을 발견한 것입니다. 하지만 여기서 재미있는 부분은 이전 연구자들이 이런 신경조직의 발생을 발견하지 못한 이유가 그들의 실험 환경 때문이었다는 것입니다.

연구실에서 동물을 우리에 가둬두면 결코 새로운 뉴런은 발생하지 않습니다.

사무실에서 프로그래머를 칙칙한 칸막이(cubicle)에 가둬두면 결코 새로운 뉴런은 발생하지 않습니다.

반대로, 배우고 관찰하고 교감할 수 있는 것이 풍부한 환경에서는 새로운 뉴런도 많이 생기고 그 뉴런 간 연결도 많이 생깁니다.

수십 년간, 과학자들은 인공적인 환경(메마른 연구실의 우리) 때문에 인공적인 데이터만 만들어냈습니다. 다시 한 번 강조하지만 맥락과 상황이 중요합니다. 여러분이 일하는 환경은 감각적으로 풍부한 기회를 제공해야 합니다. 그렇지 않다면 뇌가 점점 늙어갈 것입니다.

미학은 차이를 만듭니다. 사용자 인터페이스든 코드와 주석의 레이아웃이든, 변수명 선택이든, 책상 정리든 말입니다.

TIP 010 | 좋은 디자인을 위해 노력하라. 훨씬 더 나은 결과를 얻을 수 있다

그런데 여기에 제대로 정의하지 않은 것 하나가 있습니다. 도대체 '매력적'으로, 혹은 매력적이지 않게 만드는 것은 무엇일까요? 무언가를 아름답게 디자인하려고 하면 어떻게 하나요? 이 둘은 같은 것일까요?

{ **아름다움은 선택에서 나온다** } 　20세기의 선도적인 건축가 중 하나인 루이스 칸은 아름다움과 디자인의 관계에 대해 유용한 해석을 하나 내놓았습니다. "디자인은 아름다움을 만드는 것이 아니다. 아름다움은 선택과 기호, 통합과 사랑에서 나온다."

칸은 아름다움이 '선택'에서 나온다고 설명합니다. 즉, 예술은 창조 행위 자체보다 무한한 선택 사항 가운데 하나를 고르는 행동이 더 중요하다는 것입니다.

　음악가는 거의 무한대에 가까운 팔레트에서 다양한 악기, 리듬, 음계, 박자 등에다 정의하긴 어렵지만 느낌으로 알 수 있는 '적절한 것'을 조합합니다. 화가는 2천 4백만 가지 색상 중에서 선택합니다. 작가는 옥스퍼드 영어 사전 전권(전체 20권이고 권당 30만 개의 항목이 있는 경우도 있다)에서 어떤 단어가 가장 완벽한 단어일지 선택하게 됩니다.

　창조성은 작품을 만들어 내기 위해 선택하고 적절한 구성 요소를 제대로 조합하는 데서 나옵니다. 그리고 선택, 곧 어떤 맥락에서 무엇을 선택해야 하는지를 아는 것은 '패턴 매칭'에서 나오며 이것은 우리가 계속 이야기해왔던 주제입니다.

05 | R 모드는 숲을 보고 L 모드는 나무를 본다

패턴 매칭은 전문가가 보여주는 능력 중에서도 핵심입니다. 이를 통해서 선택지를 좁혀 나가서 문제의 중요한 부분에만 집중할 수 있습니다.

　무엇보다도 이처럼 흥미로운 패턴 매칭은 그동안 무시해왔던 R 모드의 활동에서 나옵니다. 하지만 L 모드와 R 모드는 패턴 매칭에 다른 방식으로 접근하며, 결국에는 두 가지 다 필요할 것입니다.

다음 그림을 봅시다.[23]

```
        I                    I
        I                    I
        I                    I
        I                    I
        I I I I I I I I I I I I I I I I
        I                    I
        I                    I
        I                    I
        I                    I
```

I 글자를 이용해서 H를 만들어봤습니다. 이런 패턴을 계층 문자(hierachical letter)라고 합니다. 심리학자들은 이런 그림을 한 번에 한쪽 눈에만 잠깐 보여주고 큰 문자는 뭐고 작은 문자는 뭐였는지 물어봅니다.

뇌의 반구는 이런 식별 문제를 다른 방식으로 바라봅니다. 한쪽 반구는 부분적인 특징, 즉 작은 문자를 잘 식별합니다. 그리고 다른 쪽 반구는 전체적인 특징, 큰 문자를 잘 인식합니다.

R 모드를 주로 사용하는 왼쪽 눈에 그림을 보여주고 전체적인 패턴을 물으면 잘 인지합니다. L 모드를 주로 사용하는 오른쪽 눈은 부분적인 특징을 잘 인식합니다. 하지만 반대로 해보면 결과는 아주 형편없습니다. 어떤 커다란 특성의 차이가 있는 것 같아 보입니다.

이 실험은 포괄적이고 전체론적인 패턴을 찾을 때 R 모드를 사용한다는 사실에 확증을 더합니다. 만약 부분을 분석하고 세부사항을 보고 싶다면 L 모드의 접근법을 사용해야 합니다. 이런 특성은 대부분의 사람들에게 해당하는 것입니다. R 모드는 숲을 보고 L 모드는 나무를 봅니다.

하지만 몇몇 운 좋은 사람들은 반구의 차이가 그다지 크지 않습니다. 특히 수학의 천재는 이런 차이를 보이지 않습니다. 그들의 뇌에서는 각 부분이 훨씬 더 잘 협력합니다.[24] I 문자를 볼 때나 H 문자를 볼 때나 양쪽 반구가 동등하게 관여합니다.

---

23   이 예를 제시해주신 김창준 씨에게 감사드립니다.

24   「수학 천재 아동, 평균적인 능력의 젊은이, 그리고 대학생들이 전체적/부분적 처리를 할 때의 뇌 반구의 상호작용」 [SO04]

만약 여러분이 수학 천재가 아니라면 R 모드와 L 모드를 협력하게 만들기 위한 다른 방법을 찾을 필요가 있습니다. L 모드와 R 모드의 처리를 더 잘 통합할 수 있습니다. 그 방법은 다음 장에서 살펴볼 것입니다.

06 | DIY 뇌수술과 신경 적응성

여러분은 여러분의 뇌를 물리적으로 다시 연결할 수 있습니다. 어떤 영역에서 더 높은 능력을 갖추고 싶습니까? 원하는 방식으로 뉴런의 가닥을 연결할 수 있습니다. 뇌의 각 부분이 다른 기능을 수행하도록 용도 변경할 수 있습니다. 더 많은 뉴런과 뉴런 간의 연결을 특정 기술에 전용하도록 만들 수 있습니다. 여러분이 원하는 방식으로 뇌를 만들 수 있습니다.

수술을 진행하기 전에, 공구 상자와 집게는 저리 치우세요. 이 뇌수술에는 그런 공구가 필요 없습니다. 더 쉬운 방법이 있습니다.

최근까지 뇌의 용량과 내부 '연결'은 날 때부터 정해져 있는 거라고 알려져 있었습니다. 즉, 뇌의 각 부분은 고정된 뇌 지도에 따라 정해진 기능을 수행하도록 특성화되어 있다는 것입니다. 대뇌피질의 어떤 부분은 시각 처리를 담당하고 어떤 부분은 맛을 담당하는 이런 식입니다. 이것은 또한 사람의 능력이나 지성이 태어날 때 거의 정해지며 나중에 훈련이나 계발해도 정해진 한계가 있다는 의미이기도 합니다.

다행히 우리 인류에게 이것은 사실이 아니라는 것이 밝혀졌습니다.

인간의 뇌는 놀랍도록 유연합니다. 심지어 맹인에게 그의 혀를 이용해서 볼 수 있도록 가르치는 데 성공한 연구자도 있습니다.[25] 비디오 카메라 칩의 출력 단자를 혀에 16×16 화소로 정렬해서 연결했습니다. 그의 뇌 회로는 그의 혀에서 오는 신경의 입력을 시각적으로 처리하도록 스스로 재정렬하였습니다. 그래서 환자는 주차장에서 장애물을 피해 운전할 수 있을 정도로 볼 수 있게 되었습니다. 입력 장치는 단지 256픽셀에 불과한 낮은 해상도였다는 점도 인상적입니다. 하지만 낮은 해상도의 입력에도 불구하고 뇌가 나머지 상세한 부분을 채웁니다.

TIP 011 | 뇌를 믿음과 지속적인 단련으로 재구성하라

---

25 『스스로 변화하는 뇌: 뇌과학의 첨단에서 거둔 개인적인 승리』 [Doi07] 참조

신경의 유연함(뇌의 유연한 특성)은 배울 수 있는 최대량이나 습득할 수 있는 기술이 고정되어 있지 않다는 것을 보여주기도 합니다. 여러분이 가능성을 믿는 한, 상한은 존재하지 않습니다. 스탠퍼드 대학의 연구에서 『마인드 세트: 새로운 성공의 심리학』[Dwe08]의 저자인 심리학자 캐럴 드웩에 따르면, 자신의 지성을 발전시킬 수 없을 것이라고 생각하는 학생들은 실제로도 발전하지 않는다고 합니다. 뇌의 유연함을 믿는 학생들은 쉽게 자신의 능력을 높여갑니다.

{ 생각하는 대로 된다 } 두 가지 모두 뇌의 능력에 대해 어떻게 생각하느냐가 물리적으로 뇌 자체의 연결에 영향을 미칩니다. 상당히 의미심장한 이야기입니다. 단지 여러분의 뇌가 배울 수 있는 양이 더 많다고 생각하는 것만으로도 그렇게 된다는 것입니다.

이것이 스스로 하는(DIY) 뇌 수술입니다.

대뇌 피질의 경쟁

단지 믿음만 가지고 뇌를 재구성할 수는 없습니다. 대뇌 피질에서는 계속 경쟁이 일어납니다.

계속 사용하고 연습하는 기술과 능력이 점점 뇌의 많은 부분을 점유하고 그 목적으로 재구성됩니다.

동시에, 적게 사용하는 기술은 설 곳이 없어집니다. '사용하거나 아니면 잃어버리거나'가 여기에 딱 맞는 말입니다. 뇌는 여러분이 가장 많이 하는 활동에 더 많은 자원을 줍니다.

아마 이것이 음악가들이 끊임없이 곡조를 연습하는 이유일 것입니다. 동적 RAM을 끊임 없이 리프레시하는 것과 비슷하죠. 더 뛰어난 코더가 되고 싶으십니까? 코딩을 더 많이 하십시오. 35쪽의 '전문성을 얻기까지 10년'에서 나온 것처럼 자발적이고 집중된 연습을 하십시오. 외국어를 배우고 싶으십니까? 여러분을 외국어에 푹 담그십시오. 늘 그 언어를 말하고 생각하십시오. 여러분의 뇌는 곧 상황을 파악하고 새로운 용도를 잘 지원하도록 스스로 적응할 것입니다.

07 | 어떻게 거기에 이를 수 있습니까?

이번 장에서는 L 모드와 R 모드의 인지 처리 과정을 비롯해 실습을 통해 뇌를 재구성하는 것까지, 뇌의 특성에 대해 살펴보았습니다.

그럼 R 모드가 그렇게 좋은 것이라면, 혹은 적어도 이 시점에 그렇게 필요한 것이라면, 어떻게 해야 R 모드를 더 많이 경험할 수 있을까요? 어떻게 하면 R 모드를 배양하고 L 모드와 R 모드를 잘 통합시킬 수 있을까요?

바로 다음 장에서 이 질문에 대한 상세한 내용을 다룰 것입니다.

다음 할 일 ➡

- ☐ 여러분이 좋아하는 소프트웨어 애플리케이션의 목록을 간단하게 만들어보고 여러분이 싫어하는 목록도 만들어 보세요. 여러분의 선택에 미학이 얼마나 영향을 미쳤나요?

- ☐ 일과 가정의 삶에서 L 모드를 쓰고 있는 것은 어떤 것들이 있나요? 또, R 모드를 쓰는 것은 어떤 것일까요? 균형이 잘 맞는다고 생각하나요? 아니라면 이 상황을 바꾸기 위해 무엇을 어떻게 할 수 있을까요?

- ☐ 메모장을 늘 여러분의 책상(그리고 차, 컴퓨터, 침대)에 놔두세요. 그리고 그걸 사용하세요.

- ☐ 덧붙여, 언제 어디서든 메모할 수 있는 도구를 휴대하세요(꼭 펜과 종이로 된 것이 아니라도 좋습니다).

시도해 볼 것

- ☐ 무언가를 배울 때 분석 대신 종합을 사용하도록 의식적으로 노력해 보세요.

- ☐ 키보드와 모니터에서 멀리 떨어져서 소프트웨어를 설계해 보세요(이건 이 책의 뒷부분에서 자세히 이야기할 것입니다).

04장

마음속 들여다보기

사람은 저 멀리 하늘보다도 더 먼 마음속에서 스쳐가는 섬광을 인식하고 품을 줄 알아야 한다.
하지만 보통 그런 특이한 생각은 특이하기 때문에 인지하지 못하고 놓쳐버린다.

– 랄프 왈도 에머슨

이번 장에서는 정신의 처리 능력을 더 강화할 수 있는 다양한 기술들을 살펴볼 것입니다.

그중 일부는 여러분에게 익숙한 것도 있고 색다른 것도 있을 것입니다. '이상한' 것들을 보고 주저하지 마십시오. 만약 거부감이 들고 시도해보고 싶지 않은 것이 있다면 그것이 바로 제일 먼저 해봐야 할 것입니다.

에머슨은 서문에서 사람들은 일반적이지 않거나 불편한 생각은 지워버리는 경향이 있다는 점을 지적했습니다. 그리고 그것은 좋지 않은 일입니다. 백만 달러짜리 일생의 아이디어를 날려버릴 수 있습니다. 반대로 마음의 소리에 더 주의를 기울여야 합니다. 물론 여러분이 찾아낸 것 중에 일부는 '길리간의 섬'[1] 재방송 수준밖에 안 될 수도 있습니다. 하지만 세상에서 단 하나뿐인 아이디어를 찾아낼 수도 있죠. 그러니 그 생각이 좋든, 나쁘든, 혹은 바보 같든 모두 살펴봐야 합니다.

여러분은 아마 L 모드가 어떻게 느껴지는지 알 것입니다. 머릿속에서 울리는 작은 목소리가 L 모드의 존재를 알 수 있게 해 줍니다. 하지만 R 모드는 어떻게 느껴질까요? 이제부터 R 모드로 인지적 전환이 일어나는 것을 경험할 수 있는 실험을 해볼 겁니다. 그리고 R 모드를 강화할 수 있는 여러 가지 방법도 보게 될 것입니다.

---

1   (옮긴이) 배가 침몰해서 표류하다 무인도에 도착한 일행이 즐겁고 낭만적인 무인도 생활을 해나가는 것을 그린 영화

L 모드와 R 모드를 효과적으로 통합하는 방법도 살펴볼 것입니다. 그리고 R 모드의 숨은 노력의 과일을 따 먹을 수 있는 다양한 테크닉을 보여줄 것입니다.

01 | 감각을 갈고 닦아라

뇌를 문제 해결과 창의적인 일에 더 많이 쓰게 만드는 건 간단한 일입니다. 단지 평소보다 더 많은 신경 회로를 활성화하면 됩니다.

이 말은 감각을 계발하는 것, 곧 평소와 다른 감각을 사용한다는 뜻입니다. 한 연구에 의하면 다양한 감각을 활용한 학생들이 500퍼센트나 어휘 습득 능력이 향상되었다고 합니다.[2] 놀라울 정도로 간단한 것이 도움이 될 수 있습니다.

예를 들어, 지루한 전화회의에 지쳤거나 난해한 문제로 고민할 때, 종잇조각이나 손으로 만지작거리는 퍼즐을 가지고 놀아보세요.

> TIP 012 | 뇌를 더 많이 활용하고 싶다면 감각적인 경험을 늘려라

촉각 경험을 활용해서 성공을 거둔 개발팀을 본 적이 있습니다. 설계와 아키텍처를 만들고 문서화하는 데 상용 툴(UML 같은 것)을 쓰는 대신 장난감 블록을 사용했습니다. 다양한 색상으로 말입니다. 레고(Lego)를 쓰기도 하고요.

사람들이 모여서 레고 블록으로 객체지향 설계를 하는 것은 꽤 효과적입니다. 키보드나 화이트보드 마커를 두고 싸울 필요 없이 모두가 참여할 수 있습니다. 동작과 행동을 표현하는 것도 쉽고 다양한 감각을 활용하도록 해줍니다. 시스템의 동작 초안을 시각화, 즉 이미지의 형태로 만들 수 있습니다. CRC 카드[3]역시 공감각적, 특히 촉각적인 속성을 활용하게 해 줍니다.

---

2 『공감각적인 지도를 통해 어휘 습득 향상시키기』, [DSZ07]

3 Class Responsibility and Collaborators. 켄트 벡(Kent Beck)과 워드 커닝엄(Ward Cunningham)이 발명한 것으로 각 인덱스 카드는 클래스와 그 책임, 협력 관계를 표현합니다. CRC 카드는 시스템의 동적인 속성을 볼 수 있는 좋은 출발점입니다. UML 클래스 다이어그램이 정적인 것과는 대조적이죠.

다음 단계는 공감각적 피드백을 강조하는 것입니다. 감각을 하나씩 추가해보는 것도 괜찮은 출발입니다. 그 후에 다른 감각을 조금씩 연관시키고 서로 교감하게 해보세요. 설계할 때 다음과 같은 것을 해본다면 어떨까요.

{ **공감각적 피드백을 활용하라** }

- 평상시에 쓰는 형식대로 써보세요.

- 그림을 그려보세요(UML 등의 공식적인 다이어그램이 아니라 그냥 보통 그림으로). 어떤 시각적 메타포(metaphor)가 적당한가요?

- 말로 표현해 보세요.

- 팀 동료와 토론을 해보세요. 질문과 비판에 응답하거나 하는 것입니다.

- 연관된 역할을 연출해 보세요(어떤 물리적인 메타포가 떠오르는 게 있나요? 곧 메타포에 대해 많이 이야기할 겁니다).

마지막 아이디어는 꽤 강력합니다(이것도 잠시 후에 볼 겁니다). 잠시 후에 사이드바에 실제 상황의 예제인 역할극(role play)이 나올 겁니다.

이런 활동은 부가적인 감각을 연관시키고 다양한 형태로 상호작용하게 만듭니다. 입력이 하나 더 늘어나면 뇌에서 더 많은 영역을 활성화할 수 있습니다. 그러면 그만큼 처리 능력이 올라갑니다.

초등학교 교육자들은 공감각적인 피드백이 이해하고 기억하는 데 아주 효과적이라는 것을 오래전부터 알고 있었습니다. 교육학적 기술로 잘 정립되어 있죠. 그래서 여러분이 초등학교 때 그 귀찮은 수수깡으로 집 짓기나 역사에 대한 그림 그리기 등을 해야 했던 것입니다.

여러분의 뇌는 이런 종류의 새롭고 추가적인 자극에 굶주려 있습니다. 뇌는 끊임없이 변하는 환경에 지속적으로 적응하도록 만들어져 있습니다. 그러니 여러분의 환경을 주기적으로 바꾸고 뇌에 자

{ **뇌에 자양분을 공급하라** }

양분을 주도록 해보세요. 어떤 종류의 감각을 활용하든 아마 도움이 될 겁니다. 강아지와 함께 부스럭거리는 나뭇잎을 밟으면서 한참을 산책하든, 창문을 열고 오늘의 날씨를 느끼는 것이든(그러면서 실제로 신선한 공기도 들이마시고), 휴게실로 가든, 체육관(이곳의 공기는 좀 덜 신선하지만 운동은 뇌의 기능에 엄청나게 도움이 됩니다)으로 가든 모두 도움이 됩니다.

02 | 오른쪽에 그리기

우리가 R 모드의 기능을 충분히 사용하고 있지 않다는 이야기를 이미 수차례에 걸쳐 했습니다. 그럼 이제 그 사실도 증명해볼 겸, 어떻게 하면 자발적으로 순수한 R 모드 인지 상태로 들어갈 수 있는지도 알아볼 겸, 간단한 실험을 하나 해보겠습니다.

저는 미국과 유럽에서 이 책의 소재에 대해 많이 이야기했습니다. 그중에 제가 좋아하는 이야기가 하나 있는데 청중들에게 이런 질문을 던져보는 것입니다. 여러분은 얼마나 그림을 잘 그리시나요. 결과는 늘 한결같습니다.

100명의 엔지니어(프로그래머, 테스터, 관리자) 중에 한 명 내지 두 명은 그림을 아주 잘 그린다고 대답합니다. 그리고 다섯 명에서 여덟 명 정도는 꽤 좋은 그림 실력이 있지만 액자에 걸어놓을 정도는 아니라고 합니다. 대다수는 저와 비슷합니다. 우리는 그림을 정말 못 그립니다. 여기에 그 이유가 있습니다.

{ **'그리기'는 실제로 보는 것이 전부입니다** } 그리기는 R 모드의 활동입니다. 잠시 여유를 가지고 그리기가 무엇을 의미하는지 설명을 해보겠습니다. 그리기는 실제로 종이에 무언가를 표시하는 일이 아닙니다. 보통의 신체 능력을 지닌 사람이라면 그림과 스케치에 필요한 정도로 종이에 적절하게 표시하는 일은 해낼 수 있습니다. 어려운 부분은 그리는 작업 자체가 아닙니다. 중요한 것은 보는 것입니다. 그리고 시각적으로 지각하는 일이야말로 바로 R 모드의 일입니다.

이 문제의 본질은 좀 전(3장, 이것이 뇌다)에 설명한 공유 버스에 있습니다. L 모드가 앉아서 수다를 떨고 있으면 R 모드가 일을 하는 데 방해가 됩니다. 그리고 흥미롭게도 레저 활동을 할 때는 R 모드의 흐름과 연계되면서 수다스러운 L 모드를 꺼버립니다. 음악을 듣거나, 그림을 그리거나, 명상하거나, 조깅, 뜨개질, 암벽 등반이 다 그렇습니다.

| 역할극(Role-Playing) |

요한나 로스먼이 그녀의 역할을 이용해서 몇 가지 설계 문제를 해결한 경험을 설명합니다.

"팀은 회사를 구할 프로젝트를 하고 있었어요. 큐에 쌓인 요청을 시스템에 보내는 처리를 하는 새로운 방법이 있었죠. 전 모든 팀원에게 역할을 할당해 보자고 제안했어요. 스케줄러 역할[4]은 호루라기를 갖고, 요청 역할은 각기 적절한 줄에 섭니다. 그리고 디렉터가 요청에게 어디로 가야 할지를 지시하는 식입니다.

사람들은 그게 바보 같다고 했어요. 하지만 모두 지쳐 있었고 변화가 필요하다고 느끼고 있었습니다. 우리는 우리만의 신호를 만들었습니다. 저는 스톱워치와 클립보드를 가지고 시간에 따라 관찰하면서 기록을 하기로 했어요. 그리고 시작했습니다.

첫 번째 사람이 부딪혔어요(이때 그들의 표정을 보는 건 아주 재미있었죠). 우리는 설계를 바꾸고 역할을 재정의했어요. 몇 가지 일반적인 시나리오를 통과했어요. 시나리오 하나를 해보면서 다른 시차 문제가 있을 수 있다는 것을 깨달았죠.

그걸로 사람들은 30분에서 60분 동안 역할극을 한 것이 다른 어떤 설계 회의보다 가치 있었다는 것을 모두 인정했습니다.

역할극으로 설계를 하는 것은 열린 토론이 아녜요. 이건 실제로 참여해보고 설계한 것이 어떻게 동작하는지를 보는 것입니다."

린다 라이징은 연출을 활용하는 다른 예를 보여줍니다. 팀을 훈련시키는 것이죠. 팀에 새로운 프레임워크를 소개했는데 팀이 제대로 이해하지 못하는 경험을 몇 차례 하고 나서 그녀와 그녀의 동료 데이비드 델라노는 새 팀에게 프레임워크를 연극처럼 연출해 보기로 했습니다. 이번에는 팀이 이해 못했다고 불평하지 않고 이 연극이 시간 낭비라고 불평했습니다. 그 이유는 "너~~~무 쉬워서!"였었죠.

아, 효율성의 저주란...

지각력 있는 뇌의 R 모드에 접근하려면 언어적이고 분석적인 L 모드를 꺼버릴 만한 일을 주어야 합니다. 아니면 제흐 레비(Jerre Levy, 캘리포니아 공대에서 스퍼리의 수제자)가 말한 것처럼 "정신을 다른 정보 처리 모드, 즉 의식이 약간 바뀐 상태로 바꿀 수 있는 조건을 설정하면 더 잘 볼 수 있게 된다."를 좀 더 생각해봐야 할지도 모릅니다.

---

4 (옮긴이) 큐에 쌓인 요청을 처리할 스케줄을 정하는 루틴. 여기서는 그 역할을 하는 사람.

{ 인지에 간섭을 제한하라 } 1970년대에 예술을 가르쳤던 베티 에드워즈 박사는 그의 『뇌의 오른쪽 면 그리기』라는 독창적인 책을 썼습니다. 이 책은 빠른 속도로 그리기와 스케치를 우리처럼 소질 없는 사람들에게 가르치는 방법으로 인기를 얻었습니다. 스퍼리의 연구를 확장해서, 에드워즈는 많은 사람들이 그리기를 어려워하는 이유는 지배적인 L 모드의 간섭이 심하기 때문이라는 것을 깨달았습니다.

L 모드는 표상적인(symbolic) 기계입니다. 어떤 지각의 입력에 대해 빨리 어떤 표상을 부여하려고 합니다. 이것은 읽기나 쓰기 같은 표상적 활동에는 좋지만 다른 활동에는 그리 적절하지 않습니다.

예를 들어, 여기 간단한 퀴즈가 하나 있습니다. 종이 한 장과 연필을 준비하세요. 그리고 5초 만에 여러분의 집을 그려보세요.

꼭 5초 동안 해보세요…

아마 그림 4.1과 비슷한 것을 그렸을 겁니다. 자, 이제 솔직하게 말씀해 보세요. 정말 여러분의 집이 저렇게 생겼습니까? 여러분이 2차원 공간[5]에 살고 있지 않은 이상 이것은 여러분의 집이라고 볼 수 없습니다. 여러분에게 늘 도움이 되었던 L 모드가 달려와서 소리지릅니다. "집! 나 알아! 네모에다가 위에 삼각형을 얹으면 돼."

이것은 막대기 하나 그려놓고 사람이라고 하는 것보다 더 심합니다. 이것은 그냥 표상이고 실체에 대한 편리하고 간단한 표현입니다. 하지만 종종 이런 흔해빠진 표상은 필요 없습니다. 실체를 지각해야 할 때가 있는 거죠. 그림을 그리거나 혹은 요구사항을 모으기 위해 사용자에게 인터뷰를 할 때 말입니다.

---

5 동그라미가 줄어드는 착시현상(shrinking circles)을 최근에 본 적이 있나요? (『2차원 세계: 다차원의 낭만』 [SQU84] 참조)

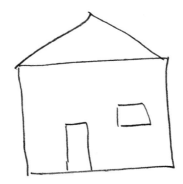

그림 4.1 | 이것이 여러분의 집인가요?

R 모드로의 인지적 전이를 느껴보자

사물을 제대로 지각하기 위해서는 L 모드를 끄고 R 모드가 적합한 일을 하게 해야 한다는 것을 처음으로 제시한 사람은 에드워즈 박사였습니다. 그리고 이렇게 하기 위한 활동으로 다음과 같은 것을 제안했습니다. 인지적 전이를 경험하는 데 도움이 될 것입니다.

다음의 활동은 R 모드가 어떻게 느껴지는지를 보여줄 것입니다. 간단한 규칙입니다.

- 30분에서 40분 정도 조용하고 방해받지 않는 시간이 필요하다.

- 그림 4.2의 이미지를 그대로 그려본다.

- 페이지를 거꾸로 돌리지 않는다.

- 여러분이 인지한 어떤 부분에도 이름을 붙이지 않는다. 다만 위로, 아래로, 이건 이렇게 저건 저렇게 등으로만 되뇐다.

여러분이 보고 생각하는 그림의 부분에 절대 이름을 붙여서는 안 됩니다. 어려운 부분이죠. 그저 선과 그 관계에만 집중해 보세요.

다 하고 나면 그림을 오른쪽이 위로 오게 돌려보세요. 그러면 아마 그 결과에 깜짝 놀랄 것입니다.

다음을 읽기 전에 꼭 해보세요.

그림 4.2 | 이 그림을 따라 그려보세요.

이렇게 하면 잘 되는 이유가 뭘까요?

이것은 L 모드가 원하지 않는 일입니다. 눈으로 보는 각 부분에 이름 붙이기를 계속 거부하면 L 모드는 마침내 포기합니다. 이건 L 모드가 다룰 수 없는 일이기 때문에 비켜 서서 R 모드가 대신 처리할 수 있게 해 줍니다. 이것이야말로 여러분이 원하는 것입니다.

이것이 뇌의 오른쪽 면에 그리기의 핵심입니다. 할 일에 적당한 도구를 쓰는 것이지요.

이렇게 해보니까 어떤 느낌이 들었나요? '다르게' 느껴졌나요? 시간 개념을 잃어버린 듯한 느낌, 흐름에 빠져드는 느낌이 들지 않나요? 그냥 평소처럼 베껴 그리는 것보다 더 나았나요?

그렇지 않았다고 해서 실망할 필요는 없습니다. 제대로 될 때까지 연습해야 될 수도 있습니다. 인지적 전이를 일단 경험하고 나면 순수한 R 모드가 어떻게 느껴지는지 잘 알게 될 것입니다. 여러 번 거듭할 수록 쉬워집니다.

03 | R 모드로 시작해서 L 모드의 흐름을 타라

지금까지 R 모드를 입이 마르도록 떠받들었지만 이게 전부가 아닙니다. 최근 몇 년간 뇌의 오른쪽 면의 갖가지 장점을 약속하는 자기 계발서가 홍수처럼 쏟아졌습니다. 아마 우뇌 쿡북 (Right Brain Cookbook) 같은 책까지 있었더랬죠.

물론 이건 말도 안 됩니다. 그다지 재치 있는 이름도 아니고요.

우리가 전통적으로 무시해왔던 R 모드의 장점을 취할 수는 있지만 이게 은총탄이나 만병통치약은 아닙니다. 그 자체로 우리의 모든 문제를 해결할 수는 없습니다. 심지어 언어 처리도 전혀 하지 못합니다.

그 대신 우리는 L 모드와 R 모드를 동기화시켜서 정신 전체가 더 효율적으로 일할 수 있는 방법을 찾아야 합니다.

그러기 위한 특별한 기술이 있습니다. 제가 우연히 알게 된 것입니다. 정확히 말하면 발부리에 채였다기보다는 그 위를 타고 올랐던 거라고 할 수 있겠네요.

벽을 타고 올라보자

옛날 옛적에, 제 아내는 우리가 다 같이 암벽 등반을 하면 재미 있을 거라고 생각했습니다. 대부분의 참가자들은 불안해했죠. 우리 중 누구도 그런 것을 해본 적이 없었습니다. 하지만 우리는 용감하게 해보기로 결정했습니다.

강사가 와서 모든 사람들에게 안전 기어를 적절히 채웠는지 확인해줬습니다. 모두 준비가 되자 그는 우리 앞에 섰습니다. 우리는 잠시 침묵을 느끼며 강의를 기다렸습니다.

하지만 강의 같은 건 없었습니다. 대신, 그는 등반을 시작하라고 말했습니다. 그것뿐입니다. 30분이 흐른 후 우리는 다시 밑으로 내려와서 만났습니다. 무리 중에는 투덜거리는 소리도 있었습니다. 처음에 안내해주는 것까지 패키지로 묶어서 돈을 많이 치렀는데 강사는 그냥 우리를 늑대들 사이에 던져놨을 뿐입니다(여기서는 바위로 던져버린 셈이죠). 그리곤 커피나 마시고 있었죠.

그렇게 우리는 잠시 동안 바위 위에서 즐겁게 놀았습니다. 뭘 어떻게 하는 건지도 잘 몰랐지만요. 그리고 반 시간 후 강사가 다시 나타나서 강의를 시작했습니다. 어떻게 등반을 하는지

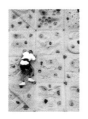 말입니다. 이제 작으나마 경험이 쌓였기 때문에 그의 설명이 훨씬 더 잘 와 닿았습니다. 그의 설명을 담아 놓을 맥락을 이미 갖고 있었던 거죠. 그가 체중을 어떤 방법으로 이동하는지 이야기할 때 무슨 말인지 쉽게 알 수 있었습니다. 만약 그가 그냥 바로 강의부터 시작했다면 그 정도로 알아듣지 못했을 겁니다.

사실, 뒤로 돌아가서 생각해보면 그 강사가 옳았습니다. 안전한 환경을 제공하고 그 안에서 탐험해 볼 수 있게 했죠(강사가 모든 사람의 안전 기어를 제대로 채웠는지 확인하고 느슨해지지 않도록 조정해주었다는 점을 상기해 보세요). 처음에는 공감각적이고 실험적인 상황을 주고 우리가 '머리 전체'를 활용할 수 있게 했습니다. 그리고 나서 전통적인 사실 위주의 강의를 한 것입니다.

{ **R 모드로 시작해서 L 모드의 흐름을 타라** } 그 강사는 일종의 R 모드를 만들어내서 L 모드의 흐름으로 이어지게 했습니다. 그리고 그것이야말로 우리가 학습하는 데 필요한 것입니다.

로자노프 집회

1970년대 후반, 불가리아의 심리학자 조지 로자노프는 집회(seance)[6]라고 이름 붙인 실험을 시작했습니다. L 모드의 흐름에 R 모드를 참여시킬 수 있는 학습 환경을 만들겠다는 생각이었죠. 이 경우는 외국어 학습이 목표였습니다.

로자노프 교수는 학생들을 어두운 방에 들어가게 한 후 잔잔한 바로크 음악을 배경으로 연주했습니다(1970년대였기 때문에 저작권 문제는 없었습니다). 이렇게 편안하고 긴장이 풀린 환경에서 요가와 같은 호흡법과 리듬으로 운동을 하면서 학생들의 집중력과 학습 자료를 흡수하는 능력을 신장시키기를 기대했던 것입니다.

학생들이 그 상태에 있는 동안 교수는 외국어 예제를 계속 던져줬습니다. 강의도 없었고 필기할 필요도 없었고 설명도 없었습니다. 그저 외국어에 노출시킨 것뿐이죠. 다른 수업에서는 전통적인 방식을 따라야 했습니다.

---

6 http://eric.ed.gov에서 Education Resources Information Center를 보세요.

결과는 좋았습니다. 이처럼 밀도 높은 학습법을 따른 학생들이 일반적인 교실 수업을 받는 학생들을 훨씬 앞섰습니다. 그 뒤로 많은 교육자들이 학습 능력에 R 모드를 활용하는 방법을 찾으려고 노력했습니다.[7]

흥미로운 새 기술에서 흔히 그렇듯 여기서도 한 방향으로 극단까지 나아간 사람들이 있었습니다. L 모드를 완전히 무시하는 순수 R 모드를 추구했습니다. 유행을 따라 우뇌 굴리기를 강조하느라 나쁜 생각을 퍼지게 한 책도 있었습니다.

이건 더러운 목욕물을 내버리다가 아기까지 함께 버리는 것과 마찬가지입니다. 사고의 두 모드 중 어떤 것도 무시할 수 없습니다. 두 모드가 협력해야 합니다. R 모드가 이끌다가 L 모드를 통해서 '성과를 내는' 것이 바람직합니다.

> ### TIP 013 | R 모드가 이끌고 L 모드가 따라오게 하라

이 두 가지 사고 방법은 원래 자연스럽게 어울립니다. 예를 들어, 연결이나 이론들을 유추적인 프로세스로 생각하다가 그 사고를 검증하기 위해 분석적인 프로세스를 쓰곤 하죠. 하지만 이건 일방통행은 아닙니다. 아이디어가 다시 흐름을 타려면 R 모드로 돌아올 필요가 있습니다. R 모드가 원천이기 때문에 R 모드에 자유롭고 제약 없는 주도권을 주어야 합니다.

취중에 글을 쓰고, 맑은 정신으로 퇴고하라

옛날 작가들이 작가 지망생들에게 했던 조언 중에 "취중에 글을 쓰고 맑은 정신으로 퇴고하라"라는 말이 있습니다. 지금 바로 참이슬이나 백세주를 사러 달려가기 전에 잠깐 그 말의 의미를 살펴봅시다.

창의성은 '상식'이나 '실용성' 등에 구애받지 않고 발휘되어야 합니다. 나중에도 얼마든지 어리석은 것들은 폐기할 수 있습니다. 하지만 일단 시작할 때는 방해받지 않는 게 좋습니다.

아이디어에 제약을 가하려는 것 때문에 창의성이 죽을 수 있는 것처럼 학습도 전체 그림을 모르는 상태에서 자잘한 것을 기억하려고 하면 제대로 되지 않습니다.

{ 익숙해져라 }

---

7 두 번째 언어 습득 연구에서의 신경과학적 관점에서 그런 예를 볼 수 있습니다.

그렇게 서두르지 마세요. 문제를 풀 때는 불확실성을 친구처럼 느끼는 법을 배워야 합니다. 무언가를 만들 때는 불합리하고 비실용적인 것들과 친해져야 하고요. 배울 때는 너무 열심히 배우고 기억하려고 하지 마십시오. 그저 '익숙해지는 것'이 먼저입니다. 먼저 의미를 이해하려고 해보세요. 전체적인 요점을 잡아내는 것입니다.

그리고 나서 전통적인 L 모드의 활동을 통해 다음 단계를 밟습니다. R 모드에서 L 모드로 흘러가는 것입니다.

교육계에서도 같은 맥락에서 이를 독려하곤 합니다. 데이비드 갤린 박사는 랭리 포터 신경정신병학 연구소와 샌 프란시스코의 캘리포니아 대학의 핵심 연구원입니다. 그는 오늘날 교사들은 전 학생들에게 세 가지 핵심적인 책임이 있다고 믿습니다.[8]

- 양쪽 뇌반구를 모두 단련시킨다. 언어적이고 표상적, 논리적인 왼쪽 모드(전통적인)뿐 아니라 공간적이고 관계 중심적이고 전체적인 오른쪽 모드까지 다 신경 써야 한다.
- 학생들이 작업에 맞는 인지적 스타일을 사용할 수 있도록 교육한다.
- 한 문제를 풀기 위해 두 가지 스타일을 통합하여 문제를 해결할 수 있도록 교육한다.

여러분 자신에게도 이 같은 책임이 있습니다. 결국에는 L 모드와 R 모드를 조화롭게, 필요한 만큼, 효과적으로 사용할 수 있어야 합니다.

| **날림 초안** | 불확실성과 친해진다는 의미는 한편으로는 무언가가 불완전하고 완료되지 않은 상태에 불편해하지 않는다는 뜻이기도 합니다. '완벽'을 달성하기 위해 무작정 달려드는 것은 피해야 합니다. 작가인 앤 라모트는 일부러 날림 초안(Shifty First Drafts)을 만드는 것의 신봉자입니다. 즉, 날림 초안이라도 완성하는 것이 완벽한 초안을 영원히 완성하지 못하는 것보다는 낫다는 것입니다. 라모트는 자신의 책인 『Bird by Bird: 집필과 삶에 대한 몇 가지 조언』에서 완벽주의의 위험에 대해 설명하고 있습니다.

"완벽주의는 압제자의 목소리입니다. 사람들의 적이죠. 삶을 옥죄고 미치게 만듭니다. 그리고 이것이야말로 날림 초안을 만드는 데 가장 주된 장애물입니다. 완벽주의는 각 디딤돌을 정확히 밟으면서 조심스럽게 뛰기만 하면 죽지 않을 것이라는 강박적인 믿음의 산물입니다. 진실은 이렇습니다. 어쨌든 사람은 죽는 것이고, 심지어 자신의 발조차 쳐다보지 않고 가는 사람들이 완벽주의자보다 훨씬 많은 것을 해낼 것이고 훨씬 즐거움을 느낄 것입니다."

---

8 http://www.rogerr.com/galin/ 참조

하지만 우리처럼 교육받은 화이트 칼라의 기술 직업군에는 일반적인 사람들에 비해 크게 불리한 점이 있습니다. 그동안 L 모드 스타일의 학습과 사고를 지나치게 중시했기 때문에(또 그걸로 보상을 받았고) R 모드를 무시한다는 것입니다. 그래서 그동안 무시당했던 R 모드를 떠받들고 육성할 필요가 있습니다.

이제 L 모드와 R 모드를 서로 잘 어울리게 하는 또 다른 방법들을 살펴봅시다.

짝 프로그래밍

L 모드와 R 모드가 어우러져 일하게 하는 방법 중 재미있는 것 하나는 다른 사람을 다른 모드로 활용하는 것입니다. 즉, 여러분의 L 모드와 다른 사람의 R 모드가 함께 일하거나 혹은 그 반대로 하는 것입니다.

또 하나 효과적인 방법이면서(논쟁의 여지가 많긴 하지만) 익스트림 프로그래밍에서 지지하는 것으로 짝 프로그래밍(Pair Programming)이 있습니다. 짝 프로그래밍에서는 두 사람의 프로그래머가 하나의 키보드와 모니터를 놓고 함께 일합니다. 한 사람이 IDE에서 코드를 타이핑하고(드라이버, driver), 다른 사람은(내비게이터, navigator) 보통 물러앉아서 제안이나 조언을 하거나 훈수를 둡니다. 이게 잘 되는 이유는 드라이버는 세부 내용의 어떤 수준에서 언어적인 모드가 되어 있는데 내비게이터는 비언어적인 모드를 자유롭게 활용할 수 있기 때문입니다. 이것은 R 모드와 L 모드를 두 사람이 동시에 쓸 수 있는 방법입니다. 독자 중 디에르그 쾨니그는 이런 경험을 이야기해 줍니다.

"짝 프로그래밍을 할 때는 종종 내비게이터가 '패턴 매칭' 모드 같은 것에 빠지는 것을 경험합니다. 드라이버는 그럴 수 없는 상태에서 말입니다. 그래서 이것이 의견 차이를 만들기도 합니다. 내비게이터가 이렇게 말합니다. '여기 있는 코드는 저기 저곳에 있는 코드와 완전히 똑같아, 그러니까 말로 표현하기는 어려운데…' 그렇지만 드라이버에게는 그게 보이지 않기 때문에 거기에 동의하지 않습니다."

> { 한 사람은 L 모드로, 한 사람은 R 모드로 일하라 }

내비게이터는 이런 큰 연관성, 큰 그림을 볼 수 있습니다. 그리고 대부분 드라이버가 된 동안에는 이런 관계를 보지 못합니다. 그래서 짝 프로그래밍을 하지 않는다면 개발하다가 자주 멈추고 키보드에서 떨어져서 볼 필요가 있습니다.

다른 사람과 이야기하거나 누군가와 화이트보드, 혹은 종이로 함께 작업하면 추상적으로 생각하는 경향이 있습니다. 이렇게 되면 추상적인 패턴을 새로 발견하기 쉽고 이것은 우리 프로그래머들이 바라는 것입니다.

이처럼 추상적인 인지가 높아지는 것은 중학생들을 대상으로 한 연구[9]에서도 입증된 바 있습니다. 다음과 같은 문제를 학생들에게 주었습니다. 테이블 위에 다섯 개의 맞물리는 톱니바퀴를 수직선상에 동전 줄 세우듯 놓습니다. 만약 맨 왼쪽 기어를 시계 방향으로 돌리면 맨 오른쪽 기어는 어떻게 돌까요?

몇몇 학생들은 혼자 작업하기를 선택했고, 다른 학생들은 짝으로 작업했습니다. 연구자들은 기어의 개수를 점점 늘려갔습니다. 기어 수가 131개에 이르자, 누가 추상적인 패턴(이 경우에는 컴퓨터과학에서 패리티 규칙이라고 알려진)을 발견했고, 누가 그러지 못했는지가 명확해졌습니다. 혼자 작업한 학생은 단 14퍼센트만이 규칙을 발견했지만 짝으로 작업한 경우는 무려 58퍼센트가 발견했습니다.

다른 실험에서는 한 쌍의 학생들이 아주 구체적인 문제 설명을 기반으로 추상적인 행렬 표현을 고안해 냈습니다. 연구자들은 다음과 같이 보고했습니다.

> "실험자들은 그 학생들에게 어떻게 행렬을 생각해냈느냐고 물었습니다. 한 학생이 말하기를, '이 친구가 열을 만들려고 했고 저는 행을 만들려고 했습니다.' 문제에 대한 두 관점을 결합하려다 보니 행과 열을 다 포함한 행렬이 될 수밖에 없었던 것입니다."
>
> — 슈바르츠

함께 일하는 것은 분명 유용하고 흥미로운 추상을 발견하는 효과적인 방법입니다.

메타포 안에서의 만남

지금까지 본 것처럼 L 모드와 R 모드의 처리는 확연히 다릅니다. 그렇지만 여러분의 정신 속에서 이 둘이 만나는 지점이 있습니다. 이곳에서 창의성이 새로운 아이디어를 탄생시키죠. L 모드와 R 모드는 메타포 안에서 만납니다. 유추를 만들어내는 것입니다.

---

9 The Emergence of Abstract Representations in Dyad Problem Solving [Sch95]. 이 내용을 지적해 주고 요약해 준 김창준씨께 감사합니다.

"메타포는 언어화와 이미지의 공통 기반이며 의식과 무의식, 오른쪽 뇌 반구와 왼쪽 뇌 반구를 넘나드는 여행 방법이다."[10]

메타포를 사용하는 것은 창의성을 개방하는 강력한 기술입니다.

TIP 014 | L 모드와 R 모드가 만나는 점으로 메타포를 활용하라

이제 메타포나 유추라는 말을 들으면 초등학교 때의 징글맞은 국어 시간이 스쳐 지나갈지도 모르겠습니다. 하지만 사실 메타포는 우리가 늘 사용하는 것입니다. 우리가 컴퓨터 화면에서 윈도우라고 부르는 것은 실제 윈도우가 아닙니다. 마우스(mouse, 쥐)도 실제 설치류가 아니죠. 하드디스크의 폴더도 진짜 폴더가 아니고 쓰레기통도 실제 통이 아닙니다.

병렬 프로그램은 스레드(thread, 실)를 사용하지만 실제로 뜨개질을 하는 것은 아닙니다. 이것은 그냥 메타포일 뿐입니다. 유닉스에서 좀비 프로세스나 편집상의 부유물인 과부(widow)나 고아(orphan)[11] 등은 말할 필요도 없겠죠.

이렇게 우리는 늘 메타포를 씁니다. 사실 인지언어학자 조지 레이커프[12]에 따르면 메타포를 사용하지 않으면 생각이라는 걸 전혀 할 수 없다고 합니다. 대부분의 사람들은 추상적인 것을 잘 이해하지 못합니다. 그래서 메타포를 이용해 어떤 추상적인 개념을 무언가 구체적이고 일상에서 찾을 수 있는 것에 연관시키면 이해하기 쉬워집니다.

하지만 메타포는 다른 효과도 있습니다. 보통의 일상적인 메타포는 L 모드의 표상에 더 가까운 것으로 보입니다. 반면, 좀 더 큰 메타포는 좀 더 강력한 힘이 있습니다. 이런 메타포는 우리의 사고를 바꾸고 그들 자신의 해답을 만들어냅니다. 무엇이 이런 차이를 만들까요?

---

10 『창조적인 활동에서 의식/무의식의 상호작용』 [GP81] 참조

11 (옮긴이) 조판에서 페이지 시작이나 끝부분에 오는 1줄짜리 단어나 문장을 일컬음. http://en.wikipedia.org/wiki/Widows_and_orphans

12 『여자, 불, 그리고 위험한 것들: 무엇이 마음을 드러내게 하는가』 [Lak87]

준거 체계를 병렬로 배치하기

메타포는 그리스 말로 '옮기기'입니다. 한 물체의 속성을 다른 것으로 옮기는 것입니다. 문자 그대로 가능한 것은 아니지만요.

철학자이자 연구자인 아서 쾨슬러에 따르면 두 가지 다른, 양립하기 어려운 생각을 결합한다는 개념은 바로 창조성의 정의와 일치합니다.[13] 그의 모델에서 어떤 특정 주제 영역은 특정한 준거 체계를 형성합니다. 일관성 있는 준거 체계에서 다른 예상치 못한, 양립하기 힘든 준거 체계로 급작스럽게 바뀌는 것은 강한 메타포의 기초가 됩니다. 이러한 두 가지 다른 틀의 결합을 이중 연관(bisociation)이라고 합니다.

이중 연관이 될 때는 평범한 연관과 다를수록, 즉 준거 체계에서 멀어질수록 창조의 크기도 더 거대해집니다. 이러한 생각은 에드워드 드 보노의 포(Po) 테크닉[14]의 기초가 되었습니다. 포는 양자택일의 "예", "아니오"를 넘어서기 위해 발명된 단어입니다. 포에는 몇 가지 테크닉이 있습니다만, 지금은 이걸 '가정하기'의 아주 강력한 형태라고 생각해도 무방합니다.

{ **메타포를 만들려면 무작위로 병렬 배치하라** }
포의 테크닉 중 하나는 무작위로 병렬 배치하는 것 (random juxtaposition)입니다. 여러분의 주제 영역에서 단어를 하나 가져와서 완전히 무작위로, 관련 없는 단어들과 결합해보십시오. 예를 들어, 담배(cigarette)와 교통 신호등(traffic light)을 생각해 봅시다. 도전과제는 이처럼 전혀 연관성 없는 생각을 이중으로 연관시키는 것입니다. 예를 들어, 담배와 교통 신호등은 담배에 있는 더 이상 피우지 말라는 빨간 선이라는 개념을 이용해서 융합시킬 수 있습니다.

생각들이 거리가 멀수록 하나의 메타포로 제대로 결합시키기는 어렵습니다. 준거 체계가 어느 정도 거리가 있는 상태에서 아주 창조적인 메타포를 만든 사람을 우리는 세기의 창작자로 칭송합니다.

---

13 창조성에 대한 질문에 포함된 그의 기사 '창조에서의 이중 연관[RH76] 참조. 이 정보를 주신 스텝 톰슨에게 감사드립니다. 쾨슬러는 그 외에도 파격적인 믿음을 갖고 있었고 후에 여성에게 폭행죄를 저질러서 기소됩니다. 천재성과 광기는 종종 함께 나타나는 모양입니다.

14 「PO: 성공적인 생각의 장치」[DB72] 참조

"하지만 부드럽구나! 저기 창문으로 쏟아져 나온 빛은 무엇인가? 아 저쪽은 동쪽, 줄리엣은 태양이로구나!

사랑은 한숨으로 피워올린 연기다.

역경은 달콤한 우유요, 철학이다."

- 윌리엄 셰익스피어

창을 밝게 비추는 저 빛은 무엇입니까? 그것은 천체가 아닙니다. 그것은 로미오가 가장무도회에서 만난 소녀입니다.[15] 사랑은 감정입니다. 연기나 김, 한숨과는 문자 그대로는 아무 관련이 없습니다. 하지만 얼마나 환상적인 이미지를 그려내고 있습니까. 사랑에 빠진 젊은이의 강박적인 바램에서 나온 연기가 짙은 안개를 만드는 모습이 눈에 보일 듯합니다.

'연기'라는 준거 체계의 특성이 감정(사랑)이라는 준거 체계와 결합했습니다. 연기에 대해 알려진(하지만 말하지 않은) 많은 속성들이 감정적인 틀에 들어갑니다. 한 준거 체계에서 다른 것으로 이어지는 이런 각인은 아주 강력하고 잘 이용하면 아주 유용한 것이 됩니다.

메타포가 있습니다. 그리고 메타포가 있습니다.

시스템 메타포

익스트림 프로그래밍의 원전(『익스트림 프로그래밍: 변화를 포용하라』[Bec00] 참조)에는 아주 매력적인 실천 방안, 시스템 메타포(System Metaphor)가 있습니다. 이것은 소프트웨어 시스템을 적절한 메타포로 연관 지을 수 있어야 한다는 것입니다. 예를 들어, 급여 시스템은 우체국과 유사하게 생각할 수 있습니다. 분산된 편지함이 있고 배달 일정 등이 있습니다. 또, 과학적 측정 시스템은 컨베이어 벨트, 저장 용기 등이 있는 생산 시스템으로 볼 수 있습니다.

모든 메타포는 결국 잘게 쪼개집니다. 하지만 충분히 풍부한 메타포는 시스템 설계를 이끌어주고 개발 중에 떠오르는 질문에 답하는 것을 도와줍니다(이 생각은 『실용주의 프로그래머』[HT00]에 나오는 시스템 불변식에 대한 논의와 비슷합니다).

---

15 최근의 축하 인사카드에는 이런 종류의 비교를 쉽게 찾아볼 수 있습니다. 셰익스피어 시대에는 훨씬 강력한 힘이 있었죠.

메타포적인 준거 체계를 활용하면 그 자신을 시스템에 각인시킬 수 있습니다. 잘 이해하고 있지만 암묵적인 실세계의 속성을 그대로 소프트웨어로 전달할 수 있습니다.

하지만 좋은 메타포라는 것, 즉 질문에 대해 또 다른 질문을 불러일으키는 것이 아니라 질문에 대답하는 데 도움이 되는 것을 찾아내기는 쉽지 않습니다. 그래서 시스템 메타포는 테스트 우선 개발이나 짝 프로그래밍처럼 널리 퍼져 있지는 않습니다.

XP의 아버지인 켄트 벡과 일반적인 메타포에 대해서 이야기를 나누었더니 그가 이런 말을 했습니다.

"메타포적인 사고는 프로그래밍의 기초이고, 모든 추상적인 사고의 기초이기도 합니다. 우리가 어떤 메타포를 쓰는지 지각하지 못한다면 혼란의 길로 들어설지도 모릅니다. 메타포를 섞으면 그 힘이 사라집니다. 왜 하위클래스(subclass)에서 메서드를 오버라이드(override)한다고 할까요?[16] 명확한 메타포는 배우기도 쉽고 논리적으로 생각하고 코드를 확장하기도 쉽습니다."

명확한 메타포는 강력한 도구지만 늘 제대로 쓰는 것은 아닙니다. 켄트가 이어서 말하기를, "왜 메타포를 망쳐버릴까요. 왜 add()의 반대가 늘 delete()가 아닌 걸까요? 왜 컨테이너에 무언가를 넣을 때 add()가 아니고 insert()를 사용할까요? 프로그래머는 종종 메타포를 어지럽게 사용합니다. 테이블은 테이블과 전혀 닮지 않았습니다. 스레드는 실과 전혀 다르죠. 메모리 셀(memory cell)은 기억(memory)이나 세포(cell)와도 닮지 않았습니다."

우리는 의식하지는 못하지만 많은 메타포를 사용합니다(윈도우나, 마우스 등). 보통 처음 떠오르는 메타포를 별생각 없이 그대로 쓰기 쉽습니다. 하지만 가장 적합한 메타포는 아닐 수 있습니다.

{ **생성력 있는 메타포는 어렵다** } 현재의 맥락에서 생성력이 있는 정말 좋은 메타포를 떠올리는 것은 아주 어려운 일입니다. '메타포 컴파일러'가 있어서 맞는지 틀렸는지 알 수 있는 것도 아니고요. 직접 시도해보는 수밖에 없습니다. 메타포를 설계에 활용해 보세요. 그러면서 그게 도움이 되는지 관찰해 보세요. 바로 알 수는 없습니다. 결과물은 불확실할 것입니다. 4.3절

---

16 (옮긴이) subclass의 sub는 아래의 의미가 있고 override의 over는 위의 의미가 있어서 혼동되기에 잘못 섞은 메타포라는 이야기다.

'R 모드에서 시작해서 L 모드의 흐름을 타라'에서 본 것처럼 어느 정도 불확실성이 있어도 받아들여야 합니다. 이 문제로 시간을 끌지 말고 그저 관찰하기만 하십시오.

몇 차례 경험하고 나면 어느 순간 갑자기 메타포가 틀렸다는 것을 알거나, 혹은 다른 아이디어가 더 잘 들어맞는다는 것을 알게 될 수도 있습니다(이것도 괜찮습니다. 리팩터링만 좀 하면 됩니다).

메타포를 인위적으로 만들어내는 것에 익숙하지 않다면 시스템 메타포를 제대로 활용하기는 어려울 것입니다.[17] 하지만 메타포와 유추 능력을 향상할 방법이 있습니다. 물론, 재미있는 방법이지요.

그래서 이 오리가 술집으로 걸어 들어가면...

유머는 시간 낭비도 아니고 무해한 발산도 아닙니다. 그보다 사고와 학습, 창조성에 필요한 중요한 능력을 반영합니다. 이 모든 게 다 연관의 문제입니다.

유머는 본질적으로 다른 아이디어 간의 새로운 연관을 만드는 것입니다. 하지만 유머는 종종 관계를 식별하고 그것을 일그러뜨리는 데서 나오기도 합니다. 예를 들어, "나의 가장 친한 친구가 내 아내와 달아나 버렸어. 그가 무척 그리울 거야." 아마 이 남자와 그의 아내가 가장 중요한 관계라고 생각했겠지만 그에게 가장 중요했던 것은 그의 친한 친구와의 관계였습니다. 이렇게 비뚤어진 연관이 재미있는 법입니다.

혹은 언제 들어도 재미있는 헤니 영맨의 고전 해학도 있습니다. "제 아내 좀 받아주세요." 얼핏 '아내를 받아달라'를 단순히 "제 아내를 이해해 주세요."로 단순하게 생각하기 쉽지

{ 내 아내를 받아주세요 }

만 가만히 생각해보면 이게 애처로운 바램이라는 것을 깨닫습니다. 이와 같은 순간적인 언어적 U턴이 바로 유머의 원천입니다. 창조성은 '아내를 받아달라'가 여러 가지 의미를 가질 수 있다는 것을 깨닫는 데서, 그리고 오해의 가능성을 활용하는 데서 오는 것입니다.

코미디언인 스티븐 라이트는 재미있는 비교 그림을 그리는 것으로 유명했습니다. 라디오 아나운서인 그의 친구가 다리 밑을 운전하면서 지날 때는 사라지는 것처럼 그렸었죠. 즉, 라이트는 다리 아래를 지날 때 라디오 신호가 사라지는 것처럼 라디오 아나운서 자신이 사라지는

---

17 개인적으로, 이것이 시스템 메타포가 널리 쓰이지 않는 이유가 아닐까 짐작해 봅니다.

것을 표현한 것입니다. 또, 그의 아파트 문을 차 키로 열고 아파트를 운전해서 한 블록 돌고 오는 것을 그리기도 했습니다.

유추를 그림으로 표현하는 대신 이미 있는 과거의 합리적인 아이디어를 확장할 수도 있습니다. 예를 들어, 비행기의 블랙박스는 비행기가 충돌해도 살아남습니다. 그렇다면 왜 비행기 전체를 그 재질로 만들지 않을까요?

유머의 재능이 그림 그리기에서 오든 평범함을 넘어서는 관계의 확장에서 오든 '상자 밖에서' 보는 것이 필요합니다. 짧고 기지 넘치는 이야기를 할 수 있다는 것, 즉 서로 연관되지 않은 것을 연관시키거나, 아이디어의 한계점을 넘어 확장하거나 하는 것은 갈고 닦아서 팀에 권장할 만한 기술입니다.

> ### TIP 015 | 강력한 메타포를 만들려면 유머 감각을 키워라

어항(fishbowl)을 본 적이 있습니까? 이 뻔한 준거 체계는 여러분으로 하여금 물고기가 살고 있는 유리 어항(glass bowl)을 바라보는 모습을 상상하게 합니다. 하지만 만약 그 질문에 다음과 같은 대답이 나온다면 어떨까요? "네, 그가 스트라이크를 쳤어요!" 그러면 갑자기 항아리(bowl)가 동사(굴리다)로 사용되는 만화[18]의 준거 체계로 바뀝니다.

이처럼 광범위한 연관을 연습하다 보면 점점 더 잘하게 될 것입니다. 새로운 활동을 지원하기 위해서 뇌가 조직을 바꾸기 시작할 겁니다.

다음 할 일 ➡

- ❏ 더 많은 메타포를 만들어 보세요. 소프트웨어 설계를 하면서 할 수도 있고 좀 더 예술적인 활동을 하거나, 농담을 한다거나, 자신만의 이야기를 써볼 수도 있고, 노래를 만들 수도 있을 것입니다.

- ❏ 메타포를 만들어보는 것이 처음이라면 간단한 것부터 시작하세요. 유의어 사전도 좋습니다(아시다시피 이 두꺼운 책은 서점에서 사전 옆에 진열되어 있습니다. 혹은 인터넷 사전 프로그램의 기타 창에 나올 수도 있습니다).

---

18   (옮긴이) My Fishbowl이라는 만화를 가리킴.

❑ 좀 더 깊이 있게 탐험을 해보고 싶다면 WordNet(http://wordnet.princeton.edu에서 모든 플랫폼용을 구할 수 있습니다)을 가지고 놀아보세요. 유의어뿐 아니라 반의어도 볼 수 있고 상의어, 하위어 등 다양한 변용을 볼 수 있습니다.

04 | R 모드의 신호를 포착하라

그동안 무시해왔지만 R 모드는 실전에서 활약해왔습니다. 공통점이 없는 사실들 속에서 매칭되는 것을 찾아내기도 하고 멀리 떨어진 것을 연관시키거나 재미없는 기억의 덩어리에서 오랫동안 잊혔던 중요한 자료를 끄집어내기도 합니다. 이런 일들을 모두 백그라운드(background)에서 처리합니다.[19]

사실, 지금 작업 중인 중요한 문제에 대한 정확한 답을 이미 R 모드가 갖고 있을 가능성도 충분합니다.

하지만 그걸 어떻게 끄집어낼 수 있을까요? 이번 장의 나머지 부분에서 여러분의 머릿속에 있는 아이디어를 지지고 볶아서 끄집어내는 방법을 살펴볼 것입니다.

여러분은 이미 알고 있습니다

여러분은 이미 훌륭한 아이디어가 있고 불가능하리만큼 꼬여 있는 문제에 대한 해답을 알고 있습니다.

뇌는 뇌에 들어오는 모든 입력을 저장합니다. 그렇지만 저장은 해도 그 기억에 색인을 붙여두지는 않습니다(좀 더 딱딱한 컴퓨터 용어로 표현하자면 '그것에 대한 포인터를 저장하는 것').

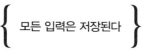

모든 입력은 저장된다

여러분이 회사에 어떻게 왔는지 기억나지 않아도 출근하는 데는 아무 문제가 없는 것처럼(앞에서 살펴봤죠), 강의실에 앉을 때 어떻게 앉았는지, 교육 세미나에서 어떻게 했는지, 책을 어떻게 읽었는지를 기억하지 못합니다. 이 책을 읽을 때도 마찬가지일 것입니다.

---

19 (옮긴이) 컴퓨터에서 사용자가 보고 있는 화면에 나오지 않고 수행되는 작업을 백그라운드 프로세스(backgroud process)라고 함.

하지만 이 모든 것을 잃어버린 것은 아닙니다. 어려운 문제를 풀 때 모든 기억을 조사한다는 사실이 밝혀졌습니다. 의식적으로 기억해낼 수 없는 것들까지 모두 조사합니다. 별로 효율적이지는 않지만(커다란 데이터베이스 테이블에 행도 엄청 긴데 여기에 테이블을 풀스캔(full-table scan)하는 SQL을 실행했다고 생각해 보세요), 어쨌든 일을 해냅니다.

라디오에서 옛날 노래를 듣고 나서 며칠 후에 갑자기 그 노래의 제목이나 가수 이름이 생각난 적이 있나요? R 모드가 그 문제를 백그라운드에서 비동기로 계속 처리해왔던 것입니다. 그 기억을 마침내 찾아낼 때까지 말입니다.

하지만 많은 경우에 답이 그렇게 쉽게 나오지는 않습니다. 무엇보다 R 모드는 언어를 처리하지 못합니다. 언어의 덩어리를 기억에서 끄집어낼 수는 있지만 그걸로 뭔가 할 수는 없습니다. 그래서 기이한 시나리오가 생깁니다.

엘리아스 호웨의 이상한 사건

1845년, 엘리아스 호웨는 실용적인 재봉틀을 발명하기 위해 애를 쓰고 있었습니다. 잘 되진 않았죠. 길고 힘들었던, 그러면서 아무 해낸 것이 없던 날, 밤이 되자 그는 끔찍한 악몽을 꾸었습니다. 일어서서 소리를 지르며 비 오듯 땀을 흘릴 정도의 악몽이었죠.

그 악몽에서 그는 아프리카에 있었습니다. 배고픈 식인종에게 납치되었죠. 엄청난 양의 뜨거운 찌개 국물 속에 담겼습니다. 도망치려고 했지만 인간 사냥꾼들이 계속 기묘하게 생긴 창으로 그를 찔러댔습니다.

다음날 아침 그가 이 악몽을 설명하려고 하는데 그의 주의는 '신기하게 생긴 창'에 쏠렸습니다. 그게 이상해 보인 이유는 창끝 날카로운 곳에 구멍이 있었기 때문입니다. 꼭 손으로 바느질하는 바늘의 구멍 같았는데 뒤가 아니라 앞쪽 끝에 붙어 있었죠. 아니 이건…

엘리아스는 미국 최초의 재봉틀로 특허를 받게 되었습니다. 힘들게 얻었던 영감, 바늘에 일반적인, 손으로 하는 것과는 반대로 구멍을 낸다는 것 덕분이었죠.

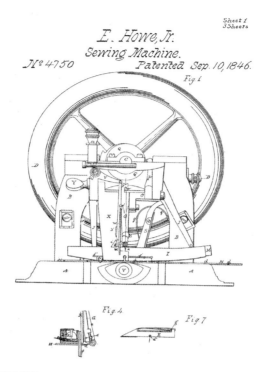

그림 4.3 | 엘리아스 호웨의 특허

엘리아스는 이 어려운 기술적인 문제의 답을 알고 있었던 것으로 보입니다. 적어도, 그의 R 모드가 답을 끄집어내기는 했습니다. 하지만 R 모드는 비언어적인데 어떻게 하면 L 모드로 처리하게 할 수 있을까요?

R 모드는 그 답을 시각적인 형태로 울타리를 넘게 만들어야 합니다. 이 경우에는 괴롭지만 선명한 기억을 남겨주는 기이한 꿈의 상으로 나타났죠.

그리고 지금까지 밝혀진 바로는 여러 뛰어난 기술과 아이디어가 단순히 말로 표현할 수 없는 것입니다. 앞서 언급한 것처럼(3장, 이것이 되다), 여러분

{ 많은 아이디어가 비언어적이다 }

은 수천의 얼굴을 인지할 수 있지만 그중 한 얼굴을 묘사하려고 하면(배우자든, 부모나 자식이든) 제대로 묘사하기 힘들 것입니다. 이것은 얼굴 인식(그리고 대부분의 패턴 기반 인식이 그렇듯)이 R 모드의 활동이기 때문입니다.

그럼, R 모드의 인지를 활용하는 두 가지 다른 방법을 잠깐 살펴보겠습니다. 하나는 이미지 스트리밍(image streaming)이고 또 하나는 자유 형태 저널링(free-form journaling)입니다.

| 형언할 수 없는 능력 | 한 연구자 그룹[20]에서 컴퓨터 화면의 사분면에 각기 다른 임의의 숫자를 잠깐씩 보여주는 실험을 했습니다. 학생들 일부에게는 중심이 되는 숫자 앞에 이리저리 왔다갔다 움직이는 숫자를 보여주었고 대조군에게는 보여주지 않았습니다. 왔다갔다 하는 숫자들은 다른 사분면을 무작위로 왔다갔다 하는 것처럼 보였지만 사실은 미묘한 패턴이 있었습니다.

이리저리 튀는 숫자를 본 학생들은 다른 그룹보다 훨씬 빨리 중심 숫자의 위치를 찾아냈습니다. 하지만 화면에서 그 숫자를 어떻게 그렇게 빨리 찾아냈는지 설명할 수 없었습니다. 그저 운 좋게 찍었다고 생각했지만 사실은 패턴을 무의식 중에 배웠고 단지 언어로 표현하지 못한 것뿐입니다.

이 내용에 대해 김창준 씨에게 감사드립니다. 『토끼의 머리와 거북이의 마음: 적게 생각할수록 지성이 높아진다』[Cla00]도 가르쳐주었죠.

이미지 스트리밍에서 수확하기

엘리아스 호웨의 경우에서 그가 찾던 해답은 꿈의 형태로 나타났습니다. 꿈의 내용에 주의를 기울이기 시작하면 여러분도 경험하실 수 있을 것입니다. 모든 꿈이 '무언가 의미 있는 것'은 아닙니다. 지그문트 프로이트에 따르면 때때로 꿈에서도 '담배는 그냥 담배'입니다. 하지만 R 모드가 여러분이 알고 싶어하는 것을 말하려고 할 때가 많습니다.

이미지 스트리밍은 R 모드의 심상[21]에서 뭔가 얻을 수 있도록 만든 방법입니다. 기본적인 아이디어는 주의 깊게 마음속의 상을 관찰하는 것입니다. 주의를 기울여서 마음속의 상이 어떻게 변하는지 관찰해 보세요.

먼저, 자신을 괴롭힐 만한 문제를 하나 찾거나, 자신에게 질문을 해보세요. 그리고 10분 정도 눈을 감고 아마 발을 책상 위에 올려놓는 것(회사에서 하기에 딱 좋죠)도 좋습니다.

---

20 『형언할 수 없는 자극의 패턴에 대한 순차적인 지식의 획득』[Lew88]

21 『아인슈타인 팩터: 지성을 높일 수 있는 검증된 새 방법』[WP96]에 설명이 있습니다. 이 방법이 통한다는 증거는 다소 일화적인 사례에 그치지만 이 경우에는 괜찮을 것 같습니다.

이미지가 머리를 스치고 지나갈 때마다 다음과 같이 해보세요.

1. 이미지를 바라봅니다. 가능한 한 상세히 보려고 해보세요.

2. 말로 소리 내어 표현해 보세요(실제 여러분의 목소리로 말입니다. 분명한 차이가 있습니다). 이제 발을 책상 위에 올려놓고 앉아서 자신에게 말해 보세요.

3. 이미지를 다섯 가지의 모든 감각을 활용해서 상상해 보세요(실제로 가능한 만큼만 해도 됩니다).

4. 이미지가 스쳐 지나가버려도 현재형으로 표현해 보세요.

스쳐 지나가는 이미지에 확실하게 주의를 기울이면 그 이미지에 대한 경로를 더 많이 점유하고 연결을 강화할 수 있습니다. 이미지를 무언가로 표현하려고 함에 따라 R 모드에 검색 파라미터(search parameter)가 많아집니다. 어쨌든 이렇게 의식 속을 날아다니는 '무작위적인' 이미지에 주의를 기울이면 무언가 신선한 통찰을 발견해낼 수 있을 것입니다.

이것은 마술이 아닙니다. 여러분에게 잘 통할 수도 있고 아닐 수도 있습니다. 하지만 이것은 뇌의 다른 부분들을 참여시킬 수 있는 합리적인 방법입니다.

상당수의 사람들이 이 방법으로는 어떠한 이미지도 보지 못합니다. 이 경우, 눈을 비비거나 잠깐 밝은 곳을 바라보면서(이러면 안내섬광(phosphene) 현상이 생깁니다. 시각적으로 보이지 않는 것에서 빛을 보는 듯한 감각이 생기죠) 인위적으로 임의의 이미지를 유도할 필요가 있습니다.

자유 형태 저널링에서 수확하기

또 R 모드 전의식(preconscious)의 보물을 찾아낼 수 있는 단순한 방법은 쓰는 것입니다.

최근 몇 년간 블로깅 인구가 엄청나게 늘었습니다. 바람직한 현상이죠. 이전 세대에는 사람들이 편지를 썼습니다. 그중에 때때로 훌륭한 글이 나오기도 합니다. 볼테르나 벤자민 프랭클린, 소로 등의 유명한 사람들이 훌륭한 편지를 많이 남겼습니다.

편지를 쓰는 것은 훌륭한 습관입니다. 하지만 때때로 소재가 상대적으로 무미건조합니다. 날씨가 어떤지, 물가는 오르는지, 접시닦이 하녀가 마구간지기랑 놀아났다든지 등등처럼요. 그렇지만 일상에서의 자세한 이야기에서 우연히 철학적인 보석을 찾아낼 수도 있습니다. 이런 자유 형태의 저널링은 역사가 깊습니다. 이렇게 세련되게 사고하는 사람들을 '문학가'라고 하죠.

| 도구와 간섭 | 어떤 창조적인 노력, 이를테면 블로그에 글이나 기사를 쓴다거나, 혹은 (하늘이 도와서) 책 한 권을 통째로 쓴다거나 하게 되면 많은 저항에 부딪히게 됩니다. 저항은 여러 가지 형태입니다. 옹졸하게 스스로를 의심하는 것에서부터 아주 창조적으로 지연하는 것, 무수한 방해물들과 변명들까지 다양합니다(『기술의 전쟁: 장애물을 돌파해서 창조성 전투에서 승리하라』 [Pre02]를 보면 불온하게도 많은 저항 선언의 완성된 카탈로그가 있습니다).

특히 블로깅은 도구 자체가 가로막아서 쓰기를 방해합니다. 예를 들어, 서드파티(third-party) 웹 서비스를 블로그로 이용한다면(네이버 블로그나 티스토리 등) 인터넷이 안 될 때는 블로그를 어떻게 쓸 수 있을까요? 혹은 영감이 떠올랐을 때 인터넷이 안 된다면 이게 글을 쓰지 않는 변명거리가 될까요? 만약 자신만의 블로그 소프트웨어를 쓴다면 새로운 글을 쓰는 대신 그 소프트웨어를 조정하고 디자인에 신경 쓰느라 시간을 허비할지도 모릅니다. 러다이트 운동(Luddite, 기계 파괴 운동)까지 나아갈 필요는 없지만 종이에 글을 쓰는 것은 수천 년간 잘 되어 왔던 일입니다. 아이디어를 종이에 먼저 담아내고 블로그에 나중에 옮기는 것이 훨씬 빠릅니다.

글을 쓰기 시작하면 흐름을 유지하는 것이 중요합니다. 일단 시작했으면 기술적인 문제에 신경 쓰지 마세요. 뭘 편집해야 할지는 아직 걱정할 필요 없습니다. 그냥 일단 쓰세요.

유명한 편지들은 세심하게 저장하고 보존되었습니다. 여러분의 것은 어떤가요? 백업이 있나요? 블로그 글을 쓰고 나면 구글 캐시(cache) 이외에도 보관되나요?

오늘날, 블로그가 이런 역할을 합니다. '내가 아침에 먹은 것' 같은 내용이 엄청 많고 이따금 정신 건강에 치명적인 유해한 폭언이 보이기도 합니다. 하지만 마찬가지로 핵심을 찌르는 통찰과 세상을 바꿀 수 있는 아이디어의 싹도 보입니다. 어떤 것들은 이미 세상을 바꾸었죠.

하지만 여러분의 생각을 쓰는 방법은 많습니다. 그중 어떤 것들은 다른 방법보다 더 효과적이죠. 최고의 방법 중 하나는 모닝 페이지(morning page)라고 부르는 방법입니다.

모닝 페이지 기법

 이것은 작가 워크숍이란 곳에서 처음 들은 것인데(『예술가의 길』 [Cam02]에 설명되어 있습니다.) 작가들에게는 일반적인 방법입니다. 하지만 유명한 MBA 프로그램과 다른 중역 수준의 코스와 워크샵에서도 보고는 놀랐었죠.

방법은 이렇습니다.

- 모닝 페이지에 그날 아침 처음 떠오른 일을 쓰세요. 커피도 마시기 전. 교통 상황도 보지 않고 샤워도 하기 전. 아이들을 학교에도 보내거나 개를 산책시키기 전입니다.

- 최소한 세 페이지 정도로 길게 쓰세요. 타이핑하지 말고 컴퓨터도 쓰지 마세요.

- 쓴 것을 검열하지 마세요. 그게 뛰어난 글이든 진부하든 내버려두세요.

- 하루도 빠지지 마세요.

뭘 써야 할지 몰라도 됩니다. 이 프로그램 중에 한 중역은 이 방법이 완전히 시간 낭비라고 큰 소리로 선언하기도 했습니다. 그는 반항적으로 다음과 같은 내용으로 세 페이지를 썼죠. "뭘 써야 될지 모르겠어. 어쩌구 저쩌구." 물론 이것도 괜찮습니다.

좀 더 시간이 지나면서 그도 모닝 페이지에 다른 것들을 적게 된다는 것을 깨달았습니다. 마케팅 플랜일 수도 있고 제품 방향이나 솔루션일 수도 있겠지요. 혁신적인 아이디어의 싹일지도 모릅니다. 그는 초기 저항을 극복하고 결국 이게 유용한 생각을 해내는 데 아주 효과적인 방법임을 깨달았습니다.

왜 이런 방법이 통할까요? 그건 아마도 아무 보호막 없이 뇌의 덤프를 뜨기 때문일 것입니다. 아침에 처음 떠오르는 것은 생각보다 의식이 완전히 깨지 않은 상태에서 떠오른 것입니다. 무의식이 여전히 중요한 역할을 하는 것이죠. 방어막을 켜거나 제한된 현실세계에 적응하기 전입니다. 아주 잠깐이나마 R 모드를 그대로 쓰기 좋을 때죠.

토마스 에디슨은 이 생각에 재미있는 변형을 가했습니다. 그는 볼 베어링(ball bearing)으로 가득 찬 컵을 손에 쥐고 낮잠을 잡니다. 서서히 잠이 들 때쯤 무의식이 그의 문제에 도전하고 해답을 제시한다는 사실을 알고 있었습니다. 그러다 깊이 잠들게 되면 볼 베어링을 떨어뜨리게 되고 그러면 그게 달그닥거려서 그를 깨웁니다. 그러면 마음속에 떠오른 것을 적죠.[22]

---

22 『왜 우리는 거짓말을 하는가: 속임수와 무의식적인 마음의 진화적 기원』[Smi04]에서 인용한 내용. 이걸 알려주신 린다 라이징에게 감사드립니다.

'그냥 쓰기'라는 방법

그러고 나면 블로깅을 할 수 있습니다. 글을 쓸 수 있다면 어떤 주제든 좋습니다. 이 주제에 대해서 정말로 어떻게 생각하고 있을까? 생각하는 것 말고 실제로 얼마나 알고 있을까? 어떻게 옹호할 수 있을까? 대중을 향해 글을 쓰는 것은 자신의 생각과 믿음을 명확히 하는 데 아주 좋은 방법입니다.

하지만 시작은 어떻게 할까요? 어떤 특정한 주제에 열정으로 불타고 있지 않다면 앉아서 그냥 무언가에 대해 쓰는 것은 쉽지 않을 것입니다. 제리 와인버그의 자연석(fieldstone) 방법을 시도해보는 것은 어떨까요? 『글쓰기에서의 와인버그: 자연석 방법론』[Wei06]에 설명이 있습니다.[23]

이 방법의 이름은 자연석으로 벽을 쌓는 데서 따온 것입니다. 그냥 길을 걷다가 예쁘게 생긴 돌이 있으면 나중에 쓰기 위해 일단 주워와서 어딘가에 쌓아둡니다. 그리고 벽을 세울 때 돌무더기에서 지금 작업 중인 부분에 잘 맞는 돌을 찾아서 사용합니다.

정신적인 자연석을 모으는 습관을 들이세요. 어느 정도 쌓이면 벽을 쌓는 일이 훨씬 쉬워집니다. 당장 실천하기에 좋은 습관입니다.

걸으면서 수확하기

R 모드의 신호를 그냥 걸으면서도 잡아낼 수 있습니다. 제대로 하기만 한다면요. 미궁(labyrinth)과 미로(maze)의 차이를 아시나요?

미궁 협회(Labyrinth Society)[24]에 따르면, 미로는 복수의 입구와 출구가 있고 길을 어떻게 따라갈지 선택해야 합니다. 벽이 길을 다 볼 수 없게 가로막고 있죠. 이것은 퍼즐입니다.

하지만 미궁은 퍼즐이 아닙니다. 이것은 명상의 방법이죠. 미궁은 단일 경로입니다. 결정을 내리지 않아도 됩니다. 그 경로를 따라 걸으면 L 모드에게 무언가 작은 할 일을 주게 되어 R 모드를 해방할 수 있습니다.

---

23 이 내용을 제안하고 간결한 요약을 제시해주신 김창준 씨에게 감사드립니다.

24 http://www.labyrinthsociety.org

이것은 숲에서 오랫동안 산책을 하거나, 길게 쭉 뻗은 단일 간선도로를 드라이브하는 것과 비슷합니다. 더 작고 편안한 공간이죠.

그림 4.4 | 샌프란시스코의 그레이스 성당

미궁은 수천 년 전으로 거슬러 올라갑니다. 오늘날에는 교회나 병원, 암 치료 센터나 호스피스(hospice) 등의 치료나 반성의 공간에서 쉽게 볼 수 있습니다.

좋은 아이디어나 통찰이 이상한 시간에 찾아오는 것을 경험하신 적이 있나요? 아마도 샤워를 하거나, 잔디를 깎거나, 설거지를 하거나 혹은 다른 무미건조한 일을 할 때였을 것입니다.

이것은 L 모드가 반복적이고 따분한 작업에 지쳐 무관심해져서 R 모드가 발견한 것을 내놓게 만들기 때문입니다. 하지만 그렇다고 이런 효과를 위해서 설거지를 쌓아놓고 하거나 잔디를 억지로 다듬을 필요는 없습니다.

사실, 이것은 해변을 걷는 것처럼 쉬운 일입니다.

유명한 수학자 앙리 푸앵카레는 문제 풀이 방법으로 다양한 아이디어를 활용했습니다.[25] 어렵고 복잡한 문제를 만나면 그가 그 주제에 대해 아는 모든 것을 종이에 쏟아붓습니다(이후에 6.8절, '마인드맵으로 통찰을 시각화하라'에서 비슷한 이야기를 할 것입니다). 이 단계에서 나오는 문제들을 유심히 보다가 쉬운 것들에는 바로 답을 합니다.

---

25 이 사례를 소개해주신 김창준 씨에게 감사드립니다.

그리고 남아 있는 '어려운 문제'를 더 작은 부속 문제로 나누고 그중에 가장 쉬운 것을 선택합니다. 그리고 사무실을 벗어나서 걸으면서 바로 그 부속 문제만 생각합니다. 그러다 통찰이 떠오르면 산책을 중지하고 돌아와서 답을 씁니다.

모든 문제가 풀릴 때까지 이 과정을 반복합니다. 푸앵카레는 이 느낌을 이렇게 설명합니다. "아이디어가 이것저것 떠오른다. 마치 짝이 맞물릴 때까지, 즉 안정된 조합을 이룰 때까지 계속 충돌하는 것 같다."

바로 활용할 수 있는 미궁이 없다면 그냥 주차장 주변이나 언덕 아래로 산책을 나가보세요. 그렇지만 사무실을 이리저리 돌아다니는 것은 주의를 산만하게 할 수 있어서 별로 좋지 않습니다. 동료들의 대화나 상사, 혹은 고객이 요청한 즉석 회의가 있을 수도 있고 냉수기 옆에서 최근 스포츠 소식이나 정치 음모론이 들려올 수도 있습니다. 이 모든 것들이 문제를 해결하는 데 집중하지 못하도록 방해할 것입니다.

{ R 모드는 초청할 수는 있지만 명령할 수는 없습니다 }

앞서의 몇 개의 문단에서 여러분에게 오해할지 모르는 내용을 하나 짚고 넘어가겠습니다. '생각하는 산책'을 나갈 때 실제로 걷는 동안 어떤 생각을 하려고 하지 마십시오. R 모드 처리와 L 모드 처리 사이에 명확한 경계를 긋는 것이 중요합니다. L 모드는 의도적입니다. 무언가에 주의가 쏠려 있거나, 집중하거나 하면 L 모드가 작동합니다. R 모드는 다릅니다. 명령할 수 없고 단지 초청할 수 있을 뿐입니다.

어떻게 보면 집중을 푸는 것과 비슷합니다. 『형식의 법칙』[SB72]에서 수학자인 조지 스펜서 브라운은 이것을 생각이 아니라 단순히 '알아야 할 것이 무엇인지를 그냥 마음에 담아두는 것' 이라고 표현했습니다.

목표에 주의를 기울일수록 L 모드가 지배하게 되고 그러면 원하는 대로 되지 않을 것입니다. 대신, 목표 지향적이지 않은 방식으로 사고하는 능력을 배양해야 합니다. 푸앵카레가 했던 것처럼 모든 것을 종이에 쏟아내고(혹은 에디터에 써두거나) 나서 잠시 떠나 있으세요. 다시 그것을 마음속에 정리하려고 하지 말아야 합니다. 브라운이 이야기한 것처럼 그저 마음에 품고, 주의를 기울이지는 마세요. 그냥 여러분의 생각 속에서 반짝거리게 놔두세요. 사실과 문제들이 어우러지도록 푹 절여두세요(8.2절 '집중하기 위해 집중을 풀어라'에서 다 이야기할 겁니다).

TIP 016 | 어려운 문제를 풀려면 키보드에서 떨어지세요

그러고 나면 여러분이 전혀 예상할 수 없었던 순간에 답이 스스로 찾아올 겁니다.

이제 잠시 책을 덮고 산책을 나갔다 오세요. 기다리겠습니다...

05 | 수확 패턴

지금까지 훌륭한 아이디어를 수확하는 방법에 대해 많이 이야기했지만 사고를 수확하는 능력은 위대한 아이디어에만 한정되는 것은 아닙니다. R 모드의 검색 엔진은 아주 작은 패턴 조각으로도 매칭할 수 있습니다.

이을글읽수을있나요?[26]

연따구르에면 글들자의 순서가 뒤꿔바어 있어도 이는해하데 문제가 없니다합고. 첫자글와 마글막지자만 제 위치에 있으면 됩니다. 나지머는 완전히 뒤섞여 있어도 문없제이 읽을 수 있니습. 이것은 인간의 정신이 각각의 글들자을 읽는 게 아니라 전로체서 단어를 읽기 때니문입다. 신기하죠.[27]

| **무술을 써서 주의력 강화하기** |

김창준 씨가 이런 이야기를 해주었습니다.

"무술 수련을 시작한 후, 집중력이 높아지고 컨트롤(열악한 환경에서 집중하는 것과 같은)이 향상되었습니다. 그래서 늘 이것을 소프트웨어 개발자나 다른 지식 노동자들에게 권합니다. 이 무술은 기천이라고 부릅니다. 태극권이나 명상 수련, 단전 호흡과 비슷합니다.

이 수련을 시작한 친구에게서 눈에 띄는 차이를 발견할 수 있었습니다. 한 달 이내의 수련으로도 명확한 차이를 느낄 수 있습니다. 그는 저에게 예전보다 더 잘 집중할 수 있게 되었고 집중의 질도 높아졌다고 했습니다."

요가, 명상, 호흡 기술, 무술 등은 모두 뇌가 정보 처리를 하는 방식에 영향을 줍니다. 우리는 복잡한 시스템이고 그래서 시스템 사고를 통해서 보는 것입니다. 즉, 모든 것은 연결되어 있습니다. 심지어 어떤 특정한 방법으로 호흡하는 것조차도 여러분이 생각하는 방법에 심오한 영향을 줄 수 있습니다.

---

26 「단어 인식에서 문자의 위치의 중요성」[Raw76]과 「가독성(Reibadailty)」[Raw99]

27 (옮긴이) 원문은 영어로 되어 있는데. 영어는 단어당 글자 수가 한국어보다 많아서 이런 현상을 더 쉽게 경험할 수 있다. 한국어에서 비슷한 효과를 내기 위해 일부 띄어쓰기를 무시했다.

우리의 지성은 조각난 패턴을 가지고도 현실을 재구축해내는 데 능숙합니다. 불완전한 자료를 가지고 연결을 지을 수 있죠. 늘 하는 일인데 알아채지 못할 뿐입니다.

코드에서의 패턴

여러분이 프로그래머라면 아마 경험했을 만한 패턴의 예를 하나 보여드리겠습니다. 소스 코드는 같은 고정폭 글꼴에서도 저자의 의도를 이해하는 데 도움을 주는 정도는 차이가 날 수 있습니다.

{ 코드는 한 번 쓰고(write-once)
거듭해서 읽습니다(read-many) }
소스 코드는 쓰는 것보다 훨씬 더 많이 읽게 된다는 것을 기억하세요. 그래서 코드를 사람이 읽기 쉽게 만드는 노력을 기울여야 합니다. 다른 말로 하면, 코드를 쉽게 보기 위한 커다란 패턴을 만들어야 한다는 뜻입니다.

예를 들어, 왜 우리는 고정폭 글꼴을 쓸까요? 컴파일러는 상관도 안 하는데 말입니다. 하지만 우리는 텍스트와 괄호, 코드들을 정렬하고 싶어합니다.

```
String foofoo = 10
int     bar   = 5
```

읽어내려가면서 이해하기에 더 쉽습니다. 비슷하게, 코드 블록을 다음과 같은 문자 그림으로 구분하려는 경향도 있습니다.

```
/*************************/
/** Something Important **/
/*************************/
```

이렇게 하면 주의를 끌 수 있습니다. 규칙적으로 행하면 여러분의 생각이 그것을 인식하고 의존하게 되는 좀 더 큰 패턴의 일부가 됩니다. 독자인 디에르크 쾨니그는 코드에 이런 식으로 '조판'해놓는 데 일부러 시간을 들인다고 합니다.

초보자들은 이렇게 시작하는 경우가 많습니다. 무엇보다 따르기 쉬운 규칙이니까요. 하지만 고급 입문자가 되면 점점 거부하기 시작합니다. 코드 레이아웃에 시간을 쓰는 것은 시간 낭비라고 불평합니다. 중급자나 전문가는 형편없는 코드가 자신들이 봐오던 패턴과 다르기까지 하다면 그 어떤 것도 싫어합니다.

이러한 시각적인 단서들은 여러 형태가 있습니다. 위에서 본 것처럼 정렬이나 헤더 블록 (header block)이 될 수도 있고 혹은 더 미묘한 메서드 크기 같은 것일 수도 있습니다. 몇 줄 밖에 안 되는 아주 작은 메서드를 보는 데 익숙해지면 아주 긴 메서드를 봤을 때 "이건 잘못됐어"라는 생각이 들 것입니다.

괄호의 위치도 시각적인 패턴을 만듭니다. 그래서 중괄호({ })를 사용하는 언어에서는 괄호를 놓는 위치를 가지고 오랫동안 처절하게 싸웠습니다. 그들이 쓸데없이 싸운 것은 아닙니다. 이런 종류의 패턴 매칭은 인지에 영향을 줍니다.

하지만 이것이 코드에서의 패턴 매칭의 어두운 면이기도 합니다. 전통적인 C 언어에서 뽑아온 고전적인 코드를 봅시다.

```
if (receivedHeartbeat())
    resetWatchdog();
else
    notifyPresident();
    launchNukes();
```

이 경우는 불행하게도 launchNukes()가 receivedHeartbeat()의 값에 상관없이 항상 실행됩니다. 들여쓰기한 코드가 그럴 듯하고 읽기 쉬워 보이지만 컴파일러는 들여쓰기를 모릅니다. 오로지 else에는 바로 다음에 오는 첫 문장만 걸려 있다고 생각하죠. 이 들여쓰기는 오해를 유발합니다. 그래서 조판은 좋은 방향이든 나쁜 방향이든 인지에 커다란 영향을 줍니다.[28]

일관성 있는 조판 규칙으로 시각적인 인지를 돕도록 해보세요. 컴파일러는 신경 쓰지 않지만, 우리에게는 중요합니다. 그 효과에 민감해지세요. 더 높은 기술 수

{ **다양한 기술 수준을 포용하라** }

준으로 올라갈수록 팀의 다른 사람들로부터 저항을 받게 될 것입니다. 그들이 말 그대로 여러

---

28 (옮긴이) 파이썬(Python)과 같은 언어는 들여쓰기 규칙을 문법에서 강제해서 이런 현상을 해결하고 있다.

분이 보는 방식대로 보지 않는다는 것을 이해하세요. 그들은 그냥 그 가치를 받아들이진 않을 것입니다. 설명을 해주어야 합니다.

만약 여러분은 이런 패턴의 가치를 보지 못하는데 팀 내의 기술 수준이 더 높은 전문가가 보고 있다면, 그들을 격려해 주세요. 이것이 바보 같은 잘난 척이 아니고 중요한 의사소통 수단이라는 점을 알아두세요.

머리에 충격 주기

여러분 눈앞에 있는 것을 보기가 어려운 경우가 많습니다. 이것은 여러분이 어떤 특정한 방법으로 패턴을 보는 데 익숙해졌기 때문입니다. 상투적인

{ 그저 그런 것과 좋은 것의 유일한 차이는 바로 차원이다 }

것, 즉 특정한 사고 패턴이나 익숙해진 사고방식에 갇히기 쉽습니다. 통찰을 얻으려면 완전히 다른 시각에서 문제를 바라보려고 시도해야 합니다.

예를 들어, 여러분을 골치 아프게 할 만한 질문이 하나 있습니다(여러분이 여섯 살을 넘었다면요). 세례 요한(John the Baptist)과 곰돌이 푸(Winnie the Pooh)의 공통점은 무엇일까요? 답은[29] 일반적으로 생각할 수 있는 것이 아닙니다. 네, 따분한 농담입니다. 하지만 중요한 것은 놀라우리만큼 문자 그대로의 답인데 우리에겐 거의 익숙하지 않다는 사실입니다.

창조성과 문제 해결의 열쇠는 문제를 보는 다른 방법을 찾는 데 있습니다. 다르게 연관을 지으면 R 모드가 다른 검색을 하고 새로운 내용이 튀어나올 가능성이 높아집니다.

곤란한 문제에 부딪히면 데이브 토마스는 종종 이렇게 말합니다. "머리를 깨워봐" 일종의 정신적 충격이죠. 여러분을 상습에서 벗어나 문제를 다른 시각에서 보게 하는 방법입니다.

예를 들어, 사운드 엔지니어는 음반을 녹음할 때 유명한 테크닉을 사용합니다. 소리를 가능한 한 좋게 하기 위해 처음에는 그냥 가다가 각 악기의 소리를 가능한 한 나쁘게 해봅니다. 색소폰이 귀에 거슬리게 울리고 기타에서 프렛으로 소음을 내고 전자 베이스로 윙윙거리는 등입니다. 그리고 이제 다시 세팅을 뒤집습니다. 소리를 나쁘게 만들기 위해 강조했던 모든 것들을 끄고 되돌려서 깨끗하고 활기 넘치는 소리로 돌아옵니다.

---

29 가운데 이름처럼 들어 있는 "the"가 답이죠.

이런 간단한 관점의 변화, 문제를 다른 시각으로 보는 것은 그 자체로 아주 강력한 기술입니다. 디버깅을 할 때도 쓸 수 있죠. 찾기 어려운 버그를 어떻게든 발생하지 않게 하려고 애쓰는 것보다 서너 가지 방법을 통해 그 버그를 의도적으로 발생시키려고 해보세요. 그러는 과정 중에 실제로 무슨 일이 일어나는지 발견하게 될 겁니다. 또, 같은 방법을 사용자 인터페이스 설계에서도 쓸 수 있습니다. 완벽한 레이아웃이나 작업흐름을 만들려고 하지 말고 최악의 레이아웃과 작업 흐름을 만들어보세요. 그러면 정말 중요한 것을 찾아내는 데 도움이 될 겁니다.

{ 문제를 돌려보라 }

TIP 017 | 문제를 푸는 시각을 바꾸어 보라

『머리에 충격 주기』[v098]에서 로저 폰 외흐는 이런 종류의 '충격'을 여러 가지 나열했습니다. 무언가를 뒤집어서 보기, 어떤 아이디어를 과장하기, 전혀 다른 아이디어를 결합하기 등입니다.

이런 충격에 더불어, 대안을 찾는 것을 막곤 하는 정신적인 잠금장치를 이야기합니다. 이 잠금장치는 정답이 하나만 있을 것이라고 가정하는 것, 주어진 해답이 논리적이지 않다거나 놀이를 경박하다고 여겨 버리는 것 등이 해당됩니다.

물론, 이것은 사실이 아니기 때문에 위험한 가정입니다. 심지어 진전을 방해하기도 합니다. 대부분의 문제는 여러 개의 해답, 혹은 여러 개의 '정답'이 있습니다. 답이 하나밖에 없다는 생각은 고등학교 수학에나 해당되는 이야기입니다. 해답이 논리적이지 않아서 걱정스러운가요? 여러분의 뇌에서 일어나는 처리 과정 역시 대부분 논리적이지 않습니다. 하지만 그렇다고 이게 틀렸다는 의미는 아니죠. '놀이'라는 개념도 아주 강력한 도구입니다. 어떤 목적을 바라는 것이 아니라 그냥 아이디어를 가지고 놀다 보면 연결을 지을 수 있고 관계를 맺거나 통찰을 얻을 수 있습니다. 시각을 바꾸는 데 도움이 되죠.

> "필요는 발명의 어머니이고, 놀이는 발명의 아버지다."
>
> – 로저 폰 외흐

T. H. 화이트의 『옛날과 미래의 왕』[Whi58]에 보면 관점을 바꾸는 것에서 통찰을 얻는 훌륭한 예가 있습니다. 이 멀린 스토리에서 마술사는 젊은 아서 왕을 훈련시킵니다. 멀린은 아

서에게 세상을 다양한 방법으로 경험해볼 수 있도록 여러 가지 동물이나 새로 변신시키기도 합니다.

그중 하나를 보면, 젊은 아서는 기러기가 돼서 하늘을 나는 방법을 배웁니다. 시골의 하늘을 날면서 말입니다. 기러기가 돼서 아래에 있는 경관을 내려다보면서 아서는 경계가 인공적인 구조물이라는 점을 깨닫고 놀랍니다. 왕국이나 나라를 보여주는 경계선 같은 건 땅에 그려져 있지 않습니다. 곧 영국 전체는 하나의 왕 아래에 통일될 수 있다는 것을 깨닫기 시작합니다.

하지만 아서처럼 실제로 새가 될 수는 없을 것입니다. 그저 여러분이 새라고(예를 들어) 상상하는 것으로도 비슷한 효과를 얻을 수 있습니다. 이런 다른 좋은 관점을 통해 여러분의 뇌 검색 엔진은 다른 아이디어들을 수집하게 될 것입니다.

예를 들어, 여러분 자신이 여러분이 풀어야 할 문제의 일부분이라고 생각해 보세요. 여러분이 데이터베이스 쿼리가 되거나 네트워크의 패킷이 된다면 어떨까요. 줄에 서서 기다리는 데 지쳤을 때 어떻게 할까요? 누구에게 이야기할까요?

예언자적인 충격 마술

고대에는 신전의 높은 사제가 종종 예언자(oracle)[30]에게 조언을 구합니다. 다른 점술가나 신문의 운세와 달리, 예언자의 응답이나 메시지는 전형적으로 애매모호하고 거의 퍼즐에 가깝습니다. 스스로 이것을 '해석'해야 합니다. 이것도 머리를 흔드는 것 중 하나죠.

{ **서로 다른 패턴과 조화시켜라** }
이것은 역설적인 선문답과 비슷합니다. "한 손으로 박수칠 때는 어떤 소리가 나는가?" 같은 것이죠. 이성적으로 이건 전혀 말이 안 됩니다. 뇌는 이런 불협화음을 어떻게든 조화시키려고 애를 씁니다. 고려해야 할 소재의 범위를 넓히는 것이죠. 좀 더 익숙한 예를 들자면, 단어 게임인 스크래블(Scrabble)을 하고 노는 것을 생각해 보세요. 막혔을 때, 맞출 수 있는 명백한 단어가 생각나지 않을 때 어떻게 하나요? 문자를 재배열하고 새로운 관계를 볼 수 있기를 바랄 것입니다.

---

30 소문자 o를 보세요. 데이터베이스 이름이 아닙니다.

작곡가 브라이언 에노와 피터 슈미트는 100개의 오블리크 전략[31]을 같은 줄에 배열합니다. 오블리크 전략의 질문과 선언은 여러분이 유사성을 찾아내고 문제에 대해 더 깊이 생각해보도록 도와줍니다. 뭔가 막혔을 때 써먹을 만한 좋은 방법들이 많습니다 (온라인으로도 가능합니다. 맥이나 아이폰의 대시보드 위젯이나 팜 OS의 텍스트 버전, 리눅스의 명령줄 버전 등이 있습니다). 예가 몇 가지 있습니다.

- 이것은 다른 무엇이랑 닮았는가?
- 아무것도 바꾸지 않고 지속적으로 이어나가기
- 문을 닫고 바깥의 소리를 들어보기
- 실수에는 어떤 숨은 의도가 있었을 것이다.

특히 마지막 것을 좋아합니다. 아마 여러분의 실수는 실수가 전혀 아니었는지도 모릅니다. 프로이트도 아마 이걸 좋아할 겁니다.

이런 방법을 하나 활용해보거나 어떤 예언을 가지고 그것이 오늘날 여러분에게 어떤 의미인지 생각해 보세요.

계속 읽기 전에 꼭 시도해 보세요...

셰익스피어의 수수께끼

'뇌를 깨울 수 있을' 정도로 일상적이지 않은 패턴들이 있습니다. 즉, 이런 새로운 입력을 수용하기 위해 실제로 여러분의 뇌를 오버클럭[32](CPU 메타포를 다시 씁니다)하는 것입니다.

---

31 http://www.rtqe.net/ObliqueStrategies
32 (옮긴이) CPU의 속도를 높이기 위해 설정값을 조정하는 것

예를 들어, 아이들은 신기한 단어를 조합해내곤 합니다. imaginat[33] 같은 동사 형태에서부터 prettiful[34]과 같은 합성어나 flavoring[35]("I'm not flavoring that food today."처럼 쓰는) 같은 재미있는 표현까지 다양한 말을 만들어냅니다. 어른인 우리들이 이렇게 참신하지 않다는 것은 슬픈 일입니다. 이것은 단어의 형태를 바꾸는 데는 귀를 만족시키는 것 이상이 필요하기 때문입니다.

윌리엄 셰익스피어는 다양한 종류의 언어 재공학을 활용했습니다. 사실, 그가 창안해낸 경구들은 오늘날에도 쓰이고 있죠.[36]

- "Full circle"(한 바퀴)

- "method to the maddness" (합리적인 방법을 찾고 찾다가 비정상적인 방법에 이른다)

- "Neither rhyme nor reason" (이유도 까닭도 없는)

- "Eaten out of house and home" (전부 먹어치우다)

| **변화는 좋은 것입니다** | 변화를 좋아하는 것은 오줌 싼 아기 뿐이라는 말이 있습니다. 우리는 습관적인 생물입니다. 하지만 깊이 물든 습관은 뇌에 그다지 좋지 않습니다. 그런 방식으로는 새로운 연결을 만들어낼 수 없습니다. 그리고 다른 대안에 점점 눈이 멀어 가게 됩니다.

아침의 일과를 생각해 보세요. 매일 일과 준비를 하는 순서는 아마도 어떤 이를 먼저 칫솔질할 것인가와 같은 아주 작은 일까지 아주 규칙적일 것입니다. 이런 것들을 뒤죽박죽 섞어서 일상에서 벗어나면 어떨까요.

매일 써오던 손이 아닌 다른 손을 써보세요. 반대쪽에 주차하고 머리 스타일을 바꿔보세요. 다른 종류의 수건을 쓰고 면도를 시작하고 멈춰보세요. 좀 더 일찍 먹거나 늦게 먹어보세요.

이런 작은 변화가 뇌에는 좋습니다. 새로운 연결을 만들고 무미건조한 상례에서 벗어나게 해줍니다. 진짜로요. 뇌가 더 적응성이 좋아집니다. 좀 더 메타포적으로 말한다면, 적응해야 하는 게 없다면 '축 늘어지게' 됩니다.

---

33 IEEE 기사 "Imaginate" [HT04] 참조(옮긴이: 원문에는 imaginate. imagination(상상)의 동사형은 imagine인데 동사형으로 만들 때 흔히 -ate를 붙이는 점에 착안해서 만들어낸 것)

34 (옮긴이) pretty와 beautiful의 합성어

35 (옮긴이) flavoring 맛있다를 표현하기 위해 flavor에 ~ing을 붙임. 실제로는 없는 단어

36 『셰익스피어 다시 보기』[Mac00] 참조

셰익스피어는 새로운 어휘들을 만들어냈을 뿐 아니라, 핵심 단어들의 획기적인 용례를 보여주었습니다. 예를 들면, 명사를 동사처럼 쓰는 것입니다(he godded me)[37]. 이런 방법을 기능적 전이라고 부르는데 뇌 활동을 활성화하는 역할을 합니다.

예상하지 못한 입력이기 때문에 뇌는 완전한 의미를 파악하기 위해 부가적인 작업을 합니다. 하지만 흥미롭게도 연구자들이 밝혀낸 바에 따르면 사람들은 단어가 문장에서 갖는 역할보다 단어 자체의 의미를 더 빨리 이해한다고 합니다.[38] 이 기법을 통해 텍스트를 생동감 있게 만들고 독자의 마음을 움직일 수 있습니다. 독자가 평범한 숙어나 진부한 문구에서 벗어나게 하는 것이죠. 즉, 머리에 언어적인 충격을 주는 것입니다.

물론, 기능적인 전이를 사용하면 독자의 뇌를 자극할 수 있겠지만 교열자들은 정신적 소화 불량(agita)에 빠져버릴 것입니다. 물론, 그래도 여전히 아주 영리한 방법임은 틀림없습니다.

06 | 제대로 하기

이번 장에서 R 모드 사고의 여러 가지 속성을 살펴보았습니다. R 모드는 아주 예민하고 강제로 일을 시킬 수 없습니다.

하지만 이런 사고의 방법들을 활용하면 문제를 풀거나 창조성을 발휘하기 위해 최대 출력을 낼 수 있는, 균형 잡힌 접근 방법을 취할 수 있습니다. L 모드를 배제한 채 R 모드에만 집중하거나, 계속 R 모드를 배제하고 L 모드에만 집중하는 것 둘 다 좋지 않습니다. 대신 여러분의 학습과 사고가 R 모드에서 L 모드로 전이되도록 조직해야 합니다.

미묘한 단서를 집어내는 것으로 시작해 봅시다. 그리고 R 모드가 내놓는 것을 수확해 봅시다. R 모드가 더 활약할 수 있도록 모닝 페이지나 글쓰기, 목적 지향 없이 생각하는 시간(걷기 같은) 등을 활용해 봅시다.

---

37 (옮긴이) 신(god)이라는 명사를 동사로 써서 "그는 나를 숭배했다"라는 문장을 만든 것

38 http://www.physorg.com/news85664210 참조

마지막으로, 기억은 약하면서도 비싼 방법입니다. R 모드의 통찰이 주는 보석을 놓치지 않도록 언제 어디서든 쓸 준비를 해 두세요.

다음 할 일 ➡

새로운 습관

☐ 모닝 페이지를 최소한 2주 정도 해보세요.

☐ 짤막하고 재미있는 이야기를 만들어보세요. 연관이 없어 보이는 것들 사이에 연관을 짓거나 비슷한 점을 찾아보세요.

☐ 어려운 문제에 직면했을 때는 다양한 감각을 활용해 보세요. 무엇이 가장 잘 맞나요?

☐ 늘 접하는 소재와 다른 종류의 책을 읽어보세요. 예를 들면 공상과학소설이 아닌 소설 등입니다.

☐ 다른 장르의 영화를 보고, 색다른 휴가를 가고, 다른 장르의 음악을 듣고, 다른 종류의 커피를 즐겨보세요.

☐ 여러분이 좋아하는 식당에서 한 번도 시켜보지 않은 음식을 시켜보세요.

☐ 문제를 이리저리 돌려보세요. 뒤집었을 때 배우는 바가 있습니까?

시도해 볼 것

☐ 의식적으로 아침의 일과를 바꾸거나 다른 고정된 습관을 바꿔보세요.

☐ 레고 블록이나 사무실 집기를 활용한 설계 세션을 열어보세요.[39]

☐ R 모드를 강화할 수 있는 수업을 듣거나 취미 활동을 해보세요. 매일 하는 게 좋습니다.

☐ 친구를 활용하세요. 늘 동기를 유발하고 진도에 대해 상의할 수 있는 친구가 있으면 도움이 됩니다.

☐ 현재 진행 중인 프로젝트를 간단히 표현할 수 있는 메타포를 생각해 보세요(무언가 만질 수 있는 것으로 비유하면 많이 도움될 것입니다). 메타포나 과장된 표현을 활용할 때 약간의 재치를 섞어 보세요.

☐ 여러분이 알고 있는 전문가를 만나보세요. 여러분에게 도움이 될 만한 어떤 '기벽'을 갖고 있습니까?

☐ 여러분이 업무에서 사용하는 어휘 목록에 어떤 단어를 추가할 수 있을까요?

---

39 빨간 스테이플러가 있다면 아주 좋습니다.

05장

당신의 마음을 디버그하라

"난 내가 기묘하다고 생각해본 적이 없다.
내가 기묘하다고 하는 것은 늘 다른 사람이다."

— 프랑크 자파

직관은 훌륭한 것입니다. 그렇지 않을 때만 빼면요.

사람들은 흔히 리더는 다른 사람과 다르고 사려 깊은 의사결정자라고 생각합니다. 그들은 모든 중요한 사실들을 끌어모은 다음, 가중치를 부여하

{ **우리는 이성적인 피조물이 아니다** }

고, 최종적으로 논리적이고 합리적인 결정을 이끌어냅니다. 하지만 사실 이런 이상적인 절차는 결코 일어나지 않습니다. 심지어 전문가이면서 압박을 많이 받는 의사결정자들도 마찬가지입니다.[1]

그 대신 우리는 오류가 높은 기억과 시시각각 변하는 감정적인 상태에 근거해서 결정을 내리고 문제를 풉니다. 중요한 사실을 무시하고 중요하지 않은 세부사항에 집착합니다. 그게 얼마나 밝게 채색되어 있느냐, 언제 어디서 일어났느냐가 주의를 끌기 때문입니다. 특히 우리는 밝게 윤색된 것에 약합니다.

---

[1] 이것은 이미 진부한 이야기입니다. 예를 들어, 다음을 참고해 보세요. 『직관의 힘: 어떻게 마음속의 느낌을 이용해 실무에서 더 좋은 결정을 내릴 수 있는가』[Kle04]

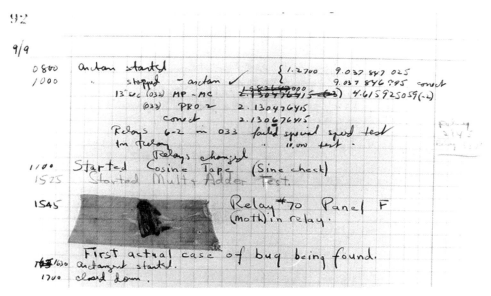

그림 5.1 | 시스템 속의 첫 번째 버그(1945년 9월 9일)

이 시스템을 디버그(debug)해야 합니다.

컴퓨터를 '디버깅(debugging)'한다는 이 새로운 개념은 진짜 벌레(bug)에서 온 것입니다. Mark II Aiken Relay Calculator라는 컴퓨터의 계전기에 나방이 들어간 것입니다(그림 5.1 을 보세요). 코사인(cosine) 회귀 테스트 묶음을 실행하던 중에 컴퓨터 기사가 에러를 발견했습니다. 문제를 살펴보다가 나방을 발견했죠. 기사는 그 벌레를 꺼내서 테이프로 붙여서 기록으로 남겼습니다. 진짜로 시스템을 디버그(debug)[2]한 것입니다.[3]

이게 하드웨어 시스템에서는 좋은 메타포지만(말 그대로 일정 부분 사실이기도 하고) 마음을 디버깅한다는 것은, 흠, 어느 정도 기괴한 일이긴 합니다. 하지만 실제로 우리가 생각하는 방식 속에는 '버그'가 숨어 있습니다. 정보를 처리하고 결정을 내리고 상황을 평가하는 데 있어 아주 기초적인 오류입니다. 제임스 노블과 찰스 웨이어가 이 문제를 세련되게 요약해냈습니다.

---

2 (옮긴이) 벌레를 제거하다

3 이 용어 자체는 "bogeyman"(못된 아기를 데려간다는 귀신)과 연관이 깊은, 길고 복잡한 역사를 갖고 있습니다.

"개발은 늘 사람이 하는 일이다. 고객과 사용자도 사람이다. 정밀한 유전자 검사를 해보면 아마도 대부분의 관리자는 유전자가 50% 이상 호모 몬티파이써누스(homo montipythonus)와 일치할 것이다."[4]

불행히도 인간의 마음은 소스가 공개되어 있지 않습니다. 우리 중 누구도 이 버그를 고치기 위해 소스 코드에 접근할 수 없습니다. 하지만 어떤 경우에 이런 일이 일어나는지를 보여주고 생각에서 오류가 발생하기 쉬운 부분에 유의하게 도와줄 수는 있습니다. 크게 나누면 다음 네 가지가 있습니다.

- 인지적 편향: 어떻게 생각이 나쁜 길로 이르는가
- 세대별 기호: 또래집단이 어떻게 영향을 미치는가
- 개인적 성향: 자신의 성격이 생각에 어떤 영향을 미치는가
- 하드웨어 버그: 뇌의 오래된 영역이 더 똑똑한 영역을 어떻게 덮어버리는가

이러한 버그를 인식하는 것이 버그를 완화하는 첫걸음입니다.

01 | 인지적 편향 만나보기

인지적 편향은 여러 가지 변종이 있습니다. 이 정신적인 '버그'는 의사결정이나 기억, 지각, 이성 등에 영향을 미칩니다. 종류도 아주 많습니다. 위키피디아(Wikipedia)에는 90가지의 일반적인 인지적 편향이 나열되어 있습니다. 이보다는 좀 더 많은 인지적 편향이 있는 사람도 여럿 만나보았죠. 다음은 제가 자주 인용하는 것들입니다.

■ 고착화

어떤 숫자를 보면 어떤 양을 추측하거나 결정하는 데 영향을 미칩니다. 예를 들어, 제가 계속 여러분에게 100권의 책을 판다고 이야기하면 100이라는 숫자가 여러분에게 각인됩니다. 그리고 책 가격을 85달러로 제시하게 되면 여러분에게는 100이 고착화되어 있기 때문에 85가 마치 할인된 가격처럼 들리게 됩니다.

---

4 「개인 실습의 진행 패턴: 개발에서 실제로 시도해보지 않고 어떻게 성공할 수 있는가」 [WN99]

■ **기본적 귀인 오류**

우리는 다른 사람의 행동을 상황이나 그 행동이 일어난 맥락과 상관없이 그 사람 개인 탓으로 돌리는 경향이 있습니다. 자기 자신의 행동은 더 쉽게 용서하는데도 말이죠("피곤해서 그랬어요. 감기가 오는 것 같았거든요"). 하지만 모든 면에서 평범한 사람도 기이한 행동을 하게 될 때가 있습니다. 도둑질이나 살인, 폭력은 물론입니다. 특히 전쟁 시에나 개인적인 위기가 찾아왔을 때 더 그렇습니다. 그렇다고 그런 극단적인 조건일 필요도 없습니다. 앞서 보았듯이 맥락이 모든 것을 좌우합니다. 기본적인 개인의 성향보다 맥락에 대한 반응이 행동을 결정하는 경우가 더 많다는 것을 기억하세요.

■ **이기적 편향**

이것은 그 프로젝트가 성공했다면 내 덕분이라고 믿는 경향입니다. 망가지면 내 책임이 아니고요. 이런 행동은 아마도 자기 보호를 위한 메커니즘이겠지만 여러분 자신도 시스템의 일부라는 것을 기억하셔야 합니다. 그게 잘되든 아니든 말입니다.

■ **종결 욕구**

우리는 의심이나 불확실성을 만나면 불편해합니다. 이 불편함이 너무 크다 보니 진행 중인 이슈를 빨리 해결해서 불확실성을 제거하고 종결지으려고 합니다. 하지만 불확실성은 좋은 것일 수도 있습니다. 선택의 가능성을 열어두는 것이죠. 개발 초기 대형 설계(BDUF, Big Design Up Front)[5]에서처럼 미성숙한 종결을 강요하면 선택사항이 줄어들고 오류에 취약해집니다. 프로젝트의 종료일 같은 것도 인위적으로 정한다고 해서 본질적인 불확실성을 제거할 수 있는 것은 아닙니다. 그저 덮을 뿐이죠.

■ **확증 편향**

모든 사람들은 자신의 선입관이나 좋아하는 이론에 들어맞는 사실만 보려고 합니다. 이 책 전체도(그뿐만 아니라 대부분의 책도) 저자의 확증 편향의 커다란 사례라고 주장할 수 있을지도 모릅니다.

---

5   BDUF는 설계와 아키텍처에 많은 투자를 하는 유명한 설계 기법인데, 대부분 초기에 세부사항의 불확실성과 취약함을 무시하고 진행하기 때문에 나중에 설계가 잘못된 것으로 밝혀지곤 합니다.

■ 노출 효과

우리는 그저 익숙하다는 이유로 무엇인가를 좋아하는 경향이 있습니다. 이런 현상은 제대로 동작하지 않는, 아니 심지어 해를 끼치는 도구나 기술, 방법론 등에도 마찬가지로 일어납니다.

■ 호손(Hawthorne) 효과

연구자들은 사람들이 자신이 연구 대상이라는 것을 알 때 다르게 행동하는 경향이 있다는 것을 알아냈습니다. 새로운 방법이나 도구를 팀에 소개할 때도 이런 현상을 볼 수 있을 것입니다. 먼저, 모든 사람이 보고 있고 또 그 사실을 모두가 인지하고 있으면 결과는 아주 훌륭하게 나옵니다. 규율도 잡히고 뭔가 새로운 것에 대한 흥분도 노력하는 자극제가 됩니다. 하지만 이런 새로움이 사라지고 스포트라이트가 없어지면 사람들은 다시 기존의 행동으로 돌아오게 됩니다.

■ 잘못된 기억

사실 뇌가 상상한 사건과 진짜 기억을 혼동하는 경우가 많습니다. 이 이야기는 근거가 많습니다. 앞서 보았듯이 기억은 뇌의 어떤 영역에 정적으로 저장되는 것이 아니라 아주 활성화된 프로세스입니다. 그래서 기억을 한 번 읽는 것은 곧 한 번 쓰는 것이 됩니다. 기억은 현재 상황에 비추어 계속 다시 기록됩니다. 나이, 경험, 세계관, 관심사 등에 따라 달라지죠. 여러분의 여섯 살 생일에 일어난 그 사건은 어땠나요? 아마도 지금 기억하는 방식으로 일어나지는 않았을 겁니다. 어쩌면 일어나지도 않은 사건인지도 모릅니다.

■ 표상적 축소 오류

앞에서 본 것처럼 L 모드는 복잡한 물체나 시스템을 나타내는 간편한 표상을 좋아합니다. 그러면 어쩔 수 없이 미묘한 부분은 놓치게 되고 때때로 문제의 본질을 놓칠 수도 있습니다.

■ 명목 오류

표상적 축소 오류의 일종으로 어떤 것에 이름을 붙인다는 것은 그것을 설명하거나 이해할 수 있다는 의미라는 생각입니다. 하지만 이름은 그냥 이름일 뿐, 그것만으로는 유용한 이해에 도달하기 어렵습니다. "오, 그는 주의력 결핍 행동 장애야"라고 말하는 것은 "그녀는 공화당원이야"라든지, "그들은 엘보니아에서 왔어"보다 그다지 더 나은 이야기가 아닙니다.

이 모든 것은 시작일 뿐입니다. 우리의 불합리한 본성은 여러 권의 책에 담아도 부족할 정도입니다.[6]

02 | 예측 실패

"예측하기는 참으로 어렵다. 특히 미래에 대해서는."

- 요기 베라, 철학자

표상적 축소는 특히나 더 유해합니다. 일상적인 우리의 분석적이고 프로그램적인 사고에 깊이 스며들어 있기 때문입니다. 사실 뇌가 현실의 복잡성을 이해할 수 있는 유일한 방법은 크고 복잡한 시스템을 단순하고 쉽게 조작할 수 있는 표상으로 축소하는 것입니다. 이것은 뇌의 본질적인 메커니즘이고 컴퓨터 프로그래밍이나 지식 기반 업무에서 아주 유용합니다. 하지만 이것을 당연하게 여긴다면 표상적 축소 오류에 빠질 수 있습니다.

앞에서도 표상적 축소 오류의 예가 나왔습니다. 예를 들어, 사람의 손을 그릴 때 L 모드는 빛, 그림자, 질감의 복잡도를 '다섯 줄과 막대기 하나'와 같이 축소해 버립니다. 이렇게 축소하면 복잡한 실체를 아주 단순하고 전형적인 요소들로 구성된 것으로 생각하기 쉽습니다. 플라톤의 입방체[7]처럼요.

플라톤의 이름을 따서 만든 이 이상적인 형태는 보편적이고 일상적으로 이해하기 쉬운 구조 블록(building block)을 제시합니다.

{ **미래는 플라톤 주름지대에 숨는다** }

아이들의 장난감 블록 세트를 생각해 봅시다. 육면체, 블록, 원뿔, 아치, 기둥 등이 있습니다. 이런 기초적인 형상으로 다양하고 큰 구조물을 만들 수 있습니다. 플라톤의 이상적인 형태도 비슷합니다. 실체를 단순화한 구조 블록이죠. 하지만 이

---

6 그런 책이 있습니다. 『예측 가능한 불합리: 우리의 결정을 좌우하는 숨겨진 힘』[Ari08]이란 훌륭한 책이죠.
7 (옮긴이) 모든 면이 합동인 정다각형으로 이루어진 다면체

접근법은 현실성을 너무 떨어뜨려서 이상적인 형태로 만들었기 때문에 구멍이 있습니다. 이걸 플라톤 주름지대라고 부르죠. 이 구멍 안에는 엄청난 것들이 숨어 있을 수 있습니다. 그래서 이런 종류의 예측 불가능한 사건들을 볼 수 없게 됩니다.

플라톤 주름지대라는 개념은 『검은 백조: 거의 있을 수 없는 일의 충격』[Tal07]에 잘 나와 있습니다. 사람들은 과거의 사건에서 미래의 사건을 예측하는 것을 정말 못한다는 점을 강조하고 있습니다. 우리는 사건이 어느 정도 안정적이고 선형적인 진전을 보이며 쉽게 정의할 수 있는 원인과 효과가 있을 것이라고 가정합니다.

하지만 그렇지 않습니다. 이것이 바로 우리가 그렇게 많이 미래 예측에 실패하는 이유입니다. 사실, 플라톤의 주름지대를 포함한 우리의 맹점 때문에 역사상 모든 필연적인 사건들은 완전히 예측 불가능한 것에서 비롯했다는 것이 드러났습니다.

이것이 그 책의 제목이 '검은 백조'인 이유입니다. 수년 전, 사람들은 백조는 단지 흰색밖에 없다고 생각했습니다. 아무도 검은 백조를 본 적이 없었기 때문에 과학자들 사이에서는 불가능하다고 여겼습니다. 검은 백조가 실제로 나타나기 전까지는 말입니다.

그룹으로 일할 때 사람들은 잘못된 것에 초점을 맞추거나 잘못된 질문을 하기 때문에 중요한 발전을 놓칩니다. 예를 들어, 저는 지난해에 사무실을 청소한 적이 있었습니다. 그

> 예상하지 못한 사건은 게임을 변화시킨다

러다가 1990년대 중반부터 쌓인 잡지 더미에 걸려서 휘청거렸습니다(얽히고설킨 케이블 더미에서 14.4k 모뎀도 찾아냈습니다만, 이건 또 다른 이야기입니다).

이 잡지는 편리한 타임 캡슐이 되었습니다. 표지를 넘길수록 당시에 중요한 이슈들에 대한 격렬한 토론이 가득했습니다. 데스크톱 전쟁에선 누가 이겼을까? 데스크톱을 지배할 인터페이스는 오픈룩(Open Look)일까 모티프(Motif)일까?[8]

이것은 잘못된 질문(wrong question)입니다. 모두 아시다시피 승자는 당시에 아무도 생각하지 못했던 윈도우(Windows)였습니다. 그러면 미들웨어 전쟁은 누가 이겼을까요? RMI일까요, CORBA일까요?

| 상관 관계 vs. 인과 관계 |　　　　과학적인 연구는 잘못 해석하기 쉽습니다. 우리들 대부분은 통계적 분석의 과학에 익숙하지 않습니다. 가장 흔한 오해는 단순한 상관 관계를 원인과 결과로 선언해버리는 데서 발생합니다.

두 변수가 연관되어 있다는 것이 꼭 어느 한 쪽이 다른 쪽의 원인이라는 의미는 아닙니다. 예를 들어, 송전선 아래에 사는 가족의 백혈병 발병률이 높다는 보고서가 있다고 합시다. 그러면 기사의 헤드라인은 송전선이 암을 유발한다고 나올 겁니다.

물론 그럴 수도 있습니다. 하지만 단순한 상관 관계는 아무것도 입증해주지 못합니다. 여러 가지 다른 변수가 있을 수 있습니다. 송전선 아래의 집값이 싸기 때문에 이들은 가난한 가족이라서 식이요법이나 건강관리를 제대로 못해서 병을 빨리 발견하지 못한다거나 하는 거죠. 원인을 분석하는 것은 상관 관계를 관찰하는 것과는 다른 일입니다.

이뿐만 아니라, 실세계의 인과 관계는 보통 "사건 x가 사건 y를 유발한다"처럼 단순하지 않습니다. 그보다, x가 y를 점화시키고 그것이 x를 강화하고 다시 이것이 y를 강화하는 식이 많습니다. 대부분 'x나 y 중 하나'보다는 'x와 y 모두'인 경우가 많은 것이죠. 사건이 인과 관계에 미치는 영향의 크기는 다를 수 있고 또 그 각각은 다른 것을 강화시키는 경우가 많습니다. 같은 종류의 사건이라도 시간이 흐르면서 계속 관찰해 보면 각각 완전히 다른 원인이 있을 수 있습니다.

역시 잘못된 질문입니다. 웹이 거대해짐에 따라 이 이슈는 결론지을 수 없게 되었습니다. 웹은 고전적인 검은 백조였습니다. 예상치 못한 방향으로 발전함에 따라 게임의 법칙이 완전히 바뀌어버렸습니다. 페이지마다 잘못된 질문에 대한 분석, 예측, 예상과 초조함이 가득합니다. 우리의 편향 때문에 미래를 예측하는 것은 거의 불가능하고 현재를 헤쳐나가는 것도 아주 어렵습니다.

보다시피 단지 여러분이 '그렇게 생각하는 것'만으로 제대로 되지는 않습니다. 여러분 자신의 인지적 편향을 인지하고 극복하는 것은 말하기는 쉽지만 실제로 하기는 쉽지 않을 것입니다. 하지만 도움이 될 만한 제안 몇 가지가 있습니다.

'드물다'는 '결코 일어나지 않는다'와 다르다

"일어날 가능성이 천문학적으로 낮은 우연의 일치가 매일매일 일어난다."[9] 최근 우리는 500년 만에 찾아온 대홍수와 100년 만에 찾아온 태풍을 목격했습니다. 하지만 지질학적으로는 그냥 양동이에 물 한 방울 떨어진 것에 불과합니다. 이런 사건이 그다지 드문 일이 아니죠. 이

9　『Release it: 성공적인 출시를 위한 소프트웨어 설계와 배치』 [Nyg07]

런 일이 사람들 입장에서는 자신들이나 심지어 부모 세대, 할아버지 세대의 기억에도 없는 일이 일어난 것이니 당황스럽겠지만요. 그런 기억이 없다는 것이 그런 일이 일어나지 않는다는 뜻은 아닙니다. 그런 일이 세 번 연속 일어나는 것을 막을 수도 없고요.

2004년에는 미국에서 벼락을 맞아 죽을 확률이 6,383,844분의 1이었습니다.[10] 아주 작은 확률처럼 보이죠? 하지만 마흔 여섯 명이 번개에 맞아 사망했습니다. 6백만분의 1의 확률이었는데 말입니다. 별로 위험한 일이 아니라고 생각하겠지만 침대에서 떨어져서 죽을 확률은 번개 맞을 확률보다 16배나 더 큽니다. 드문 일이지만 어쨌든 일어나는 일이죠. 긍정적으로 보면 한 달에 한 번, 백만 명 중에 한 명에게 일어날 만한 기적을 겪을 수 있습니다.[11]

검은 백조는 관찰되지 않은 현상이나 드문 현상이 불가능한 것은 아니라는 점을 일깨워 줍니다.

정말 무작위적인 사건은 그 자체로서뿐 아니라 여러 가지가 얽힐 때 더 복합적인 가치를 발생시킵니다. 동질성과 무작위성은 다른 것입니다. 예를 들면 완전히 무작위적인 샘플에서 5급 태풍 세 개를 연달아 찾을 수도 있습니다.

TIP 018 | 예외를 살펴보라: '드물다'는 것이 '결코 일어나지 않는다'를 의미하지는 않는다

플라톤 주름지대를 보고 뭘 빠뜨리고 있는지를 생각해 보세요. 여러분이 간과한 어떤 작은 요소가 역사를 바꿀 수도 있습니다.

'엄청나게' 넓은 범위, 혹은 '불가능한' 것, 일어날 가능성이 천문학적으로 낮은 사건들을 생각해 봅시다. 이 중 어떤 일이 실제로 일어난다면 어떨까요? 그것

{ 절대 '절대'라고 말하지 말라 }

때문에 달라질 수 있는 일은 어떤 것이 있을까요? 어떤 문제는 신경 쓸 필요가 없게 되고 어떤 문제는 중요해질까요? 물론, 이런 일이 일어났더라도 여전히 드문 일임은 틀림없습니다. 그러니 통조림이나 라면을 사서 재 놓을 필요는 없습니다. 하지만 절대 '절대'라고 단정하지 마세요.

---

10   국가 안전 회의에 따르면. http://nsc.org

11   수학에서 리틀우드의 법칙

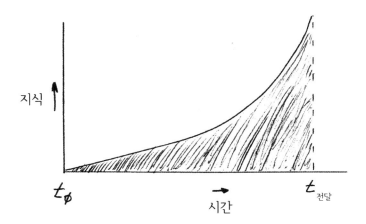

그림 5.2 | 시간 경과에 따른 프로젝트에 대한 지식

종결을 연기하라

종결 욕구는 우리가 불확실성을 제거하려는 경향이 있다는 뜻입니다. 그럴 준비가 되어 있든 아니든 말입니다. 하지만 불완전한 상태에서 결정을 내려버리면 선택사항이 줄어듭니다. 그렇게 잃어버린 선택사항 중에 성공으로 가는 길도 있겠지요.

소프트웨어 프로젝트에서 어떤 식으로든 탐색적이거나 혹은 독창적인 프로젝트를 하다 보면 매일매일 새롭게 배우는 바가 있을 것입니다. 그림 5.2처럼 사용자에 대해, 프로젝트 자체에 대해, 여러분의 팀, 기술 등에 대해 많은 것을 배울 수 있습니다.

이 이야기는 바로 프로젝트가 끝나는 시점에 여러분의 지식이 최고점을 찍게 될 것이고 처음에는 무지한 것이나 다름없다는 것입니다. 그런데도 여전히 일찍 결정을 내리고 싶으십니까? 아니겠죠. 더 좋은 결정을 내리기 위해서는 가능한 한 결정을 미루고 싶을 것입니다. 하지만 이렇게 하면 아주 중요한 문제가 오랫동안 결정되지 않은 상태로 남게 됩니다. 그러면 사람들이 아주 불편해하겠죠.

이러한 압박을 이겨내야 합니다. 자연스럽게 결정에 이르면 문제가 해결될 것입니다. 다만 그것이 오늘이 아닐 뿐입니다.

TIP 019 | 불확실성을 편하게 생각하라

애자일 소프트웨어 개발은 불확실성을 안고 간다는 생각을 포용합니다. 초반에는 프로젝트의 실제 종료일이 언제가 될지 알 수 없습니다. 다음 반복 주기(iteration) 때 어떤 기능이 존재할지 100% 확신할 수 없습니다. 물론 그래도 아무 문제 없습니다. 이런 불확실성도 편안한 마음으로 받아들일 수 있어야 합니다. 계속 나아가다 보면 결국은 모든 것에 대한 대답을 찾을 것입니다.

물론 불확실성을 줄이기 위해 몇 가지 구체적인 단계를 밟을 수도 있습니다. 사람들과 문제에 대해 이야기해 보거나, 구글에서 더 많은 정보를 찾을 수도 있고 프로토타입을 만들 수도 있습니다. 하지만 이런 단계를 거치더라도 어느 정도는 도움이 되겠지만 완전한 치료법이 되지는 못합니다. 늘 말 그대로 불확실한 요소가 있게 마련이고 이것은 나쁜 것이 아닙니다. 조금씩 불확실성을 줄여나가되 준비가 안 된 상태에서 세부사항에 못질하기 위해 서두르지는 마세요. 여러분이 잘 모른다는 사실에 익숙해져야 합니다.

여러분은 잘 모르지만 다른 사람에게 알려줘야 하는 것들, 이를테면 출시일 같은 건 추정치를 얼마나 확신할 수 있는지를 알려준다면 '목표'일이라는 식으로 표현할 수

{ **명시적인 확률로 추정하라** }

있습니다. 즉, 목표일이 10월 1일인데 달성할 확률이 37퍼센트라는 식이죠. 하지만 80% 정도의 확률로 이야기할 때는 조심해야 합니다. 사람들은 이걸 '거의 확실한' 정도로 받아들이는 경향이 있습니다. 20%의 가능성은 일어날 리 없다고 보는 것입니다. 적어도 본질적인 불확실성에 대해서는 솔직한 것입니다.

하지만 이런 생각은 조직의 다른 사람들에게는 정말로 받아들이기 힘들다는 것을 염두에 두어야 합니다. 그들은 어떻게든 종결을 짓도록 프로그램되어 있고 매번 그런 노력을 할 것입니다. 그들을 되도록 교육하려고 노력하되, 저항에 대비해야 합니다.

기억을 신뢰하지 말라

마지막으로, 사람들은 기억을 잘 못한다는 것을 기억하세요. 기억은 믿을 수 없고 오래된 기억은 시간이 흐름에 따라 바뀝니다. 그래서 자신의 오해나 편견을 유효한 것이라고 믿게 합니다. 자신의 기억을 절대적인 것으로 생각하지 마세요. 중국 속담에 이런 게 있습니다. "가장 흐릿한 글씨라도 최고의 기억보다 낫다."

> **TIP 020 | 기억보다 글로 쓴 것을 신뢰하라. 모든 기억은 읽기와 쓰기가 함께 일어난다**

현실성을 검증할 수 있는 다른 방법을 통해 기억을 보완하세요. 가지고 다니는 노트든, 그 일을 기억하고 있는 다른 사람과 대화를 하든 기억이 실제랑 다르게 멀리 표류하는 것을 막기 위한 무언가가 필요합니다.

다음 할 일 ➜

- ☐ 자신이 갖고 있는 인지적 편견을 열거해 보세요. 우리는 모두 각자의 기호가 있습니다. 어떤 것에 특별히 더 민감한가요?

- ☐ 여러분의 경력에서 거의 일어날 가능성이 없는 일이 얼마나 일어났었나요? 지나고 나서 보니까 그 가능성이 얼마나 낮았던가요?[12]

- ☐ 설계 회의에서 엔지니어의 기록을 쓰고 관리해 봅시다. 코딩에 관한 질문과 해답 등도 좋습니다. 언제든지 필요할 때 참고할 수 있도록 지난 항목 옆에 표시를 해둡시다.

02 | 세대별 기호를 인지하라

> "당신이 태어났을 때 세상에 있는 것들은 모두 일반적이고 평범한 것이며 세상이 돌아가는 방식의 자연스러운 한 부분이다. 당신이 열다섯 살에서부터 서른다섯 살 사이에 발명된 것은 새롭고 신나고 혁명적인 것이며 그걸로 경력을 쌓을 수도 있다. 서른다섯 이후에 발명된 것들은 모두 자연의 질서에 반하는 것이다."
>
> - 더글라스 애덤스, 의심의 연어

그동안 정적인 관점에서 인지적 편향을 살펴보았습니다. 하지만 물론 정적인 것은 아무것도 없습니다. 여러분이 몇 년 전에 느꼈던 편향들은 아마도 여러분이 현재의 기호와 다를지도 모릅니다. 하지만 여러분의 또래집단에서는 흔한 것일 테고, 조금 나이 많거나 조금 나이 어린 사람들과는 판이하게 다를 것입니다.

---

12 이것에 대해 생각해보는 동안 세상에 있는 대부분의 데이터가 보증 기간이 90일인 하드디스크에 저장되어 있다는 것을 떠올려 보세요.

더글라스 애덤스가 지적한 것처럼 세대별 기호는 시간이 흐름에 따라 바뀝니다. 어떤 세대를 주도하는 편향은 여러분의 또래집단을 이끄는 편향과는 다를 것입니다.

어떤 사람들은 사장이 비리를 저지르거나 말거나 자기 직장의 안정성에만 가치를 둡니다. 또 어떤 사람들은 아주 작은 공격을 인지해도 짐을 싸고 회사를 그만두지요. 일에 푹 빠져 지내는 사람들은 5시만 되면 신나서 가방을 챙겨 들고 집으로 가족들을 보러 가는 사람을 이해하지 못합니다. 그 반대도 마찬가지고요.

이러한 것들은 우리가 앞에서 본 것들보다 훨씬 교묘한 함정입니다. 깊이 스며든 가치나 태도 등에는 의문을 제기하는 생각조차 하기 힘듭니다. 하지만 이것은 사람들의 판단과 지각에 심대한 영향을 미칩니다.

여러분이 가치를 두는 것들을 왜 그렇게 중요하게 생각하는지 고민해본 적이 있요? 혹시 부모님들이 주입한 것은 아닌가요? 혹은 여러분을 길러준 사람에 대한 반작용은 아닌가요? 가만히 앉아서 진지하게 자유주의자가 될지, 보수적으로 행동할지, 무정부주의자가 될지 생각해본 적이 있나요? 일 중독자나 게으름뱅이 중에 무엇을 선택할지는요?

혹은 그냥 그렇게 태어난 것일까요? 그런 면도 좀 있을 것입니다. 다음 절에서 '그냥 그렇게 태어났다'에 대해서도 살펴볼 겁니다. 하지만 맥락이 중요하다는 점을 기억하세요. 자신을 또래집단과 환경이라는 맥락 속에서 봐야 합니다.

{ 맥락을 고려하라 }

여러분은 시대의 산물입니다. 아마 그 정도는 여러분이 생각하는 것보다 더 심할 것입니다. 부모나 동료(여러분과 같은 시기에 태어난 사람들, 학교나 직장을 통해 만난 동료, 같은 세대)의 태도, 철학, 가치관 등은 자신의 가치관과 태도, 지각에 엄청난 영향을 미칩니다.

또래집단은 나이와 그때의 삶의 과정뿐 아니라 공통된 기억, 같은 습관, 비슷한 스타일로 묶여 있습니다. 예를 들어, 911 테러는 전 지구적으로 공유된 대사건이었고 모두에게 영향을 미쳤습니다. 하지만 그때 여러분이 20대냐 40대냐, 60대냐에 따라 이 사건에 대한 반응은 달랐을 것입니다. 아마도 자신이랑 비슷한 세대의 사람들끼리 반응이 비슷합니다.

사람들의 태도는 어떻게 달라질까요? 다음과 같은 축으로 나눌 수 있을 것입니다.

- 위험을 감수하는 사람 vs. 위험을 피하려는 사람

- 개인주의 vs. 팀워크

- 안정성 vs. 자유

- 가족 vs. 일

다른 세대는 본질적으로 다른 가치관을 가지고 자신의 태도와 관심사 역시 자신의 나이에 따라 바뀝니다.

여러분과 여러분의 세대는 그 앞 세대에서 잘하지 못했던 역할을 하려고 하지만 상황을 자신의 시야에 맞춰버릴 수 있습니다.

미국에서 최근 몇 세대를 그 태생 시기까지 포함해서 간단히 요약한 것이 있습니다.[13] 이 범위는 경계가 모호할 수밖에 없습니다. 만약 여러분이 어떤 변화 시점에 가까운 시기에 태어났다면 여러분의 정체성은 자신의 또래집단보다 오히려 그 변화 시점의 또래집단이 더 크게 좌우할 수 있습니다.

물론, 이것은 넓게 나눈 세대 구분일 뿐입니다. 그래서 단순히 이 시기에 태어났으니 이런 특징이 있을 것이라고 딱 잘라 말할 수는 없습니다. 그저 이 시기의 또래집단은 이런 경향이 있다 정도지요. 이것은 법칙이나 고정 불변의 규칙이 아닙니다. 그냥 집단 행동[14]을 모델링하는 유용한 추상화입니다. 맥락을 좀 더 넓게 볼 수 있도록 해주지요.

{ 대략적으로 나눠본 세대 구분 }

---

13 여러 가지 자료가 있습니다. 『직무에서의 세대 차이: 작업장에서의 참전 세대, 베이비 붐 세대, X 세대, N 세대 간의 충돌 다루기』 [ZRF99]가 그중 하나

14 달리 말하면 이것은 이벤트 이론에 대비되는 구성 이론에 해당합니다. 16쪽의 사이드바를 보세요.

| 오늘날의 아이들 |
정말 무서운 것 하나를 보여드릴까요?

벨로이트 마인드세트 목록(Beloit Mindset List, 웹에서 http://www.beloit.edu/mindset/을 찾으세요)은 어떤 연도에 대학에 들어간 또래집단에 대한 재미 있는 사실과 관찰을 수록해 놓았습니다.

예를 들어, 2008년의 신입생의 경우를 보면, MTV가 뮤직 비디오를 비중 있게 다룬 적이 없습니다(최근 10년간 이런 것에 관심이 없었던 분들을 위해 알려드리자면, MTV는 리얼리티 TV 쇼나 연예인들에 대한 소문, 뉴스 등에 초점을 맞추었습니다).[15]

러시아는 늘 여러 개의 정당이 존재해왔습니다. 경기장은 늘 회사의 이름을 따서 붙입니다. 자동차 창문을 '돌려서 내린' 적이 없습니다(전화 다이얼을 돌린 적도 없고요). 조니 카슨은 TV 생방송에 출연한 적이 없죠. 페테 로제는 야구를 한 적이 없습니다.[16]

웹은 항상 곁에 있었습니다. 딜버트처럼요.

GI 세대, 1901–1924

미국 대표(All–American), 뭐든지 되게 하라 식의 건설자들

조용한 세대, 1925–1942

회색 순응주의자

베이비 붐 세대 1943–1960

도덕적 심판자

X 세대, 1961–1981

자주적인 행위자

밀레니엄 세대, 1982–2005

성실, 반기업적

---

15 (옮긴이) MTV가 뮤직 비디오를 비중 있게 다루지 않았다는 사실이 2008년 신입생들의 사고방식에 영향을 미친다는 이야기.

16 (옮긴이) 2008년에 18살이던 학생들이 구소련의 공산당 일당 체제를 보았을 리도 없고, 자동차 창문은 늘 자동이었을 테고, 다이얼을 돌리는 전화기도 본 적이 없을 것입니다. 이런 것들이 2008년 신입생들의 사고방식에 영향을 미칩니다.

홈랜드 세대, 2005-???

이제 막 태어나는 중. 이들 중 절반 이상은 밀레니엄 세대의 부모의 자식이다.

스무 살 이하의 집단은 일단 제외하고 각각의 어른 세대들을 차례로 자세히 살펴보겠습니다.

GI 세대, 1901-1924

이 세대에는 최초의 미스 아메리카가 탄생했고 미국 대표 선수라는 개념이 퍼졌습니다. 교외의 삶을 구축했고 달에 로켓을 쏘아 올렸으며 2차 세계대전에서 용맹스럽게 싸웠습니다.

업무에 명령과 통제라는 엄격한 수직 구조의 군대식 메타포를 사용했는데 이후 소프트웨어 개발에서 명령과 통제라는 개념이 쓰인 것도 여기에 그 기원이 있습니다.

조용한 세대, 1925-1942

다음으로, 회색의 순응주의자입니다. 이 세대는 법 체계를 광범위하게 확장했고 정당한 법적 절차에 관심을 기울이지만 결정적인 행동에는 관여하지 않습니다.

쉬운 예를 하나 들면, 최근의 이라크 연구 그룹의 보고서가 있습니다. 이 연구 그룹은 조용한 세대의 사람들로 구성되었는데 보고서에는 일흔 아홉 가지의 권고 사안이 있을 뿐 단 하나의 실행안도 없었습니다.

이 집단은 전례가 없는 부를 만들고 누렸습니다.

베이비 붐 세대, 1943-1960

아, 베이비 붐 세대. 아마 가장 알기 쉽고, 또 큰 규모의 세대일 것입니다. 2차 대전 후 낙천주의의 전성기를 형성했습니다.

 이 세대에는 범죄율이 급증하고 물질주의가 만연하며 위험을 감수하려는 경향이 높아졌습니다. 이 세대의 이러한 경향은 그들 자신을 국가적인 가치의 수호자로 생각했기 때문입니다. 이들은 '세상에 노래하는 법을 가르쳐주기'를 바랐습니다(1970년대의 코카콜라 광고를 기억하시나요?).

하지만 세계를 구하겠다는 본질적인 욕구는 어떤 실질적이거나 실용적인 방식으로 발현되지 않습니다. 이 집단은 결과보다는 과정에 더 관심을 기울입니다. 이 집단의 가장 중요한 가치를 반영하는 도덕적 교화는 다른 세대에는 설교로 들릴 수도 있습니다.

X 세대, 1961–1981

X 세대에 대해 읽은 것 중에 최고의 설명은 '늑대가 기른 아이'라는 것입니다. 이들은 자주적으로 행동하고 제도를 본능적으로 불신했습니다. 이들은 미

{ **X 세대는 가장 기업가적인 세대** }

국의 역사에서 가장 위대한 기업가적 세대를 일구고 있습니다.

 사나울 정도로 개인적이고 그래서 어두운 면도 있었습니다. 직장에서 문제가 생기면 바로 그만두고 이직합니다. 이들은 어떤 식으로든 자신에게 꼬리표가 붙는 것을 거부합니다. 다른 세대에는 훈육이 안된 것으로 보이기도 하고, 규칙을 따르지 않는다고 비난을 받을 수도 있습니다.

이 그룹은 시민의 의무 같은 것에 관심이 없고 일대일 관계가 더 효과적이라고 믿습니다. 이들은 아주 실용적이고, 이념이나 접근법에 관계없이 긍정적인 결과를 내기 위해 일하는 집단입니다.

밀레니엄 세대, 1982–2005

이 세대에는 무게 중심이 개인주의에서 엄청난 팀 중심주의로 옮겨갑니다. 위험한 행동은 줄어들고 X 세대나 베이비 붐 세대보다는 눈에 띄게 덜 날카로워집니다. 이들은 조직에 충성하고 X 세대처럼 기업가 정신으로 무장하고 있지는 않습니다.

이들은 세계를 구하려고 하지는 않지만 공민 의식이 강합니다. 이들은 권위가 있는 사람이 문제를 해결해야 한다고 생각합니다.

이제 모두 모여서

오늘날의 문화에서(2008년 무렵) 우리는 특이한 상황에 직면했습니다. 이전에는 일어나지 않았던 상황이죠. 같은 시기에 한 근무지에 이 모든 세대가 공존합니다. 서로 상호작용하기도 하고 홀로 가기도 하고 그럽니다.

이름을 밝힐 수 없는 포춘지의 10대 대기업 중 하나인 회사에서 일할 때, 나에게 관심이 있는 전문가 선배에게 멘토링을 받을 수 있는 행운이 있었습니다. 제가 경력을 시작한 초기였지만 제 동료에게는 없는 유닉스 기술이 있었기 때문에 그 동료와 저는 마음이 맞는 동지가 되었습니다.

몇 년간 우리는 함께 일했고 그는 저에게 문서에도 없는 마술 같은 꼼수와 팁을 알려주었습니다. 그리고 저는 저의 최근 학위를 따면서 얻은 발전된 이론을 보여주었습니다. 하지만 제가 회사를 떠나겠다고 하자 그는 그 이후로 정말 다시는 말을 걸지 않았습니다.

그는 조용한 세대였고 일생 동안 회사에 충성하라는 가치관을 갖고 있었습니다. 저의 이직은 그에게 용서할 수 없는 죄였습니다. 이런 태도가 기이하고 요즘은 구식이라고 할 수 있지만 그때는 널리 받아들여졌습니다. 그 회사에서는 저를 말썽꾸러기로 보는 사람이 많았습니다. 규칙을 따르지 않는 놓아먹인 망아지였던 것이죠. 사실, 저는 그저 언제든지 움직일 준비가 된 전형적인 X 세대처럼 행동했을 뿐입니다. 배우고 싶은 건 다 배웠고 출퇴근이 지겨워진 것입니다.

{ 하지만 태도는 계속 바뀐다 } 오늘날은 물론 지배적인 문화적 태도가 바뀌었습니다. 이제 사람들이 한 회사에 몇 년 이상 계속 있을 것이라는 생각을 잘 안하죠. 하지만 이것도 바뀔 것입니다. 밀레니엄 세대는 충성심을 높이 사고 계층 구조와 강한 조직을 좋아합니다. 그들은 베이비 붐

세대가 설교조에 비현실적이었고 X 세대가 게으르고 규율이 없다고 생각하는 자신들의 집단 인지에 따라 반응할 것입니다.

각 세대는 바로 이전 세대의 취약점을 인지하고 그에 대한 반작용을 보이면서 결과적으로 반복적인 패턴이 나타납니다. 이 경우, 밀레니엄 세대 이후의 세대는 그들의 가치관에 따라 반응할 것입니다. 이런 순환이 반복됩니다.

즉, 여러분 세대의 행동은 어느 정도 예측 가능합니다. 그리고 다음 세대도 마찬가지고요. 사실 세대별 유형은 딱 네 가지로 분류할 수 있습니다.

네 가지 전형

닐 하우와 윌리엄 스트라우스[17]의 연구에 따르면 미합중국에서의 미국인의 역사와 유럽에서의 앵글로 아메리칸의 역사를 르네상스 시대까지 돌이켜보면 단 네 가지 전형적인 세대적 전형이 존재합니다.

이 네 가지 유형은 계속 순환하면서 반복됩니다. 1620년에 청교도들을 실은 메이플라워호가 미국에 안착한 후 20여 세대가 지났지만 예외는 단 하나뿐입니다. 남북전쟁을 거치면서 한 세대는 심각하게 상처를 입어서 사회에서 자리를 잡을 수 없었고 인접한 세대(특히 더 나이든 세대)가 그 공백을 메웠습니다.

이런 세대별 일반화[18]를 통해서 왜 사람들이 자신이 하는 행동에 가치를 두는지를 이해하는 데 도움을 얻을 수 있고 모든 사람이 자신의 핵심 가치나 세계관을 공유하는 것은 아니라는 점을 되새길 수 있습니다.

---

17 「세대: 미국의 미래의 역사, 1584년에서 2069년까지」[SH91]와 「다음 20년: 고객과 업무의 행동이 어떻게 진화할 것인가」[HS07]의 깔끔한 요약을 참고

18 이걸 세 번 연속으로 빨리 말할 수 있다면 "unique New York"도 한 번 해보세요. 옮긴이: 원래 표현은 generational generalization, 간장공장 공장장과 비슷한 언어 유희.

| **기술과 세대** | 몇 년 전, 우리가 고용했던 아기 돌보는 사람이 부엌에 있는 전화를 뚫어져라 쳐다보다가 이렇게 말했습니다. "헌트 씨, 정말 좋은 아이디어네요. 전화기를 붙여놓아서 사람들이 들고 나갈 수 없게 만들었군요. 은행에서 펜을 묶어놓듯이 말이죠."

그녀는 전화기에 선이 연결되어 있는 다른 이유를 생각할 수 없었습니다. 그녀가 경험한 시대에는 전화기가 모두 무선이거나 휴대폰이었거든요. 선이 연결된 전화기가 기술적 필요성 때문이라는 사실은 그녀에게는 생소할 수밖에 없었습니다.

세대별 네 가지 전형과 그 핵심적인 특성은 다음과 같습니다.

- 예언자: 비전, 가치

- 유목민: 자유, 생존, 명예

- 영웅: 공동체, 풍요

- 예술가: 다원주의, 전문성, 의무

{ **전형은 반대되는 전형을 만든다** } 이 연구는 각 전형적인 세대가 다음 세대를 만들어낸다는 것을 밝혀냈습니다. 다음 세대의 전형이 현 세대의 전형과 상반되도록 만들어서 '세대 차이'를 만듭니다. 하지만 그리고 또 그 세대는 다음 세대가 자신의 세대에 상반되는 전형이 되게 만듭니다.

현재의 세대를 전형별로 늘어놓아보면 그림 5.3과 같은 형태가 나옵니다.

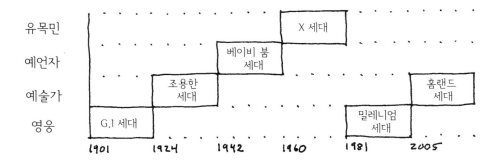

그림 5.3 | 호웨/스트라우스의 세대별 전형

호웨와 스트라우스의 모델에 따르면 저는 X 세대의 가장 나이 많은 축에 속하며 베이비붐 세대의 끝자락에 있습니다.[19] 저는 이론적인 X 세대의 특성, 특히 생존주의, 실용주의, 현실 주의를 갖고 있습니다. 그리고 저에게 개인적으로 가장 충격적이었던 것은 모든 사람들이 세상을 나처럼 바라보는 것이 아니라는 것이었습니다.

저도 다양한 수준에서 베이비 붐 세대의 시각을 접하게 되는데 그 세대는 생득적으로 실용주의와 거리가 멀다는 사실에 당황하곤 합니다. 심지어 자신만의 가치를 실용성보다 더 중시하곤 합니다. 모든 사람들이 실용주의에 가치를 두는 것은 아닙니다만 이 세대는 특히나 이상에 더 많은 가치를 둡니다. "되는 방식이 있으니까 그렇게 하면 된다"라는 식의 실용주의에 대한 저의 접근 방식은 그들에게는 '속임수'로 보일 수 있습니다.

물론 이것은 제가 보는 관점에서의 일반적인 이야기입니다. 하지만 저의 관점은 제 세대에서는 아마도 전형적인 것이겠지만 다른 세대에서는 그렇지 않을 것입니다. 각각의 세대는 모두 앞뒤의 세대와 이런 종류의 접근 방식의 충돌을 겪게 됩니다. 그리고 각 세대의 구성원은 자신의 본질적인 접근 방식을 다른 것보다 더 우위에 놓으려고 하죠.

이것이 미치는 영향

여러분의 마음속 깊이 자리 잡은 가치관을 모든 사람들과 공유할 수는 없습니다. 물론 이것은 여러분이 옳고 그들은 틀렸다는 식으로 해석해선 안 됩니다.

그럼, 어떻게 접근해야 할까요? 상황에 따라 다릅니다. 여전히 맥락이 왕입니다. 때때로 결과에 상관없이 여러분의 원칙을 고수하는 것이 더 적절할 수도 있습니다. 베이비 붐 세대처럼요. 또 다른 상황에서는 X 세대처럼 실용적으로 접근하는 것이 명백히 더 좋을 수도 있습니다. 명령과 통제의 계층 구조가 적합하고 효과적인 경우도 있습니다(GI 세대가 그랬죠). 하지만 다른 경우, 특히 대부분의 상업 소프트웨어 개발 프로젝트에서 엄격한 계층 구조는 재앙입니다.

여러분은 아마도 여러분의 세대가 선호하는 접근 방식과 가치를 좋아할 것입니다. 하지만 이러한 영향이 어디서 왔는지를 알아야 합니다. 아마 여러분

{ 이런 영향은 어디에서 오는가? }

---

19 다른 연구자들은 이런 구분에 몇 년을 더하거나 빼거나 하기도 합니다. 저도 그렇고요.

의 극단적인 개인주의는 여러분 자신에게만 특별한 것이 아닐지도 모릅니다. 여러분이 다른 사람의 어떤 특성들을 좋아하고 그런 특성을 갖고 싶어하는 이유가 어떤 깊이 있는 논리적인 것이 아니라 그저 태어날 때부터 그랬던 것인지도 모릅니다.

 여러분이 어떤 주제에 대해 열성적으로 주장하거나 혹은 반대하고 싶을 때 이런 이야기들을 떠올려보면 좋을 것입니다. 논리적인 주장을 하는 것인지, 혹은 감정적인 것인지, 아니면 그저 익숙한 것인지 고민해 보세요. 당장 이 상황에서 적절한 주장일까요? 다른 관점을 진정으로 검토해 보았나요? 관찰자의 눈으로 보면 좀 더 합리적이기 쉽습니다. 그러니 지나친 호언장담은 자제할 필요도 있겠지요.

. TIP 021 | 과격한 주장을 억제하고 다양성을 열어두라

 세대의 특정한 편향에 휩쓸리고 싶지 않다면 다양성을 포용하는 것이 가장 좋은 방법입니다. 여러분과 여러분의 팀원이 모두 비슷하게 생각한다면 한 가지 관점만이 타당한 것으로 생각하기 쉽습니다. 하지만 그건 잘못이죠. 여러분이 자신의 접근법, 개인주의, 혹은 팀워크를 떠받든다고 해서 더 어린 세대나 더 나이든 세대도 그 시각에 동의하리란 보장은 없습니다. 물론 맥락상 옳은 답이라는 보장도 없고요.

다음 할 일 ➡

□ 여러분이 속한 세대가 무엇인지 알아보세요. 그런 특성들이 여러분과 공명하고 있습니까? 혹은 다른 세대에 더 공감하나요?

□ 여러분의 동료들이 속한 세대를 알아보세요. 여러분의 가치관과 일치하나요? 혹은 충돌이 나나요?

□ 소프트웨어 개발 방법론에 대해 생각해 봅시다. 각 세대의 가치관과 일치하는 경향이 보이나요?

03 | 자신의 성격 경향을 파악하라

"지옥은 바로 다른 사람들이다(L'enfer, c'est les autres)."

- 장 폴 사르트르

기본적 귀인 오류의 영향을 앞에서 살펴보았지만 사람의 개성 역시 세대별 기호 못지않은 영향을 미칩니다. 이것은 타고나는 것으로 개인적인 태도나 기질 같은 것입니다.

이 절의 내용을 그저 원래 결함이 많은 관점들에 대한 것이라고 생각할지도 모르겠습니다. 만약 여러분의 개인적인 세계관이 그저 우연히 그렇게 된 것이라면 그래도 좋습니다. 하지만 모든 사람들이 같은 관점을 가질 것이라고 생각하는 것은 위험합니다. 그건 그렇지 않거든요. 사람들은 각자 세계를 보는 저마다의 관점을 갖고 있고 이것은 다른 사람에게는 이상하게 보일 수 있습니다. 그래서 이런 관점들의 주요한 특징들을 살펴보고 어떤 차이점이 있는지 알아볼 것입니다.

마이어스 브릭스 성격 검사(MBTI)는 기초적인 성격 유형을 분류하는 유명한 방법입니다. 칼 융(Carl Jung)이 사람들의 경향을 네 가지 축으로 분류한 작업이 기반이 되었습니다.[20] MBTI에서는 모든 사람들을 네 가지 축의 선상 어딘가에 놓습니다. 그래서 여러분의 성향을 나타내는 글자를 결정합니다. 물론 이것은 행동을 결정하는 청사진이 아니라 선호도를 알려주는 것일 뿐입니다. 네 가지 축은 다음과 같습니다.

- **외향(Extravert, E) vs. 내향(Introvert, I):** 지향점이 내적인지 외적인지를 결정하는 것입니다. 외향적이라는 것은 다른 사람과 함께 있을 때 에너지가 넘치고 사교적이라는 것을 뜻합니다. 내향적인 사람은 그렇지 않죠. 내향적인 사람은 자기 영역을 지키려 하고 정신적 환경적으로 사적인 공간을 필요로 합니다. 내향적인 사람은 독립적인 활동에서 힘을 끌어내며 사회적인 상황에서 피곤함을 느낍니다. 인구의 75% 정도가 외향적입니다.[21] 나머지 25%가 혼자 내버려두길 원하죠.

- **감각(Sensing, S) vs. 직관(Intuition, N):** 어떻게 정보를 얻는가입니다. 모든 성격 유형 중에 가장 오해가 많은 것입니다. 감각형인 사람은 실용성과 사실을 중시하며 매 순간의 세부사항에 굳건하게 뿌리내리고 있습니다. 직관형의 사람은 상상력이 풍부하며 메타포를 좋아하고 혁신적이며 많은 가능성을 봅니다.

---

20 『MBTI 매뉴얼: 마이어스 브릭스 성격 검사의 계발과 활용 안내』 [Mye98]
21 이 절의 통계는 『제발 날 이해해주세요: 성격과 성향 유형』 [KB84]에서 인용한 것

삶이란 늘 다음 코너를 돌아봐야 하는 것이죠. 감각형은 이런 것을 무책임하다고 봅니다. 또 직관형은 감각형을 따분하다고 보죠. 75%의 사람들이 감각형입니다. 이 책은 소수파에 기울어 있으며 직관을 더 경청하는 것을 장려할 것입니다.

- **사고(Thinking, T) vs. 감정(Feeling, F):** 어떻게 결정을 내리는가입니다. 사고형인 사람은 규칙에 의거한 결정을 내립니다. 감정형은 적용 가능한 규칙에 더해 개인적이고 감정적인 영향을 평가합니다. 규칙에 대해 엄격한 T의 시각은 감성형에게는 냉혈한으로 보일 수 있습니다. 사고형은 F형을 지나치게 감정에 휘둘리는 사람으로 봅니다. 이 비율은 50 대 50입니다. 하지만 성별 차이가 있는데 여성이 F에 더 가깝고 남성은 T에 가깝습니다.

- **판단(Judging, J) vs. 인식(Perceiving, P):** 결정이 닫혀 있는지, 혹은 열려 있는지입니다. 빨리 판단할 것이냐 계속 인지하고 있을 것이냐죠. 만약 빠른 종결을 원한다면 여러분은 J 유형입니다. J는 결정을 내리기 전까지는 계속 불안합니다. P는 결정을 내렸을 때 불안해합니다. 이 비율은 일반적으로 50 대 50입니다.

각 성격 축의 어느 쪽에 속하느냐에 따라 글자가 하나씩 정해집니다. 네 가지 속성의 글자가 여러분의 성격을 정의해줍니다. 예를 들어, 외향적이고 감각형이며 감정형이고 인식형인 성격이면 ESFP가 됩니다. 내향적이고 직관형, 사고형, 판단형이면 INTJ가 되고요.

자신의 MBTI 점수를 알아보기 위해 간단한 테스트를 할 수 있습니다. 웹이나 인용된 책에서 다양한 선호도를 평가해서 테스트합니다.

성격 유형 연구는 사람들과의 관계를 고려할 때 유용합니다. 강한 N과 강한 S는 함께 일할 때 마찰이 많이 생깁니다. 강한 J와 강한 P가 함께 일할 때는 일정을 못박지 말아야 합니다. 이런 것들이 많죠.

| 모든 상이 달가운 것은 아닙니다 |

대부분의 회사는 팀에 상을 줄 때 칭찬을 하고 인정을 해줍니다. 하지만 이것이 모든 성격 유형에 맞는 것은 아니죠. 외향적인 사람에게 적합한 것은 특히 프로그래머들에게는 안 먹힐 가능성이 높습니다.

여러분은 케이크를 놓고 축하하는 그런 것을 하고 싶어 하나요? 내향적인 사람들은 대개 사람들 앞에 나서게 되면, 그것이 공로를 인정하고 칭찬하는 자리라고 해도 아주 불편해합니다. 초보자에게는 엄청난 칭찬이지만 전문가에게는 별로 달갑지 않은 것도 있고 물론 그 반대도 많습니다.

다양한 기질과 기술 수준에 따라 상을 주는 방법도 다양해질 필요가 있습니다.

특히 다른 사람들이 내 예상과 다르게 행동할 때, 나라면 저런 상황에서 저러지 않을 것이라고 생각할 때 이런 성격 문제를 염두에 두어야 합니다. 그들이 정신이 나갔거나, 게으르거나, 그저 어려워하는 것이 아닙니다. 여러분 역시 마찬가지고요. MBTI 분류가 옳은지 아닌지에 상관없이 사람들은 다른 성격을 가지고 있다는 것을 깨닫는 것이 중요합니다. 이건 다른 운영체제나 마찬가지입니다. 윈도우와 맥, 혹은 리눅스처럼요.

이 문제에 대한 해결책과 보완책도 많습니다. 그중 결코 하지 말아야 할 것은 다른 사람의 성격을 나에게 맞게 바꾸려고 하는 것입니다. 이것은 재앙으로 가는 지름길입니다. 감정이 풍부한 F형은 사람이 괴로워하는 것을 무시하고 그냥 규칙대로 하는 것을 납득하지 못합니다. 엄격한 T형은 감정에 휘둘려서 규칙을 어기는 것을 상상하기 힘듭니다. 어떤 경우든 성미에 맞지 않을 수 있습니다. 상황에 따라 자신의 방법대로 하겠지만 다른 사람들이 그것을 좋아할지는 모릅니다.

{ 사람을 바꿀 수는 없습니다 }

이런 점은 다른 사람과 협업할 때 염두에 두어야 할 중요한 배경지식입니다.

바꾸어 말하면, 다른 사람들은 여러분과 다른 종류의 버그를 갖고 있습니다.

TIP 022 | 사람마다 다른 버그를 갖고 있다는 것을 인지하라

논쟁을 할 때 특히 유의하는 것이 좋습니다.

다음 할 일 ➜

☐ 성격 검사를 받으세요. 여러분의 동료나 가족과 비교해 보면 어떻습니까? 잘 맞는 것 같나요?

☐ 여러분이 자신과 정반대의 유형인 것처럼 행동해 보세요. 그런 사람들에게는 세상이 어떻게 보일까요? 그런 사람과는 어떻게 교감할 수 있을까요?

☐ 아직 자신과 정반대의 성격을 가진 사람과 어울린 적이 없다면 한번 어울려 보세요.

04 | 하드웨어 결함 노출하기

마침내 시스템의 저수준 버그를 살펴볼 때가 되었습니다. 하드웨어 결함이죠.

뇌는 한 번에 만들어진 게 아닙니다. 처음 생기고 나서 시간이 흐름에 따라 점점 커졌죠. 우리가 지금까지 주로 이야기했던 신피질은 인류에게는 상대적으로 최근에 생긴 것입니다. 이런 진보된 뇌 영역 아래에는 더 오래된 영역이 존재합니다. 이것들은 그다지 아름답지는 않습니다.

이 오래된 영역은 좀 더 원초적이고 생존 본능의 행동을 관장합니다. "싸울 것이냐 도망갈 것이냐(fight or flight)"의 반응을 결정하거나 혹은 일이 힘들어지면 멈춰서 쉰다든지 하는 것입니다. 영역을 지키려는 행동과 남들보다 한 발 앞서려는 행동의 근원도 여기서 찾을 수 있습니다.

우리를 덮고 있는 얇디얇은 문화와 문명의 합판 아래로 내려가보면 우리는 오줌으로 자기 영역 표시를 하는 공격적인 알파독(alpha dog)[22]과 아주 비슷합니다. 이런 행동을 도시의 거리 구석구석에서, 회사 회의실에서, 교외의 사교 모임에서, 회사의 팀 미팅에서 쉽게 발견할 수 있습니다. 말하자면 우리는 그런 존재입니다.

제 말을 못 믿겠다면 현대 사회의 문제인 운전자의 분노에 대해 다룬 네이처지의 최신 보고서[23]를 살펴보세요. 이 연구에서 교통 체증으로 인한 운전자의 짜증을 결정 짓는 가장 중요한 요소는 차량의 개인화 정도였습니다. 차에 페인트칠을 해두거나, 그림을 붙이기도 하고 범퍼에 스티커를 붙이는 등이죠. 더 놀라운 것은 범퍼에 붙은 스티커의 내용은 별 상관없었다는 것입니다. 얼마나 많이 붙였느냐만 상관이 있었죠. 예를 들면, "고래를 살립시다" 스티커 다섯 장이 "무장할 권리" 스티커 한 장보다 더 위험했습니다. 왜냐고요? 영역을 표시하는 사람이니까요.

1989년, 알베르트 번스타인 박사는 『공룡의 뇌: 일터에서 정말 싫은 사람 다루기』 [Ber96]를 출판했는데 이것은 뇌의 저수준 회로를 볼 수 있는 유명한 글입니다. 그는 이러한

---

22 (옮긴이) 청소년들의 범죄를 다룬 영화

23 2008년 6월 13일. "Bumper Stickers Reveal Link to Road Rage," 웹에서는 http://www.nature.com/news/2008/080613/full/news.2008.889.html

수준의 처리를 원시성을 대표하는 말로 도마뱀 논리라고 칭했습니다. 우리의 행동에 여전히 영향을 주고 있는 이것들을 좀 더 자세히 살펴봅시다.

도마뱀 논리

번스타인 박사는 생명의 도전에 대응하기 위한 파충류의 접근 방식에서 다음과 같은 측면을 설명하고 있습니다. 이것이 도마뱀의 행동 양식입니다.

싸우거나, 도망가거나, 혹은 놀라거나

실제 공격인지, 혹은 공격으로 착각한 것인지는 즉각적으로 알아차립니다. 위협적인 움직임을 취할 것인지, 혹은 꽁지가 빠지게 달아날 것인지를 준비합니다. 정말 상황이 나쁘면 두려움에 얼어버릴 수도 있습니다. 나쁜 일이 지나가기만을 바라면서요. 이런 현상은 여러분이 프레젠테이션을 하는데 누군가 여러분의 작업에 대해서 핵심을 찌르는 질문을 할 경우에도 일어나죠.

지금 당장 잡아라

모든 것은 즉각적이고 자동적입니다. 생각도 없고 계획도 없죠. 그저 충동을 따르고 뭐가 더 중요한가보다 뭐가 더 흥미로운가에 초점을 맞춥니다. 스포츠의 메타포를 많이 활용하죠. 이메일이나 메신저에 답을 하거나 웹 서핑을 하는 것이 그런 것입니다. 이건 늘 진짜 일보다 더 흥미롭죠.

지배하라

여러분은 알파독입니다. 발톱을 세우고 할퀴어가면서 무리의 대장이 되려고 합니다. 그래서 자기 아랫사람들을 마음대로 부리려고 하죠. 규칙은 모든 사람들에게 적용되지만 여러분은 예외입니다. 오줌으로 영역표시하는 것은 부차적이죠.

영역을 방어하라

공유는 곤충들이나 하는 것입니다. 절대 정보나 팁, 혹은 사무실 공간을 공유하지 않습니다. 강아지처럼 영역 표시를 하고 자신의 이익을 보호합니다. 그 이익이 얼마나 사소한 것이든 말입니다. 만약 누군가 당신 없이 무언가를 진행하면 반칙이라면서 왜 자기가 빠졌는지 설명을 요구합니다.

상처를 입으면 '히익' 소리를 내라

문제를 해결하기 위해 애쓰지 않습니다. 대신 여러분의 모든 에너지를 다른 사람을 비난하는 데 씁니다. 가능한 한 자주 반칙이라고 외칩니다. 모두에게 이게 정당하지 않음을 알리는 것입니다.

나와 비슷하다 == 좋은 것; 나와 다르다 == 나쁜 것

모든 것은 두 가지 바구니에 분류해서 넣습니다. 선과 악이죠. 여러분의 편에 있는 것은 항상 옳습니다. 그 반대는 본질적으로 악이고요. 자기 팀원에게 이런 걸 자주 설명하는데 주로 기나긴 설교가 되곤 하죠.

아는 사람 중에 누군가 이렇게 행동하는 사람이 있습니까? 아는 척하는 상사나 거만한 동료가 좀 그렇죠?

더 심각한 경우로, 혹시 당신은 그렇지 않은가요?

원숭이가 보고 원숭이가 행동한다

앞에서 드라이퍼스 모델을 살펴보면서 언급했듯이 우리는 타고난 모방자입니다. 대부분 이건 긍정적인 이득을 줍니다. 특히 멘토나 혹은 이미 그 기술에 능숙한 다른 모범 사례에서 배울 때는 그렇습니다. 하지만 이러한 자연적인 모방 심리에는 단점도 있습니다. 감정에 전염성이 생기는 것입니다. 실제 기생충이나 인플루엔자 같은 생물학적인 병원균처럼요.[24]

만약 여러분이 행복하고 기분 좋은 사람들 사이에 있다면 여러분의 기분도 좋아질 가능성이 높습니다. 만약 침울하고 패배주의에 물든 비관적인 사람들 사이에 있다면 여러분도 같은 감정을 느낄 수 있습니다. 태도, 믿음, 감정 같은 것들은 모두 전염성이 있습니다.

폭도들이 아주 좋은 예죠.

---

24 「감정의 전염」[HCR94] 참조

행동은 진화한다

이러한 도마뱀스러운 행동은 뇌의 본질적인 연결에서 나오는 것이고 좀 더 고수준의 인지 사고 처리와는 상관이 없습니다. 사고에는 시간이 걸리죠. 이런 행동이나 반응은 그것보다 훨씬 빠르고 노력도 적게 듭니다.

이메일이 그토록 치명적인 이유도 이것이죠.

옛날에는 편지를 쓸 때 보통 손으로 쓰는 시간, 보내기 전까지의 고유한 지연 시간(우체부를 기다리는 것)이 있어서 자연스럽게 머리를 식히면서 그게 좋은 생각이 아니라는 것을 깨달을 여유가 있었습니다.

하지만 인터넷 시대에는 신피질이 작동할 시간이 부족해서 파충류스러운 반응이 그대로 노출될 수 있습니다. 그게 이메일이든 블로그 답글이든 메신저든 자신의 본능적인 초기 반응이 그대로 수면 위로 드러나게 됩니다. 물론 이렇게 빠르고 폭력적인 반응이 정글에서 포식자를 마주했을 때는 좋을 수 있겠지만 동료나 사용자, 벤더와 협력적으로 프로젝트를 하는 데는 별 도움이 안 되겠죠(흠, 포식자 같은 벤더랑 할 때는 도움이 될 수도…).

여러분도 아마 강렬한 감정이 밀려오는 것이 어떤 것인지 아실 것입니다. 상사가 신랄한 어조의 이메일을 보내거나 혹은 무례한 운전사가 신호도 없이 끼어드는 경우에 경험해 보셨을 겁니다.

> **TIP 023 | 진화한 생명체답게 행동하라. 숨을 쉬되, 뱀처럼 쇳소리는 내지 말라**

깊이 숨을 내쉬면서 탁한 공기를 내보냅시다. 그리고 깊이 들이쉬면서 열까지 세봅시다. 여러분은 진화한 생명체라는 것을 상기하세요. 도마뱀의 반응은 그냥 지나가게 내버려두고 신피질이 이 사건을 처리하게 해봅시다.

| 천국이냐 지옥이냐 | 나중에 7.6절에서 보겠지만 뇌는 생각하기에 따라 다시 연결할 수 있습니다. 불행히도 이것은 양날의 검입니다. 긍정적인 사고뿐 아니라 부정적인 사고 역시 뇌를 재구성합니다.

반복적으로 부정적인 사고를 하는 것은 TV 쇼와 비슷한 현상을 일으킵니다. 끊임없이 확산되면서 재생되는 영화 같은 거죠. 이 부정적인 영화를 상영할 때마다 정신은 그것을 실제로 받아들이고 더 중요하게 생각하게 됩니다.

그 대화들을 보고 자기도 모르게 "넌 항상...", "넌 절대로..."와 같은 말을 따라하게 될 수도 있고, 케이블 TV 폴리스, 넷 폴리스, 바보 군대[25]의 배역처럼 행동하게 될 수도 있습니다. 이런 부정적인 드라마들은 보통 현실보다 훨씬 극적입니다.

이 재미있는 드라마들을 볼 때는 자신을 잃어버리지 않도록 붙들고 있어야 합니다. 이게 단지 드라마일 뿐이라는 것을 잊지 마세요.

물론 채널을 바꿔버리는 것도 좋겠지요.

> "정신은 그 자체로 지옥의 천국을 만들 수도, 천국의 지옥을 만들 수도 있다."

– 존 밀턴, 『실낙원』

다음 할 일 ➡

- ❑ 위협을 인지하고 나서 초기의 반응을 극복하기까지 얼마나 걸리는지 알아봅시다. 한번 '생각해보고' 나서 반응이 어떻게 달라지나요?

- ❑ 충동에 따라 행동하더라도 즉각적으로 반응하지는 마세요. 작전을 짜고 계획을 세우세요. 여전히 그렇게 하고 싶으신가요?

- ❑ 새로운 영화를 만들어 봅시다. 만약 여러분의 머릿속에서 반복되는 필름으로 고통받고 있다면 가만히 앉아서 새로운 필름을 만들어 봅시다. 이제 해피 엔딩을 봅시다.

- ❑ 웃으세요. 단순히 웃기만 해도 항우울제와 같은 효과를 낸다는 증거가 많습니다.[26]

---

25 (옮긴이) 부정적인 의미의 대화가 많이 나오는 미국의 TV 프로그램들.

26 개인적으로 초콜릿도 같은 역할을 한다고 확신합니다.

05 | 이제 뭘 생각해야 할지 모르겠어

> "우리가 깊은 중력 우물의 밑바닥에서, 원자핵 불덩이에서 1억 5천만 킬로미터 떨어져서 맴도는, 표면이 공기로 덮여 있는 행성에서 살고 있다는 사실. 그리고 이것을 정상으로 생각한다는 사실은 우리의 지각이 얼마나 비뚤어져 있는지에 대한 명백한 지표가 된다."
>
> *- 더글러스 애덤스*

이 책의 앞부분에서 본 것처럼 직관은 강력한 도구입니다. 전문가의 상징이죠. 하지만 직관은 크게 틀릴 수도 있습니다. 우리가 이번 장에서 본 것처럼 사고와 이성은 아주 의심스러운 것입니다. 우리의 지각은 우리의 개인적인 가치에서부터 우주 속의 자신의 위치에 대한 이해에 이르기까지 다양하게 비틀어져 있습니다. 더글러스 애덤스가 바로 앞에서 지적한 것처럼요. 우리가 '정상'이라고 생각하는 것은 필연적이지 않습니다. 내부적인 뇌의 연결로 인해 잘못될 때도 있고 모든 종류의 선입견이나 편견에도 흔들립니다. 그러고도 모든 것이 다 괜찮다고 생각하죠.

그렇다면, 어떻게 하면 이런 것들을 피할 수 있을까요?

학습에 대한 논의를 할 때 R 모드에서 L 모드로 흐르게 하라고 한 것 기억하시죠? 즉, 전체론적이고 경험적으로 시작해서 좀 더 기계적인 연습을 통해서 학습을 '산출'해 내는 것으로 옮겨가는 것입니다.

비슷한 맥락에서 직관으로 이끌어 가되, 입증할 수 있는 선형적인 피드백이 따라오게 하면 됩니다.

TIP 024 | 직관을 신뢰하되 검증하라

예를 들어, 여러분이 마음속으로 특정한 설계나 알고리즘이 옳은 방법이고 다른 방법은 효과적이지 않다고 느낄 수 있습니다. 여기까지는 좋습니다.

이제 증명해 보세요.

그것이 업무적인 전문가의 직관일 수도 있지만 또 그저 인지 편향이나 다른 버그일지도 모릅니다. 피드백을 어느 정도 받을 필요가 있습니다. 프로토타입을 만들어보고 몇 가지 단위 테스트를 돌려보세요. 혹은 벤치마크 그래프를 그려볼 수도 있습니다. 여러분의 생각이 좋은 생각이라는 것을 입증하기 위해 필요한 것을 해보세요. 직관은 늘 틀릴 수 있습니다. [27]

피드백은 정확히 같은 이유로 애자일 소프트웨어 개발에서도 핵심입니다. 소프트웨어 개발은 사람에 의존합니다. 그리고 이제껏 보아왔듯이 사람은 버그를 갖고 있습니다. 즉, 우리는 모두 어떤 측면에서는 골칫덩이라는 것입니다. 아무리 좋은 의도라도 자신과 서로를 이중으로 점검해 볼 필요가 있습니다.

여러분 자신에 대해서도 단위 테스트가 필요합니다.

자신을 테스트하라

여러분이 무엇인가를 엄청나게 확신하고 있을 때 자신에게 왜냐고 물어보세요. 상사가 당신을 잡으러 올 게 뻔합니다. 그걸 어떻게 알죠? 이런 애플리케이션에는 모두들 자바를 씁니다. 누가요? 여러분은 뛰어난/형편없는 개발자입니다. 누구랑 비교해서요?

{ 어떻게 알 수 있나요? } 큰 그림의 관점을 가지고 자신의 이해와 정신 모델을 테스트해보려면 다음과 같은 질문들을 해 볼 수 있습니다. [28]

- 어떻게 알았는가?

- 누가 말한 것인가?

- 구체적으로 어떠한가?

- 내가 하고 있는 일이 당신에게는 어떤 영향을 주는가?

- 무엇이랑 비교하면? 혹은 누구랑 비교하면?

- 항상 일어나는가? 예외는 없는가?

---

[27] 여러분이 주어진 영역에서 전문가가 되어 갈수록 정확한 자기 피드백 능력을 계발하게 될 겁니다. 그러면 이것도 갈수록 쉬워질 것입니다.

[28] NLP 메타 모델에 대한 연구에서 이 질문들을 끄집어낸 돈 그레이에게 감사드립니다. 『비판적 사고의 도구: 심리학을 위한 메타 사고』 [Lev97] 참조

- 당신이 했다면 어땠겠는가? (혹은 당신이 한 일이 아니라면?)

- 무엇 때문에 못하는가?

실제로 측정할 무언가가 있는가? 정확한 숫자가 있는가? 통계는?[29] 이 이야기를 동료와 나눈다면 어떨까? 나와 완전히 다른 시각의 동료라면 어떨까? 그냥 수동적으로 동의할까? 그것은 위험한 신호가 아닐까? 격렬하게 이 생각에 반대할까? 그러면 믿을 수 있을까, 아닐까?

무언가를 정의했다고 생각한다면 마찬가지로 그 반대도 정의해 보세요. 앞서 설명한 명목 오류에 빠지는 것을 막아줍니다. 만약 아는 것이 명칭뿐이라면 그 반대를 제대로 설명할 수 없을 것입니다(그리고 물론 다른 이름을 붙일 수도 없을 것이고요). 행동, 관찰, 이론을 정반대와 자세히 비교해 보세요. 이를 통해서 여러분의 '정의'를 더 깊이 파고 들어서 더 비판적이고 사려 깊게 살펴볼 수 있을 것입니다.

예상은 현실을 만들어내기도 하고, 윤색하기도 합니다. 사람, 기술, 혹은 조직에 대해 최악의 예상을 한다면 그것이 현실로 다가오는 것을 보게 될 겁니다. 감각 튜닝의 경우처럼 여러분이 예상한 것을 갑자기 많이 보게 될 겁니다.

{ 예상은 현실을 윤색한다 }

예를 들어, 어떤 짝퉁 뉴스 채널에서 선정적이고 치킨 리틀[30] 같은 소식을 보도하면 여러분은 내일 세계적인 대사건이 일어날 것이라고 생각하게 됩니다(동부 시간으로 오전 10시, 서부 시간으로 7시에 생방송으로 전해드립니다~). 그건 사실이 아니지만 계속 잔혹한 범죄들, 끔찍한 사건들에 대한 보도를 보다 보면 그렇게 생각하기 쉽습니다.

같은 현상은 더 개인적인 차원에서 일어날 수 있습니다. 팀 동료나 상사, 혹은 고객이 지각을 편향시킵니다. 그래서 다른 사람이 여러분에 대해 예상하는 것이 결국 그들의 인지를 윤색합니다.

---

29 벤자민 디즈레일리가 일갈한 말을 담아둡시다. "세상에는 세 가지 거짓말이 있다. 거짓말, 새빨간 거짓말, 그리고 통계". 숫자를 조금만 이용하면 편견을 쉽게 믿게 만들 수 있습니다.

30 Chicken Little. 디즈니의 애니메이션. 황당한 스토리로 어른들의 비웃음을 사고 괴기스러운 장면으로 아이들을 울린 영화.

{ **트레이드 오프를 생각하라** } 마지막으로, 무작정 장밋빛 미래를 꿈꾸는 것을 피하기 위해서는 모든 결정에 대가가 따른다는 점을 기억하세요. 공짜 점심은 없습니다. 동전에는 언제나 양면이 있기 때문에 어떤 대가를 치러야 하는지 자세히, 긍정적인 측면과 부정적인 측면을 모두 세심히 살펴야 합니다. 그러면 상황을 좀 더 완전하게 평가할 수 있게 될 겁니다.

다음 할 일 ➜

❑ 충돌이 발생하면 기본적인 성격 유형, 세대별 가치관, 자신의 편견, 다른 사람의 편견, 맥락, 환경을 고려해 보세요. 이런 자각을 하고 있으면 해답을 찾는 것이 더 쉬워지나요?

❑ 자신의 위치를 주의 깊게 고찰해 보세요. 여러분이 아는 것은 어떻게 알게 되었습니까? 왜 그렇게 생각하지요?

"우리가 증명할 수 있는 것은 논리가 있기 때문이고 우리가 발견할 수 있는 것은 직관이 있기 때문이다."

- 앙리 푸앵카레

06장

의도적으로 배우라

"정신은 채워야 할 그릇이 아니라 밝게 빛내야 할 불꽃이다."

- 메스트리우스 플루타르코스(플루타크), 45-125 A.D

현재의 기술과 문화에서 여러분이 배우는 능력은 성공하는 데 가장 중요한 요소일 겁니다.

이것이 그냥 앞으로 나아가는지, 아니면 머물러 있는지를 결정 짓습니다.

이번 장에서는 진정한 학습이란 것이 무엇인지를 알아보는 것으로 시작해서 왜 그게 갑자기 이렇게 중요해졌는지를 배우고, 의도적으로 학습하는 방법들을 탐색해 볼 것입니다. 먼저 목표를 어떻게 다룰지, 시기에 따라 학습을 어떻게 계획할지를 살펴보고 L 모드와 R 모드가 균형을 유지하고 서로 효과적으로 일하는 방법에 초점을 맞춰 볼 것입니다.

이 아이디어들을 초석으로 삼아서 학습을 촉진할 수 있는 몇 가지 특정 테크닉에 대해서 이야기할 것입니다. 독서 기술과 마인드맵도 포함될 것이고 학습하고 있는 자료를 더 잘 소화하는 방법도 배울 것입니다. 마찬가지로 효과적인 학습 스타일과 개개인의 성격 차에 대한 몇 가지 이야깃거리를 볼 것입니다.

우리는 여러분의 학습을 촉진할 수 있습니다. 하지만 그 전에 먼저 학습이란 무엇인지 이야기해봐야 합니다.

01 | 학습이란 무엇인가... 그리고 학습이 아닌 것은 무엇인가

많은 HR[1]은 아직 잘 모르고 있지만 사실 자바, 루비, .NET, 혹은 아이폰 SDK를 아는지 모르는지는 별로 중요하지 않습니다. 배워야 할 신기술이나 예전 기술의 새 버전은 끊임없이 등장합니다. 기술 자체는 별로 중요하지 않습니다. 중요한 것은 지속적으로 배우는 것입니다.

역사적으로는 그렇지 않았습니다. 중세의 농부는 아버지가 했던 방식 그대로 땅을 경작했습니다. 정보는 구전되었고 최근까지도 최소한의 정규 교육과 훈련만으로도 가족을 부양할 수 있었습니다.

하지만 정보화 시대가 도래한 후 상황은 달라졌습니다. 변화의 속도는 전례 없이 빠르게 느껴지고 신기술, 새로운 문화적 규범, 새로운 법적 도전, 새로운 사회적 문제가 빠르게 다가오고 있습니다. 모든 과학 정보의 대다수는 15년도 안 된 것입니다. 과학의 몇몇 영역에서는 매 3년마다 정보의 양이 두 배가 됩니다. 아마 '세상의 모든 것'을 다 알았던 마지막 인물은 영국의 철학자 존 스튜어트 밀이 마지막일 겁니다. 그는 1873년에 작고했죠.[2]

우리는 배워야 할 것도 많고 앞으로도 계속 배워야 합니다. 다른 방법은 없습니다. 하지만 학습이란 단어 자체는 유년기의 분필 가루의 고통과, 회사에서 강제하는 '복사기 사용법 연습'이나 그 비슷한 교육 행사의 멍한 지루함을 섞어놓은 인상을 주는, 그다지 유쾌하지 않은 짐입니다.

이것이 다가 아닙니다. 사실 우리는 교육이란 단어의 의미도 오해하고 있습니다.

교육(education)은 라틴어 educare에서 온 단어인데 이 말은 끄집어낸다는 의미에서 '이끌어내지다'라는 뜻입니다. 이 짧막한 이야기가 정말 재미있는 것은 우리 중 아무도 교육을 학습자에게서 무언가를 끌어내는 그런 의미로 생각하지 않기 때문입니다.

대신, 교육이 무언가 학습자에게 해야 하는 것으로 취급되는 경우를 더 많이 봅니다. 무언가를 끄집어 내는 것이 아니라 쏟아 붓는 것이죠. 이런 방식은 특히 양 세척조 연수(sheep dip training)라고도 알려진 회사 연수에서 흔히 보입니다.

---

1   (옮긴이) Human Resource, 인사 관련 부서

2   『영향: 과학과 실제』 [Cia01]에서 인용

그림 6.1 | 양 세척조

양 세척조(진짜)는 멀쩡한 양을 담가서 기생충을 제거하는 커다란 물통입니다(그림 6.1을 보세요). 양은 줄지어 서 있고(양은 늘 그렇죠) 그중 한 마리를 잡아서 물통에 담가서 강렬하고 이질적인, 그리고 아주 끔찍한 경험을 하게 만듭니다. 물론 기생충은 조금씩 없어지기 때문에 다시 한 번 담가야 합니다.

양 세척조 연수는 같은 방식입니다. 말 잘 듣는 종업원들을 줄지어 세워 놓고 이질적인 환경에서 일상과 격리된 상태로 3일에서 5일 동안 강도 높은 연수를 시킵니다. 그러고 나서 그들을 자바 개발자든, .NET 개발자든 무언가로 선언합니다. 물론, 한 번에는 잘 안되니까 다음 주에 '복습' 과정을 또 한 번 받아야 합니다. 또 한 번 담금질 당하는 것이죠.

회사들은 표준화된 '양 세척조' 연수를 좋아합니다. 구입하기도 쉽고 일정 짜기도 쉽고 모든 사람을 깔끔한 작은 상자에 맞춰 놓을 수 있습니다. 이제 .NET 개발자 9명짜리 상자 하나가

{ 양 세척조 연수는 제대로 되지 않는다 }

생겼습니다. 패스트푸드 치킨 너깃을 사는 거나 마찬가지죠. 단점은 하나밖에 없습니다. 이런 얄팍한 접근 방법은 제대로 될 리가 없다는 것입니다. 그 이유는 다음과 같습니다.

- 학습은 누군가가 여러분에게 해주는 것이 아닙니다. 여러분이 하는 것입니다.

- 지식을 경험 없이 그 자체로만 습득하는 것은 효과적이지 않습니다.

- 목표와 피드백 없이 무작위로 접근하게 되면 무작위적인 결과를 낳습니다.

이번 장의 서두에서 플루타르크가 지적한 것처럼 정신은 채워넣어야 할 그릇이 아니라 스스로 활활 태워야 할 불꽃입니다. 다른 누군가가 대신해줄 수도 없습니다(사이드바에서 인용한 전체 문구를 보세요). 스스로 노력해야 하는 것이죠.

게다가 아마도 놀라운 사실일 텐데, 단순히 교과 과정을 이수하는 것만으로는 효과적으로 전문성을 발휘할 수 없습니다.[3] 교과 과정은 분명 유용하지만 그 자체로는 실제로 매일매일의 업무에 공헌할 수 없습니다.

여기에는 흥미로운 함축이 담겨 있습니다. 계속 양 세척조 연수를 하는 것 외에도 대부분의 (모두 다는 아니라도) 기술 인증 프로그램의 효과가 의심된다는 것입니다. '지식 그 자체'는 분명 중요한 부분이 아닙니다. 자신의 정신 속에서 만드는 실체, 그 실체를 형성하기 위해서 던지는 질문, 그리고 매일매일 쓰면서 축적되는 경험과 실습이 생산성에 훨씬 더 중요합니다. 이것들이 능력과 전문성을 계발하게 해주는 것입니다. 지식을 습득하는 것만으로는 충분치 않습니다.

교실에서 한 번 제대로 배우는 것은 기껏해야 출발점에 제대로 서게 하는 것에 불과합니다. 지속적으로 목표를 세우고 얼마나 발전했는지를 알 수 있도록 피드백을 받고 답답한 교실에서 1년에 한 번 과정을 한 번 이수하는 것보다는 훨씬 더 자발적인, 전체를 보려는 노력을 해야 합니다.

이번 장의 나머지 부분에서는 실세계에서의 학습을 어떻게 하면 더 효과적으로 할 수 있을지를 살펴볼 것입니다. 방법론적으로 접근하거나 업무에서 실제로 쓸 수 있는 최고의 도구를 사용해서 어떻게 하면 학습을 가속할 수 있는지를 알아보겠습니다.

먼저, SMART 목표와 실용주의 투자 계획을 활용해서 어떻게 목표를 관리하고 계획할 것인지 알아보겠습니다.

---

3   클램프. G. O의 『일과 교육의 연계』 [VF77]에 나온 "성공의 세 가지 요인", 에롯. M.의 『지식과 능력: 교육과 훈련에서의 요즘 이슈』 [BW90]에 나온 "생산성을 지탱하는 지식 규명"

| 자신의 불꽃을 태워라 | "우리는—일단 기초를 잡고 나면—다른 모든 것들을 자기 자신과 연결 짓고, 기억을 활용해서 독창적인 사고를 끌어내고, 다른 사람이 말한 것을 시작점, 자양분을 공급하고 키워내야 할 씨앗으로 받아들일 수 있도록 (서로) 격려해야 합니다. 정신을 무언가로 채워 넣어야 할 그릇으로 보는 것은 올바른 은유가 아닙니다. 그보다는 점화시켜야 할 나무이고 점점 창의성을 추구하게 하고 진실에 대한 욕망을 일깨우는 것입니다."

"만약에 누군가가 이웃에게 불을 얻으러 갔다면 거기서 충분한 불씨를 찾아야 하는데 그냥 거기에 계속 머무르면서 자신의 몸만 따뜻하게 하고 있다고 생각해 보라. 이것은 누군가가 자신의 이성을 끌어내기 위해 다른 사람을 찾아가서는 자신만의 불꽃을 태우고 자신의 지성을 활용해야 한다는 사실을 깨닫지 못하고 그저 강의실에 들어가서 앉아만 있는 데 행복해하는 것과 같다. 언어는 단지 그 언어에 연관된 생각만 유발하며 그 자체로 그의 뺨에 홍조를 띠게 하고 몸을 달아오르게 하지만 철학의 온화함 속에서도 그의 지성의 어둠침침함을 걷어내지 못한다."

– 플루타르크, 그리스 역사가, 전기 작가, 수필가

02 | SMART 목표 설정

"어디로 가고 있는지 모른다면 조심해야 한다. 그곳에는 도달하지 못할 테니까."

– 요기 베라

원하는 곳—자신의 경력과 개인적 삶에서 배우고 성장하는 것—에 도달하기 위해서는 몇 가지 목표를 설정할 필요가 있습니다. 하지만 목표는 그 자체로 성공을 보장해주는 것은 아닙니다.

목표는 훌륭한 것입니다. 그리고 여러 개의 목표를 가질 수도 있죠: 살을 뺀다거나, 더 좋은 직업을 찾고, 더 넓은 집으로 옮기거나(혹은 더 작은), 소설을 쓰고 싶을 수도 있고, 전자 기타를 연주하거나 레일즈 킬러 애플리케이션을 만들 수도 있고 얼랭(Erlang)을 배울 수도 있습니다.

하지만 많은 목표가 높고 일반화되어 있는 "난 xyz를 잘하고 싶어" 단계를 넘어서지 못합니다. 살 빼기가 그 좋은 예입니다. 대부분의 사람들이 더 날씬하고 좋은 몸매를 원합니다(특히 우리처럼 키보드 앞에 엉덩이 붙이고 앉아 있는 시간이 많은 사람들은 더하죠). '날씬하고 좋은 몸매'는 그다지 잘 정의된 목표라고 할 수 없습니다(장기적으로 원하는 상태를 생각하면 훌륭한 비전일 수는 있지만).

살을 얼마나 빼야 할까요? 벤치 프레스로 얼마를 들어올리고 싶습니까? 언제까지? 칼로리를 제한하고 운동량을 늘리는 데 집중할 수 있나요? '얼랭 배우기' 같은 것도 마찬가지입니다. 이게 정확히 무슨 의미일까요? 얼마나 잘 배우고 싶습니까? 그걸로 뭘 할 수 있었으면 좋겠습니까? 어떻게 시작할 것인가요?

자신의 목표에 집중하기 위한, 그리고 그 목표를 달성하기 좋은 위치에 서기 위한 방법을 하나 제안하겠습니다. 컨설턴트의 트릭 가방에서 가져온 고전적인 방법입니다. 목적을 달성하기 위해 SMART 목표를 이용하는 것입니다.[4]

여기서 SMART는 Specific(구체적인), Measurable(측정 가능한), Achievable(달성할 수 있는), Relevant(당면 과제에 적절한), Time-boxed(시간 제한이 있는)를 나타냅니다. 목표가 무엇이든(살 빼기, 자기 팀장 쫓아내기, 세계 정복 등등) 계획이 필요합니다. 목적을 달성할 수 있는 목표들을 세워야 하는 것이죠. 각 목표는 SMART를 만족시켜야 합니다.

> { **목표는 목적에 도달할 수 있게 해준다** }

이쯤 되면 목적과 목표가 혼란스러울 것입니다. 그냥 명확하게 하기 위해 목적은 원하는 상태, 보통 단기적으로 도달하고자 하는 것, 목표는 그 목적에 가까이 가게 해주는 무언가로 정합시다. 하지만 용어에 너무 얽매일 필요는 없습니다. 사람마다 이 용어는 다르게 쓰니까요.

이제 SMART를 봅시다.

Specific(구체적인)

먼저 목표는 구체적이어야 합니다. 즉, 그냥 "얼랭을 배우고 싶어"로는 부족하다는 것입니다. 뭔가 더 구체적인 것으로 좁힐 필요가 있습니다. 이를테면 "얼랭으로 동적인 콘텐츠를 생성해내는 웹 서버를 만들 수 있을 정도로 배우고 싶어"가 될 수 있겠죠.

---

4 『경영의 실제』[Dru54]에서 처음 나왔고 그 이후로 널리 쓰임.

Measurable(측정 가능한)

목표를 달성했는지 어떻게 알 수 있을까요? 이것은 제가 컨설팅할 때도 늘 애용하는 질문입니다. 목표를 달성할 가능성을 조금이라도 만들고 싶다면 어떻게든 그 목표를 측정할 수 있어야 합니다. 측정 가능하다는 것은 구체적인 것과 뗄 수 없는 관계입니다. 무언가 일반적이고 추상적인 것을 측정하는 것은 어렵지만 구체적이고 명확한 것(실제 수치를 이용하는 것)을 측정하는 것은 훨씬 쉽습니다. 만약 목표를 측정하기 어렵다고 느낀다면 목표가 아직 충분히 구체적이지 않은 것입니다.

하지만 한 번에 너무 많이 하려고 하지 말고 꾸준히 점진적인 진전을 측정해야 합니다. 일주일에 20kg을 빼거나 주말 동안 언어 전체와 라이브러리까지 다 배우는 것을 기대해선 안 됩니다. 목표를 측정하되 점진적으로 해야 합니다.

> "소설을 쓰는 것은 한밤중에 운전을 하는 것과 비슷합니다. 전조등이 비추는 범위까지만 볼 수 있지만 어쨌든 목적지에는 갈 수 있습니다."
>
> - E.L. 닥터로우

어디로 가고 있는지를 볼 필요는 없습니다. 목적지를 보거나 지나온 모든 길을 볼 필요도 없습니다. 단지 눈앞의 두세 걸음만 보면 됩니다.

Achievable(달성할 수 있는)

저는 K2를 오르는 것을 좋아합니다. 달라이 라마와 함께 점심 식사를 한다는 건 멋진 일이죠. 오, 그리고 중동에 항구적인 평화를 이룩한다면 정말 대단한 일일 것입니다.

이런 일들이 가능할 리 없겠죠.

적어도, 제가 할 수 없다는 건 확실합니다. 이것들은 훌륭한 목적과 목표가 되겠지만 현실적이지 않습니다. 아무리 합리적으로 만들어보려고 해도 안 되는 건 안 되는 거죠.

달성할 수 없는 목적이나 목표는 과녁이 될 수 없습니다. 그저 미친, 정신을 갉아먹는 혼란일 뿐입니다. 어떤 목표는 대부분의 사람들이 이룰 수 없는 것입니다. 예를 들면 올림픽 수준과 경쟁한다든지 하는 거죠. 또, 가능하지만 시간과 자원의 한계에 부딪힐 수도 있습니다(마라톤 같은 거죠).

그래서 이런 면에서는 적당한 수준을 선택할 줄 알아야 합니다. 다음 주까지 새로운 언어로 "Hello, World!"를 찍거나, 간단한 애플리케이션을 만들 수는 있겠지만, 완벽한 웹 애플리이션 프레임워크를 만들거나 신경망 최적화기를 포함한 사용자 인터페이스 빌더를 만들 수는 없을 것입니다.

현재 자신의 위치를 고려해서 다음번에 달성할 수 있는 목표를 만드세요.

Relevant(의미 있는, 당면 과제에 적절한)

이게 정말 의미가 있는 일인가요? 정말 여러분에게 중요한 것이고 열망하는 것인가요? 여러분이 제어할 수 있는 것인가요?

그게 아니라면, 당면 과제에 적절한 목표가 아닙니다.

정말로 의미 있는 목표여야 하고 또한 여러분이 제어할 수 있는 것이어야 합니다.

Time-Boxed(시간 제한이 있는)

이게 어쩌면 가장 중요한 것일지 모릅니다. 말하자면, 자신에게 마감일을 주라는 것입니다. 마감일이 없으면 목표가 생기를 잃고 당면 과제의 압박에 밀려나게 됩니다. 결국 안 하게 되죠.

다시 말하지만 조금씩 나아가야 합니다. 자주, 작은 중간 목표를 설정하세요. 중간 목표를 달성하고 나면 더 동기부여도 될 것이고 다음 목표를 만족시키고 싶은 마음도 더 커질 겁니다.

TIP 025 | 목적을 달성하기 위해 SMART 목표를 만들어라

목표를 개인적으로("나"), 긍정적으로("~할 것이다") 구체화하면 도움이 됩니다. 그리고 현재 시제로 하거나 명확한 시간을 넣어서 말하는 것도 좋습니다("나는 뭐뭐를 언제까지 할 거야").

더 넓은 맥락에서의 목표

존 던에게는 사과를 해야겠지만[5] 어떠한 목표도 홀로 존재할 수는 없습니다. 여러분의 목표는 더 넓은 맥락에서 의미가 있는 것이어야 합니다. 다음과 같은 맥락이 있을 수 있겠죠.

- 가족
- 비즈니스
- 재정
- 공동체
- 환경

이것은 달성할 수 있어야 한다는 것, 그리고 의미 있는 목표여야 한다는 이야기를 확장합니다. 일주일에 5kg 살을 빼겠다는 것은 지엽적으로 보면 달성 가능한 목표지만 전체적이고 장기적인 건강 문제로 본다면 그다지 현명한 목표가 아닙니다. 마찬가지로, 프로젝트 내내 밤샘 작업을 한다는 목표는 프로젝트의 목적을 맞춰줄 수 있고 달성할 수도 있겠지만 개발자 공동체와 그들의 가족, 결국은 그 비즈니스 자체에까지 재앙을 가져다 줄 것입니다.[6]

즉, 국지적인 관점에서 목표를 바라보는 것과 함께 자신의 일과 삶이라는 넓은 맥락에서 목표가 어떤 영향을 줄지를 고려해 보는 것도 필요합니다.

다음 할 일 ➜

- ☐ 계속 읽어나가기 전에, 여러분에게 가장 중요한 목적 세 가지를 꼽아보세요. 그리고 각각에 대해 목표들을 수립해 보세요. 각 목표가 SMART 특성을 갖추도록 해보세요.

  자신만의 SMART 목표를 목록으로 만들어보세요...

---

5   명상 제17(Meditation XVII), 1623 A.D.

6   이 이야기를 제안해준 폴 오크에게 감사드립니다.

| **목적, 목표, 그리고 실천 계획** |

"그래서 뭔가 배우기로 결정하셨군요. 자신의 목표를 설정하신 겁니다. 훌륭해요. 이제 그 목적을 달성하기 위해 어떻게 하실 건가요?"

"몇 가지 작은 목표를 실천 계획의 일부로 만들어 보세요. 저는 목적을 달성하기 쉽게 목적을 작게, 때로는 아주 작게 만들어서 실천 계획을 세우는 것을 좋아합니다."

"제가 피아노를 배웠을 때 선생님은 저의 연간 목표를 만들고 주 단위로 목표를 달성할 수 있는 구체적인 가르침을 주셨습니다. 이제, 저 자신의 학습은 제가 책임져야 하니까 저도 똑같이 하는 거죠."

"새로운 프로그래밍 언어를 배우고 싶을 때는 작은 프로그램을 몇 개 만들어보는 것을 목표로 했습니다. 그리고 리뷰를 요청해서 나의 연습과 그 언어를 이미 아는 사람으로부터 배우는 것입니다. 글을 더 잘 쓰고 싶을 때는 작문 워크숍에 참가해서 특정 주제로 매주 글을 써보기로 했습니다."

"저는 목적 달성을 위해 주간 목표를 세우는 것으로 그치지 않습니다. 저는 아주 작은 단위의 작업을 개발할 때 행복감을 느낍니다. 심지어 5분짜리 작업이라고 해도 목적을 달성하는 데 도움이 되는 목표라면 좋습니다. 저의 평균적인 작업 크기는 하루짜리입니다. 하지만 시작하기 어려운 문제라면 5분에서 10분짜리 목표를 세우고 출발합니다."

"자신의 목표를 세우는 것이 첫걸음입니다. 실천 계획의 다음 단계는 매일 뭔가를 이룰 수 있게 해주는 작은 목표를 만드는 것입니다. 작은 목표가 많을수록 자신의 목표에 이르는 길에서 자기가 어디쯤 있는지 파악하기 쉽습니다."

— 요한나 로스먼

03 | 실용주의 투자 계획 만들기

이제 손에 잡히는 목표가 생겼을 것입니다. 그럼 그 목표를 실행하는 것을 도와줄 계획이 필요합니다.

『실용주의 프로그래머』[HT00]로 돌아가서, 그 책에서 우리는 여러분의 기술과 재능을 지식 포트폴리오로 만들어보기를 권했습니다. 즉, 여러분이 배운 기술과 여러분이 마스터한 지식이 포트폴리오를 구성하는 것입니다. 그리고 다른 포트폴리오처럼(재무나 예술) 지속적으로 관리해야 합니다.

몇 년 동안, 데이브 토마스와 저는 실용주의 투자 계획이라는 것을 컨설팅에서 활용했습니다. 여기서는 그것을 간소화한 형태로 여러분에게 보여줄 것입니다. 실용주의 투자 계획은 아주 간단하지만 효과적인 아이디어에 기반을 두고 있습니다. 자신의 지식 포트폴리오를 금융 투자 포트폴리오처럼 다루라는 것입니다.

단지 계획을 세우는 것만으로도 목적을 달성하는 데 아주 가까이 간 것입니다. 우리들 대부분은 너무나도 자주 학습 계획을 소홀히 하게 돼버립니다. 남는 시간이 생기면 새로운 언어를 배우는 데 쓰거나 틈틈이 새로운 라이브러리를 봐야지 하고 생각합니다. 안타깝게도 이렇게 '남는 시간'에 학습 활동을 하겠다는 생각은 실패로 가는 지름길입니다.

곧 알게 되겠지만 '남는' 시간이란 건 없습니다. 시간은 벽장이나 디스크 드라이브 공간처럼 너무나 금방 차버립니다. "~할 시간을 내기"라는

> 시간은 만들 수도, 파괴할 수도 없다
> 단지 할당할 수 있을 뿐이다

표현은 잘못된 표현입니다. 시간은 만들 수도, 없앨 수도 없는 것입니다. 시간은 오로지 할당할 수 있을 뿐입니다. 학습을 의도적으로 해내려면 적당한 시간을 할당해야 합니다. 그리고 그 시간을 현명하게 써야 학습을 더 효율적으로 해낼 수 있습니다.

지식 포트폴리오를 관리하는 방법에는 몇 가지 핵심이 있습니다.

- 구체적인 계획을 세우라

- 다각화하라

- 적극적으로, 수동적이지 않은, 투자를 하라

- 정기적으로 투자하라

이제부터 이 실용주의 투자 계획(Pragmatic Investment Plan, PIP)의 핵심 사항을 하나씩 살펴보겠습니다.

PIP: 구체적인 계획을 세우라

계획을 세우는 것만으로도 큰 걸음을 뗀 것입니다. 계획을 아주 구체적으로 세우는 것이 중요합니다. SMART 목표와 목적의 아이디어를 활용하십시오. 그리고 목표의 수준을 시간에 따라 다르게 설정하세요. 예를 들면,

- 지금(당장 할 수 있는 일)

- 내년의 목표

- 5년 후의 목표

당장 할 수 있는 일은 책을 사거나 제품을 다운로드하는 것 같은 일입니다. 내년의 목표는 능숙함을 나타낼 수 있는 지표(어떤 언어나 도구로 xyz를 할 수 있는가)일 수도 있고 특정 프로젝트를 완성하는 것일 수도 있겠죠. 5년 후의 목표는 컨퍼런스에서 발표를 한다거나 기사를 쓰거나 책을 쓰는 등의 더 넓은 목표가 될 수 있을 것입니다.

이런 시간축은 임의적으로 정하면 됩니다. 지금, 3개월 후, 6개월 후로 설정하는 것이 더 나을 수도 있습니다. 혹은 좀 느리게 변하는 산업군에 있다면 지금, 3년 후, 10년 후로 할 수도 있고요.

그리고 아이젠하워 장군의 충고를 잊지 마세요. 계획하기는 계획 그 자체보다 훨씬 중요합니다. 계획은 변합니다. 곧 그것도 볼 것입니다. 하지만 목표와 조화시키는 것은 그 가치를 헤아릴 수 없을 정도입니다.

PIP: 다각화하라

투자처를 고를 때는 의식적으로 주의를 다각화할 필요가 있습니다. 한 바구니에 계란을 모두 담지 마세요. 언어와 환경, 기술, 산업, 그리고 비기술적인 영역까지(경영, 발표, 인류학, 음악, 예술 등등) 잘 섞어야 합니다.

다각화를 할 때 위험(risk)과 수익(return)의 비율을 고려해야 합니다. 투자하기로 정한 어떤 영역이 위험도가 높을 수도, 낮을 수도 있고, 수익이 높을 수도, 낮을 수도 있습니다. 예를 들어, .NET과 같은 널리 알려진 기술을 습득하는 것은 분명히 위험도가 낮습니다. 엄청난 수의 프로그래머가 그걸 하고 있고, 그래서 지원도 많고 출판된 책, 강좌, 일자리 등이 모두 많습니다. 하지만 반대로 이야기하면 투자에서 수익이 낮을 수 있다는 뜻이기도 합니다. 많은 프로그래머들이 하는 것이니만큼 일자리에 대한 경쟁이 치열합니다. 그래서 그걸 한다고 해도 별로 특별할 게 없는 거죠.

반대로 위험도가 높은 기술도 있습니다. 오늘날 오크(Oak)가 처음 자바(Java)가 될 때 그것은 고위험의 선택이었습니다. 더 널리 쓰이게 될 수도 있었지만 아닐 수도 있었죠. 자바가 결국 폭발적으로 성장하게 되면서 그 위험을 짊어졌던 사람들은 괜찮은 보상을 받았습니다. 위험도 높고 수익도 높은 선택이었죠.

오늘날, 첨단에 있는 기술은 모두 위험도가 높고 큰 보상이 따를 잠재성이 있습니다. 아무것도 안 될 수도 있는데 이게 바로 위험이죠. 얼랭이나 하스켈이 차세대 주류 언어가 될 수도 있고 아닐 수도 있습니다. 루비가 자바의 뒤를 이을 수도 있고, 아닐 수도 있습니다. 아이폰이 주류 플랫폼이 될지도 모르죠.

지식 투자와 재무 투자의 큰 차이점 하나는 지식 투자는 뭐든 가치가 있다는 것입니다. 설령 그 기술을 업무에서 쓰지 않더라도 생각하는 방식, 문제를 푸는 방식에 영향을 줍니다. 그래서 무엇을 배우든 가치가 있습니다. 직접적이고 상업적으로 직무적인 가치를 주지 않더라도 말입니다. 그것은 아마도 R 모드를 계발하는 데 도움을 주거나, 혹은 R 모드에서 L 모드로 흐르는 것을 향상시켜 줄 겁니다.

{ **모든 지식 투자는 가치가 있다** }

그리고 가치에 대해서 이야기하자면, 시간은 가치와 비례하지 않는다는 점을 잊지 마세요. 뭔가를 하는 데 시간을 많이 썼다고 해서 지식 포트폴리오에 그만한 가치를 추가한 것은 아닙니다. 축구 경기를 보거나 비디오 게임을 하면 긴장을 해소하고 즐길 수 있지만 가치를 더하진 못합니다(여러분이 쿼터백이나 게임 개발자가 아니라면요).

PIP: 적극적으로, 수동적이지 않은, 투자를 하라

실용주의 프로그래머의 또 다른 핵심 주제는 피드백입니다. 이 경우, 계획을 늘 냉정하게 평가하고 어떻게 되어가고 있는지 현실적으로 판단해 볼 필요가 있습니다.

재무 세계에서는, 키워드가 적극적인(active) 투자입니다. 자산을 그냥 어디 묵혀두는 게 아닙니다. 의도적으로 멈추고 포트폴리오를 재평가해야 합니다. 기대만큼 성과를 내고 있는가? 시작한 뒤로 시장의 핵심 기술이나 시장 주도자가 바뀌지는 않았는가?

이제까지 고려하지 않았던 새로운 요소를 추가해야 하는 시점이 된 것일 수도 있고, 또 잘 안 되는 몇몇 계획은 파기해야 할지도 모릅니다. 새로운 개발을 위해 목표를 가다듬거나 변경해야 할지도 모릅니다.

PIP: 정기적으로 투자하라(매입 비용 평균화)

마지막으로, 정기적으로 투자해야 합니다. 재무적인 용어로 이것을 매입 비용 평균화 (dollar-cost averaging)라고 부릅니다. 이것은 만약 정기적으로 주식을 산다면 싸게 살 수도 있고 비싸게 살 수도 있지만 장기적으로 봤을 때 그 차이가 줄어들기 때문에 일반적으로 좋은 가격에 살 수 있다는 이야기입니다.

여기서도 같습니다. 정기적으로 최소한의 시간을 투자하도록 자신과 약속하십시오. 필요하다면 의식으로 만드세요. 다락방 의 홈 오피스로 숨거나, 내려가서 무선 인터넷이 되는 커피숍 { 의식 절차를 만들라 }

으로 가세요. 모든 학습이 똑같이 생산적인 결과를 낼 수는 없지만 정기적으로 하도록 계획을 짜세요. 결국 장기적으로는 이기게 될 겁니다. 만약 시간이 날 때까지, 혹은 마음이 내킬 때까지 기다린다면 결코 이루어지지 않을 것입니다.

투자 효과를 극대화하기 위해 정해진 시간에 앉기 전에 무엇을 할지 계획하세요. 달력의 일정을 지워버리고 일상 업무와 가족의 압박에서 벗어나서 텅 빈 화면 앞에 앉아서 그때야 뭘 할지 고민한다면 그것처럼 좌절스러운 것도 없습니다.

시작하기 전에 계획을 세우세요. 그래야 그 시간이 되었을 때 바로 시작할 수 있습니다.

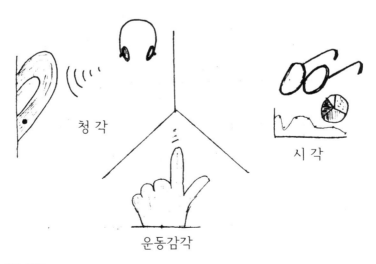

그림 6.2 | 학습 유형

예를 들어, 제가 FXRuby GUI 툴킷을 배우고 싶다고 할 경우, 먼저 책을 사고 필요한 컴포넌트를 다운로드하고 FXRuby로 무엇을 할지에 대해 생각할 겁니다. 앉아서 진지하게 작업을 시작하기 전에 말이죠. 물론 깊이 파고들 만한 충분한 시간을 확보해 놓을 겁니다. 토요일 오후나 화요일 밤으로는 충분치 않겠죠.

> **TIP 026 |** 의도적인 학습을 위한 투자를 계획하라

다음 할 일 ➡

- ☐ 지금 당장 구체적인 목표를 써보세요. 단기 목표와 장기 목표 모두 써보세요.
- ☐ 아직까지 탐험해본 적이 없는 두 가지 영역을 추가해서 여러분의 포트폴리오를 다각화해 보세요.
- ☐ 투자에 헌신할 수 있는 주를 위해 시간을 확보하세요.
- ☐ 포트폴리오를 정기적으로 재평가해야 한다는 것을 상기시켜줄 수 있는 장치를 만드세요. 달라진 것이 무엇인가요? 뭐가 잘 안되었나요? 지금 무엇을 하면 좋을까요?

04 | 자신에게 적합한 학습 모드를 사용하라

이제 여러분은 바로 시작할 수 있는 계획을 세웠으니 의도적인 학습을 어떻게 실현해나갈 것인지에 대해 이야기해 봅시다. 사람마다 차이가 있기 때문에 여러분에게 더 효과적인 방법도 있고 아닌 것도 있을 것입니다. 새로운 정보를 뽑아내기 위해 더 효율적인 방법이 무엇일지 스스로 고민해 볼 필요가 있습니다.

역사적으로 많은 교육자들은 학습자의 유형을 세 가지로 분류했습니다. 시각적, 청각적, 운동감각적 유형입니다.

- 시각적 유형의 학습자는 자료나 강사를 봐야 합니다. 그림이나 그래프는 시각적 학습자에게 아주 좋습니다. 그리고 몸짓(body language)과 표정에 민감합니다.
- 청각적 유형의 학습자는 자료를 들어야 합니다. 강의나 세미나, 팟캐스트 등이 되겠죠. 목소리의 성조, 속도, 뉘앙스 등에 따라 차이가 생깁니다.
- 운동감각적 학습자는 움직이거나 만지면서 배웁니다. 자료에 대해 물리적인 경험을 할 필요가 있습니다. 이것은 특히 스포츠나 예술, 장인들에게 적합합니다. 배우려면 정말 실제로 해 볼 필요가 있는 것이죠.

이 세 가지 양식은 아주 일반적입니다. 보다시피 각기 다른 활동에는 그에 맞는 모드가 따로 있습니다. 하지만 여러분이 어떻게 할 때 가장 잘 배우는지를 생각해보는 것이 좋은 출발점이 될 것입니다.

세미나나 팟캐스트보다 읽는 것을 더 좋아하시나요? 강연자가 안 보여서 팟캐스트가 싫지는 않은가요? 교육용 비디오를 보더라도 강사의 얼굴은 안 보는 것은 아닌지요?

그림 6.3을 보세요. 각 단어 목록은 주요 학습 모드 중 하나와 연관되어 있습니다.[7] 학습 문제를 어떻게 설명할 수 있을까요? "어둠 속에 있는 것 같은" 느낌이 드나요? 혹은 "흐린 것처럼 보여"라고 말하곤 하나요? 그렇다면 여러분은 시각적 접근 방식이 주도적입니다. 만약 "각도를 잡아야" 하는데 어떻게 "해내게 될지" 모른다면 운동감각적 접근 방법이 맞을 겁니다. 다른 사람들이 이런 단어들을 어떻게 사용하는지 들어보세요. 그 사람들에게 맞는 학습 방식에 대한 좋은 암시가 될 겁니다.

시각적	청각적	운동감각적
감탄하다	발표하다	각
나타나다	대답하다	두드리다
매력적인	논쟁하다	굽히다
흐릿한	묻다	튀다
밝은	조율하다	깨뜨리다
깨끗한	부르다	솔
구름 낀	재잘거리다	어깨가 무거운
다채로운	환호	실행하다
숨다	불평하다	꼴사나운
어두운	점점 세게	안락한
새벽	울다	구체적인
사라지다	귀머거리	쭈그린
보여주다	논의하다	부스러뜨리다
마음에 그리다	반향	신나는
전시하다	설명하다	느끼다
노출하다	표현	굳은
~한 눈	으르렁거리다	딱 맞는
~한 얼굴	투덜거리다	펄썩 쓰러지다

7   http://www.neurosemantics.com의 이 표를 다시 쓸 수 있게 허락해주신 바비 G. 보던해머에게 감사드립니다.

번쩍임	화음을 맞추다	힘
초점	난폭한	움커쥐다
안개가 자욱한	듣다	잡다
내다보다	콧노래를 부르다	붙잡다
형성하다	질문하다	찧다
응시하다	모욕	딱딱하다
힐끗 봄	강의	들다
섬광	주의깊게 듣다	껴안다
어스레한 빛	큰 목소리로	상처입다
빛나다	선율적인	인상
그림 같은	언급하다	초조해하다
흐린	중얼거리다	걸쭉한
조명하다	시끄러운	운동
상상하다	까놓고	꼬집다
분명치 않은	고음	호화로운
관찰하다	질문	압박
보다	조용한	당기다
자세히 들여다보다	낭송하다	문지르다
원근법	응답하다	달리다
사진	요청하다	기어오르다
미리보기	공명	긁어내다
반영하다	노래하다	흔들리는
지켜보다	소리지르다	건너뛰다
미끄러지다	새된 소리를 지르다	매끄러운
훑어보다	날카로운	부드러운
보다	한숨	딱딱한
빛나는	침묵	박다
보여주다	조용한	속이 찬
조망	음	고통받다
관광하다	말을 더듬다	쓸어버리다
불꽃	이야기하다	두꺼운
훔쳐보다	말하다	만지다
주시	번역하다	내리밟다
섬광 사진	안 듣는	떨리다
표면	언명하다	꼬다
반짝반짝	목소리의	불변의
사라지다	고함치다	무감각한

감추다	따뜻한
구경	씻다
시각화	무게가 나가다
생생한	일하다

그림 6.3 학습 모드별 대표적인 어휘

다중 지능

이처럼 다양한 학습 모드가 있다는 것은 사람마다 최고의 학습 모드가 다르다는 뜻입니다. 사람은 모두 조금씩 다릅니다. 시각적 학습자가 청각적 학습자보다 똑똑한 것도 아니고, 그 반대도 아닙니다.

사실 지능을 구성하는 개념이 무엇인지는 오랫동안 뜨거운 논쟁거리였습니다. 어떤 연구자들은 지능은 단일한, 측정 가능한 것이라고 생각했죠. 또 다른 연구자들은 이런 생각을 격렬하게 거부했고 지능을 측정하는 단일한 척도는 문화에 따라 달라질 수 있기 때문에 기존의 검사는 지능을 제대로 검사할 수 없다고 주장합니다. 다시 한 번, 맥락이 중요하다는 말을 해야 할 것 같습니다. 이 논쟁과는 별개로, 인지적인 맥락에 기반을 둔 두 가지 이론이 부상하고 있습니다. 로버트 스턴버그의 삼위일체(triarchic) 이론과 하워드 가드너의 이론인 다중 지능(multiple intelligence)입니다.

스턴버그는 정신을 세 가지 부분으로 나누어서 보았습니다. 사고 과정 전체를 조율하는 메타 수준의 컴포넌트, 그리고 작업을 하고 연관을 짓는 등의 일을 하는 생산성 기반 컴포넌트, 마지막으로 새로운 정보를 추출해내는 일을 담당하는 지식 기반 컴포넌트입니다. 각 부분은 각자의 영역이 있고 서로 독립적입니다. 하나를 다른 하나로 설명할 수 없습니다. 스턴버그는 표준 IQ 검사가 지능의 총 합계를 제대로 측정하는 것은 아니라고 주장합니다. 그는 검사에서 높은 점수를 받았지만 실제 문제를 해결하는 데는 뛰어나지 않은 사람, 또 반대로 훌륭한 문제 해결 능력이 있지만 검사 점수는 형편없는 사람을 예로 들었습니다.

가드너는 지능이 여러 가지 면으로 구성되어 있기 때문에 단일한 측정 지표로는 충분치 않다고 합니다. 지능은 여러 가지 능력과 기술의 조합이기 때문에 지능을 서로 다른 재능과 연관지어 7가지로 정의했습니다.[8]

---

8 『정신의 틀: 다중 지능 이론』[Gar93]

운동감각

스포츠, 춤, 스스로 하는 프로젝트, 목공일, 장인, 요리

언어

언어적 논쟁, 스토리텔링, 읽기와 쓰기

논리/수학

수학, 숫자, 과학, 분류(taxonomies), 기하학

시각/공간

도표 활용, 스케치, 그림 그리기, 이미지 조작

음악

음악 연주, 음정, 박자, 패턴 인식, 표어나 시 기억하기

대인관계

감정 이입; 감정을 느끼는 것, 의도, 다른 사람의 동기 부여

개인 내적

자기 반성; 내부의 느낌, 꿈, 그리고 다른 사람과의 관계를 이해하는 것

시간이 지나면서 다른 연구자들도 계속 부가적인 지능을 제안했습니다. 하지만 이 기본 집합만으로도 몇몇 재미 있는 능력에 대해 감사할 수 있을 것입니다. 예를 들어, 음악적 지능에는 명백한 음악적 재능뿐 아니라 노래를 인식한다거나 음율, 표어, 시 등과 같은 것을 잘 기억하는 것도 포함됩니다.

모든 사람에게는 이런 각기 다른 지능이 다양한 수준으로 조합되어 있습니다. 이런 능력 중 일부는 L 모드에, 일부는 R 모드에 의해 발현됩니다.

하지만 가드너의 분류를 변명거리로 쓰지 마십시오. "저는 대인관계 지능이 떨어집니다"라고 말하거나 다들 말하는 "전 수학을 잘 못해요"라고 말하는 것이 그것들을 잘 못하는 것에 대한 변명은 될 수 없습니다. 그저 이런 것들을 타고난 사람들보다는 더 많은 노력을 기울여야 한다는 뜻일 뿐입니다.

{ 여러분은 어떻게 배우는 것이
가장 좋은 방법입니까? }

가드너의 분류와 같은 것들은 지능의 다른 측면을 보여준다는 점에서 유용합니다. 이전까지 생각도 못했던 능력을 인식할 수도 있죠. 잊지 말아야 할 중요한 사실은 이런 차이가 어떤 학습 방법이 여러분에게 더 도움이 되고 어떤 방법은 도움이 잘 안 된다는 것을 알려준다는 점입니다. 그리고 이 차이는 고정된 것이 아닙니다. 예를 들어 이 책에 나온 테크닉을 연습하다 보면 다양한 학습법의 효과를 변화시킬 수 있을 것입니다.

성격 유형

구글을 찾아보면 여러분이 어떤 유형의 학습자인지 알 수 있는 다양한 온라인 검사와 퀴즈를 찾아낼 수 있을 것입니다(적어도 어떤 경향인지는 알 수 있죠). 여러분이 적극적 학습자(active learner)인지 반추적 학습자(reflective learner)인지 시각적인지 언어적인지 등등입니다. 사실, 학습 형태를 판정하는 몇몇 방법은 성격과 관련이 큽니다. 칼 융 덕분에 유명해지고 마이어스 브릭스 유형 검사(MBTI)를 통해서 정립된 성격 분석을 활용하게 되죠(5.3절, 자신의 성격 경향을 파악하라 참조).

성격은 학습 스타일에도 영향을 미칩니다. 내성적인 사람은 아마도 컨퍼런스에서 즉흥 발표를 편하게 느끼지 않을 것입니다. 외향적인 사람은 새로운 기술을 배울 때 사람들과 어울려서 이야기하고 싶어할 것이고요.

기본 상태를 넘어서서

{ 성격 유형은 운명이 아닙니다 }

지능과 성격을 이렇게 분류하는 것은 그저 경향일 뿐이라는 점에 유의하세요. 고정된 규칙이나 쉽게 판단 내리기 위한 것이 아닙니다. 굳이 말하자면, MBTI 분류는 자신에 대한 기본적인 행동 양식을 나타내는 것입니다. 언제든지 다른 행동을 할 수 있죠. 이것은 아무도 보고 있지 않을 때(특히, 자신도 보고 있지 않을 때)의 기본 행동입니다.

TIP 027 | 자신에게 맞는 최고의 학습 방법을 찾아라

다양한 학습 방법을 실험하세요. 새로운 주제를 배울 때 다양한 접근법을 시도해 보세요. 팟캐스트나 세미나를 들어본 적이 별로 없다면, 한번 해보세요. 물론 읽기나 실제로 해보는 것도 그대로 하면서 말입니다.

다음 할 일 ➜

❑ 자신에게 가장 높은 지능이 어떤 것인지 생각해 보세요. 그중에 어떤 것을 업무에서 많이 쓰나요? 자신에게 가장 높은 지능이 업무와도 어울리나요?

❑ 취미에서는 어떤 지능을 활용하나요? 그동안 사용하지 않았지만 높은 지능이 있나요? 그런 것을 어떻게 활용할 수 있을까요?

❑ 불균형이 있다면 어떻게 맞출 수 있을까요? 만약 시각적인 학습자라면 업무에서 시각적으로 도움이 될 만한 것들을 만들 수 있을까요? 운동감각형이라면 어떤 소도구들이 도움이 될까요?

05 | 함께 일하고, 함께 배우라

연구에 따르면 동료들의 스터디 그룹은 정말 '현실적인 것'입니다. 주제는 참여자들이 선택하고, 또 그렇기 때문에 일상의 업무에 직접 연관이 됩니다. 일정도 자신의 일정에 맞게 유연하고 편리하게 조정할 수 있고요. 비싼 여행을 하거나 비싼 교재를 사야 하는 것도 아닙니다.[9] 스터디 그룹은 이질적이고 독소가 가득한 양 세척 경험의 훌륭한 대안입니다.

실용주의 프로그래머가 출판된 이후, 그 책을 사내의 독서, 스터디 그룹에서 쓴다는 이야기를 많이 들었습니다. 시작하기에는 훌륭한 책입니다. 어떤 특정 기술이나 언어, 방법론에 연관된 것이 아니니까요. 이렇게 일반적인 책으로 시작할 수도 있고 자신의 팀이나 프로젝트에 들어맞는 아주 특수한 주제를 고를 수도 있습니다.

{ 독서 그룹은 무해하다 }

스터디 그룹을 시작할 때는 여러 가지 선택사항이 있습니다. 형식을 갖출 수도 있고 자유로운 형식으로 할 수도 있습니다. 그냥 편하게 한다면 모두가 책 한 권 쭉 읽자고 할 수도 있습

니다. 돌아가면서 각 장을 위키에 정리하거나 메일링 리스트에 돌리거나 함께 점심을 먹으면서 토론을 할 수도 있겠죠.

좀 형식을 갖춘다면 의도적인 단계들을 밟을 수 있습니다.[10]

제안 요청하기

모두의 관심사가 무엇인지를 봅니다. 제안들을 모아놓고, 각각에 대한 전문가도 있어야 합니다. 넓은 다양성을 가진 주제를 요청하세요. 기술적인 것도 좋고 좀 더 감성적인 것, 이미 쓰고 있는 기술이나 쓰고 싶은 기술 등에 대한 것도 좋습니다.

선택하기 – 리더의 역할

특정 주제에 대해서 스터디 그룹을 이끌 수 있는 누군가가 필요합니다. 그 주제의 전문가일 필요는 없지만 그 주제와 그것을 배우는 데 있어서는 열정적이어야 합니다.

책 구매

회사는 참가자들을 위해 책을 구매합니다. 대부분의 출판사는 대량 구매 시 할인 혜택을 주니 확인해 볼 필요가 있습니다.

점심 모임 계획

할 수 있으면 회사에서 점심을 제공하거나 도시락을 이용해 보세요. 책은 각자의 시간에 읽지만 점심 모임 시간은 넉넉하게 90분 정도 잡는 것이 좋습니다.

모임에서는 처음 30분 정도는 먹으면서 담소를 나누고 친목을 다지는 데 활용하세요. 그러고 나서 모임을 시작하는 겁니다. 모두 다 읽은 장이나 절을 한 사람이 발제를 합니다. 그리고 그것에 대해 이야기합니다. 질문도 하고 의견도 교환하고 말이죠. 장 마지막에 있는 문제를 보거나 학습 안내, 혹은 제가 써 둔 다음 할 일 등을 보면서 영감을 받는 것도 좋습니다.

> **TIP 028** | 서로 배우고 가르치기 위한 스터디 그룹을 만들라

---

10 이 주제에 관해 더 많은 것을 알고 싶다면 『지식 소화전: 스터디 그룹을 위한 패턴 언어』[Ker99]를 보세요.

| 성인 학습의 핵심 | 성인 학습자는 아이들이나 대학생들과는 다른 부류입니다. 말콤 노울스는 『성인 학습자: 방치된 종』[Kno90]에서 성인 학습자와 그들의 학습 환경에는 다음과 같은 특징이 있다고 했습니다.

- 성인 학습자는 학습이 자신의 흥미와 필요를 만족시켜줄 때 배우려는 동기가 생긴다.

- 학습 단위는 실제 상황이어야 하며, 실제와 유리된 주제로는 부족하다.

- 학습자의 경험에 대한 분석이 핵심이다.

- 성인은 스스로 방향을 잡는다. 가르치는 사람은 서로 질문할 수 있도록 도와야 한다.

- 가르치는 사람은 가르치는 방법, 시간, 장소, 진도 등에서 다양성을 허용해야 한다.

이 이야기들은 모두 동료들로 구성된 스터디/독서 그룹에서도 유효합니다. 그 자체의 특성상 독서그룹은 성인 학습자의 필요와 목표에 맞춰서 구성되게 마련입니다.

각 그룹이 8명에서 10명을 넘어서지 않도록 하세요. 팀이 그보다 커지면 토론할 때 그룹을 더 작게 나누는 것이 좋습니다.

엄청난 교육 효과를 생각하면 팀을 짜게 하는 것은 아주 훌륭한 방법입니다. 함께 공부하면 함께 배우고 서로를 가르치고 더 효과적으로 배울 수 있습니다.

06 | 고급 학습 기법을 활용하라

이제 의도적인 학습을 하기 위한 뼈대를 잘 갖추었으니 본격적으로 학습에 대해 살펴볼 차례입니다. 이번 장의 나머지 부분에서는 더 빨리, 그리고 더 잘 배울 수 있는 몇 가지 기법들을 소개할 것입니다. 다음의 목록을 하나씩 살펴보겠습니다.

- 의도적으로 독서를 하고 학습 교재를 요약하는 더 나은 방법들

- 마인드맵을 사용해서 패턴과 관계를 찾고 탐험하기

- 가르치며 배우기

이것들은 그 자체로도 아주 유용하고 함께 실행하면 여러분을 효율적인 학습 기계로 만들어 줄 겁니다. 하지만 사람은 모두 다르기 때문에 사람마다 최고의 학습 방법은 다릅니다. 그래

서 여러분은 이 기법 중 어떤 것이 여러분에게 더 적합한지 찾아야 할 겁니다. 모든 사람에게 한 가지 치수의 옷을 입힐 수는 없다는 것을 잊지 마세요.

07 | SQ3R로 의도적으로 읽기

글로 쓴 안내문이 보통 최악의 효율을 낸다는 것은 불행한 사실입니다. 우리가 훈련하거나 교육하려는 뇌의 부분이나 신체 부위는 보통

{ 글로 쓴 안내문은 가장 비효율적이다 }

언어 처리를 할 수 없는 부분입니다. 뇌에 대해서 이야기할 때 뇌에서 언어를 처리하는 부분이 상대적으로 작았다는 점을 상기해 보세요. 뇌의 나머지 부분 전부와 신체는 언어를 모릅니다.

그래서 우리는 관찰을 통해서 가장 잘 배우는 것 같습니다. 우리는 타고난 모방자이고 가장 효과적인 최고의 학습 방법은 누군가를 관찰하고 따라 하는 것입니다. 나중에 이 현상을 다시 살펴보겠지만 그 전에, 문제가 하나 있습니다.

지금 당장 여러분은 이 책을 읽고 있습니다. 여러분은 살아오면서 세미나나 강의에 참석하는 것보다는 훨씬 많은 책을 읽었을 겁니다. 하지만 독서는 다른 경험적인 학습 수단과 비교할 때 학습하는 데 가장 비효율적인 수단입니다.

더 효율적으로 독서를 하는 한 가지 방법은 그냥 책을 집어서 읽어나가는 것보다 좀 더 의도적인 접근법을 취하는 것입니다. 실제로 활용되고 있는 유명한 기법들이 많습니다. 그중 하나를 살펴볼 텐데, 이것은 비슷한 기법 중에 하나일 뿐이라는 점을 염두에 두세요.

책이나 기타 인쇄물을 학습하는 이 기법을 SQ3R이라고 부릅니다. 이것은 앞으로 밟아나가야 할 과정을 약자로 줄인 것입니다.[11]

- **훑어보기(Survey):** 목차와 장 요약을 훑어보면서 전체적인 개요를 파악합니다.
- **질문(Question):** 생각나는 질문들을 적어놓습니다.
- **읽기(Read):** 전체를 다 읽습니다.

11 『효과적인 학습』[Rob70] 참조

- **낭송(Recite):** 요약하고, 메모하고, 스스로 표현해 봅니다.

- **복습(Review):** 다시 읽고, 메모를 확장하고, 동료와 토론합니다.

이 기법의 핵심은 이것이 의도적이라는 것입니다. 아무렇게나 책을 집어서 읽고는 기억하면 좋고 안 나면 어쩔 수 없고 하는 식이 아니라 훨씬 더 사려 깊고 의식적이고 깨어 있는 접근법입니다.

과정

먼저, 질문을 품으면서 훑어보기(survey)를 합니다. 목차를 살펴보고 장 소개와 요약, 기타 저자가 준비한 길잡이 등을 봅니다. 목적은 책의 세부 내용을 파고들지 않고 책의 개요를 잘 살펴보는 것입니다.

다음으로 답을 알고 싶은 질문(question)들을 씁니다. 이 기술로 어떻게 문제를 해결할 수 있나? 이거 하나만 배우면 되는 건가? 아니면 다른 연관된 것도 배워야 하나? 장과 절의 제목을 질문처럼 읊조려 봅니다. 이것들이 이 책에서 답을 구할 수 있는 질문들입니다.

이제 책 전체를 읽습니다(read). 할 수 있다면 책을 들고 다니면서 자투리 시간을 활용해서 읽으세요. 모임이나 약속 시간을 기다린다거나, 기차나 비행기에서, 혹은 언제든 남는 시간을 활용하세요. 어려운 부분에서는 천천히 읽고 내용이 잘 이해가 안 된다면 필요한 만큼 절을 반복해서 읽으세요.

그다음에는 낭송(recite)을 합니다. 책에서 가장 중요한 내용을 자신만의 언어로 되새기고 표현해봅니다. 핵심이 무엇이었던가? 이런 생각에 대해 초기 노트를 써보세요. 목록 등을 기억하기 위해 약자를 발명해보는 것도 좋습니다. 이런 정보들을 갖고 실제로 노는 겁니다. R 모드를 쓰고, 공감각적으로[12] 재구성해 보면서 말입니다. 이 주제가 영화라면 어떨까? 만화라면?

마지막으로, 교재를 복습(review)합니다. 필요한 만큼 다시 읽고 메모한 것을 확장해서 흥미로운 부분을 재발견할 수 있는지 봅니다(이 멋진 방법은 6.8절에서 자세히 볼 겁니다).

---

12 여러 가지 감각이 교차하는 것. 숫자별로 색깔이 있는 것처럼 상상한다든지, 단어가 어떤 냄새가 나는 것처럼 느낀다든지 하는 것

예제

예를 들어, D나 얼랭, 루비 등의 새로운 언어에 관한 책을 읽고 있다고 가정해 봅시다. 목차를 통해 책을 넘겨보면서 이 책이 뭘 말하는지를 봅니다. 아, 문법에 대해서 소개하고, 간단한 장난감 프로젝트를 하는구나, 내가 아직 별 관심 없는 고급 기능까지 있네. 흠. 이건 단일 상속인지 다중 상속인지, 아니면 합성인가? 이 언어에서 순회는 어떻게 하는 거지? 패키지나 모듈은 어떻게 만들고 관리하면 되나? 실행 성능은 좋은가? 그러고 나면 책을 읽습니다. 한 번에 많이 읽기도 하고 필요한 만큼 조금씩 보기도 합니다.

다음은 낭송/재구축 단계입니다. 스스로 이런 착각을 하기 쉽습니다. "아 그래, 이제 이건 다 외웠어." 하지만 그건 그렇게 쉬운 일이 아닙니다(다음 페이지의 사이드바를 보세요).

책에 있는 정보를 활용하려고 해보세요. 그 언어로 프로그램을 짜되, 밑바닥부터 해보세요(책에 있는 연습 문제를 풀거나 책에 있는 예제 프로그램을 하는 것과는 다릅니다). 생각처럼 잘 되나요? 아마도 책에서 절 하나 둘 정도는 다시 복습해야 할 겁니다. 흔한 문제 한 가지에 대해 조언을 하자면, 저는 제가 나중에 다시 찾아봐야 한다는 사실을 알고 있기 때문에 핵심이 되는 표에 쪽지를 붙여두거나 화이트보드에 끼적거려 놓습니다. 그러면 나중에 뭐가 어디에 있는지 찾을 때 도움이 되죠. 그러고 나서 친구와 함께 이야기해보거나 메일링 리스트 토론에 참여합니다.

TIP 029 | 의도적으로 읽으라

이런 일련의 흐름이 익숙해 보이나요? 이건 거의 R 모드에서 L 모드로 전이하는 것과 마찬가지입니다. 암벽 등반을 경험하는 것처럼 처음에는 전체적이고 얕지만 넓게 시작하다가 점점 전통적인 L 모드의 활동으로 좁혀갑니다. 그리고 다양한 감각에 노출시키면서 다시 넓혀갑니다(토론, 쪽지, 그림, 메타포 등).

여러분이 지금껏 해왔던 '평범한' 메모는 뇌의 자극이라는 관점에서 보면 다소 지루합니다. 하지만 다행히도 이 문제를 해결하고 보통의 지루한 메모하기와 탐색적인 사고를 완전히 새로운 차원으로 올려줄 수 있는 훌륭한 기법이 있습니다.

단지 메모하는 것으로는 부족합니다. 마인드맵(mind map)이 필요합니다.

| 테스트 주도 학습 | 같은 소재를 읽고 또 읽거나 같은 메모를 계속 공부하는 것은 그 소재를 기억하는 데 별 도움이 안 됩니다. 공부하는 대신에 테스트를 시도해 보세요.

자신이 학습한 것을 기억하는지 반복적으로 테스트해 보는 것은 훨씬 큰 도움이 됩니다.[13] 의도적이고 반복적으로 기억하려는 시도를 하다 보면 더욱 단단하게 학습하고 뇌의 연결을 강화할 수 있습니다. 반복적인 입력은 그 자체로는 별 도움이 안 됩니다. 여러분이 공부하고 있는 언어로 프로그램을 짜보세요. 그러려면 핵심 정보를 기억해내야 할 겁니다. 신기술의 핵심을 동료에게 설명하려고 해보세요. 계속 정보를 떠올려보세요. 이것이 자신의 지식을 테스트하는 것입니다. 이것을 테스트 주도 학습이라고 봐도 좋습니다. 그리고 자신을 테스트할 때는 간격 효과의 장점을 활용할 수 있습니다.

벼락치기(Cramming), 즉 짧은 시간에 많은 양을 공부하는 것은 그리 효과적이지 않습니다. 사람들은 시간이 흐름에 따라 지수적인 곡선을 그리면서 기억을 망각하게 됩니다. 그래서 자신을 테스트할 때는 시간 간격을 두면 더 효과적으로 학습할 수 있습니다. 예를 들어, 2-2-2-6 일정으로 자신을 다시 테스트하는 계획을 짤 수 있습니다. 2시간 후에 테스트, 그리고 2일 후, 2주 후, 6개월 후에 테스트하는 것입니다.

하지만 이것이 시간을 활용하는 데 최고는 아닙니다. 특히 학습 분량이 많다면 더 그렇죠. 더 쉽게 기억할 수 있는 사실이나 아이디어도 있고 더 어려운 것도 있습니다. 기억하려는 개별 항목에 대한 각각의 기억 망각 곡선을 기록하는 것은 수동으로 하기에는 아주 어려운 일입니다. 하지만 우리에겐 컴퓨터라는 멋진 놈이 있으니 그걸 쓰면 됩니다.

피오트르 워즈니악은 간격 효과를 활용하는 알고리즘을 개발했습니다. 수퍼메모(SuperMemo)라는 상용 제품에서 구현했죠(오픈소스 구현은 http://www.mnemosyne-proj.org에서 찾을 수 있습니다). 이것은 플래시카드(flashcard)를 개량한 것으로 자신의 생산성을 기록하고 개별 항목에 대한 망각 곡선에 따라 재시험 일정을 잡아줍니다.

이 방법은 뇌의 캐시(cache)와 저장(archive) 알고리즘을 활용하는 훌륭한 방법입니다.

08 | 마인드맵으로 통찰을 시각화하라

마인드맵은 주제와 그 주제가 어떻게 연결되어 있는지를 보여주는 도해의 일종입니다. 마인드맵을 만드는 것은 창조성과 생산성을 향상시키는, 널리 활용되는 기법입니다. 영국의 작가인 토니 부잔이 발명한 것으로 『마인드맵: 뇌의 잠자고 있는 잠재력을 극대화하기 위해 발산

---

13 『The Critical Importance of Retrieval for Learning』[KR08], 이걸 찾아준 김창준 씨에게 감사드립니다.

적인 사고를 어떻게 활용할 것인가?』 [BB96]에도 나오고 최소한 3세기 경 이후에도 비슷한 형식의 도해가 나옵니다.[14]

최근의 마인드맵은 2차원의 조직적이고 전체적인 개요입니다. 마인드맵을 만드는 규칙은 느슨합니다만 대략적으로 다음과 같이 진행합니다.

1. 선이 없는 큼직한 종이로 시작합니다.

2. 페이지 가운데에 주제의 제목을 씁니다. 그리고 동그라미를 그려서 둘러쌉니다.

3. 이 원에서 선을 뻗으면서 주요 주제의 부제목을 적습니다.

4. 위와 같은 방법으로 계층적인 노드(node)를 추가합니다.

5. 개별적인 사실이나 아이디어들도 마찬가지로 적절한 제목에서 선을 뻗어서 그리고 이름을 붙입니다.

각 노드는 연결되어야 하며(혼자 떠다니면 안 됨), 그림은 단일 뿌리에서 나온 구조적인 형태여야 하지만 보통은 제약이 거의 없습니다. 색깔이나 기호를 가지고 놀면 좀 더 재미 있을 수 있고 뭔가 자신만의 의미를 가진 것을 넣고 싶을 수도 있습니다. 이건 단순히 말로 설명하는 것으로는 부족한 듯하네요.

예를 들어 다음 페이지의 그림 6.4를 보세요. 이 그림은 제가 드라이퍼스 모델을 공부하면서 만든 첫 번째 마인드맵입니다. 이 책에 맞게 크기를 줄여둔 것이니까 각 글자를 읽으려고 애쓸 필요는 없습니다. 그냥 구조와 흐름에 대한 감을 익히면 됩니다.

전통적인 개요는 미묘하고 성가신 한계가 있습니다. 하나 예로 들면, 정규적인 선형적인 개요는 창조적인 충동을 가로막는 경향이 있습니다. 개요 자체는 그 특성상 계층적일 수밖에 없고 계층 구조는 구조를 강화하는 경향이 있습니다. 그래서 뛰어난 아이디어가 그 구조에 맞지 않아서 버려질 수도 있습니다.

마인드맵을 그릴 때는 시계 방향으로 요소를 채워 넣는다든지 하는 것은 피해야 합니다. 이건 그냥 원형 개요가 될 뿐입니다.[15]

---

14 위키피디아에 따르면 아마도 그리스의 철학자인 타이로스의 포르피리가 시작한 것으로 보입니다. 물론 동굴 벽화는 더 예전에도 있습니다. 마인드맵에 들소가 나와도 좋다면 말입니다.

15 이 점을 상기시켜 준 버트 베이츠에게 감사드립니다.

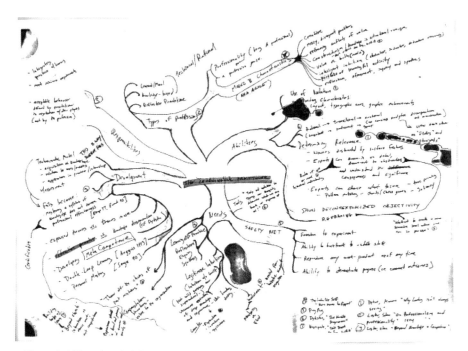

그림 6.4 | 처음 그린 드라이퍼스 마인드맵 - 지저분하지만 조직적이다

이 주제에 대해 강의를 할 때 저는 보통 여기서 멈추고 청중들에게 마인드맵에 대해 들어보거나 써본 적이 있냐고 물어봅니다. 그러면 아주 예상대로의 답변이 나옵니다.

미국에서는 100명 중 서너 명이 들어본 적이 있다고 합니다. 하지만 유럽에서는 반대의 응답이 나옵니다. 거의 청중 대부분이 마인드맵을 써봤다고 합니다. 미국에서 개요나 주제문을 만드는 것을 배우는 것처럼 유럽에서는 초등 교육에서 배운다고 합니다.

마인드맵은 아주 초보적이고 기초적인 기법처럼 보이지만 몇 가지 미묘한 속성이 있습니다. 이것은 사람의 눈이 종이를 훑어보고 읽어 내려가는 방법을 활용합니다. 공간적인 단서는 정보를 선형적인 단어나 개요가 전달할 수 없는 방식으로 전달합니다. 색깔이나 기호는 표현을 더욱 풍부하게 만들고요. 정보나 생각, 혹은 통찰을 하나씩 마인드맵에 추가할 때마다 이 질문에 대한 답을 해야 합니다. 이게 어디에 속하지? 그러면 아이디어 자체뿐 아니라 아이디어 간의 관계까지 평가해야 하기 때문에 좀 더 의미 심장한 활동이 됩니다.

{ **공간적인 단서와 상관 관계를 강조하라** }

그림을 채워나갈 때에도 정보를 더 적어 넣을 공간은 항상 있습니다. 더 작은 글씨로(글꼴 선택 상자를 열 필요 없이) 쓸 수도 있고 페이지 가장자리에 우겨 넣고 선을 연결할 수도 있습니다. 멀리 떨어진 것을 연결해야 한다는 것을 뒤늦게 깨달았을 때는 커다랗게 가로지르는 화살표를 그릴 수도 있습니다.

그리고 이 마인드맵에서 학습하고 나면 새 종이에 다시 그려봅니다. 아마도 위치 문제 몇 가지를 수정할 수 있을 것이고 그 사이 배운 것을 활용할 수도 있습니다. 다시 그리고 기억에서 정보를 다시 끄집어내면서 연결은 강화되고 그 과정에서 새로운 통찰을 얻을 수 있습니다.

다른 종류의 종이로도 해보세요. 도화지는 사무용 문구보다 좀 더 꺼끌꺼끌합니다. 다른 촉각적 경험을 주는 것이죠. 마커나 색연필, 싸인펜은 모두 다른 느낌을 줍니다. 색깔은 특히 어떤 영감을 주는 효과가 있는 것 같습니다.

마인드맵 활용

구체적이지 않고 목적도 없이 정보를 가지고 '노는 것'은 통찰을 얻고 숨은 관계를 보는 좋은 방법입니다. 이런 종류의 정신적인 유희는 R 모드가 효과적입니다. 하지만 너무 열심히 하려고 애쓰지 않는 것이 중요합니다. '목적 없이' 한다는 것이 중요합니다. 의식적으로 하려고 하기보다 그저 흘러가는 대로 내버려 두고 답이 저절로 떠오르게 하면 됩니다. 그냥 가지고 노는 것이죠.

{ **목적 없이 '놀기'를 활용하라** }   여러분은 곧 시각적인 진전이 무의미한 것이 아님을 알게 될 겁니다. 점차적으로 의미를 더해갑니다. 단순히 장식하는 것이 아니라 새로운 생각과 의미를 끄집어내는 데 도움을 줍니다. 여러분은 그저 기초적인 질문, "이 관계나 이 항목에 어떤 정보를 추가할 수 있을까?"를 쓰지만 그 사이 그림을 그리는 쪽, 곧 R 모드는 진전을 이뤄내고 있습니다.

괜찮은 회사들이 마인드맵 소프트웨어[16]를 만들고 있지만 소프트웨어 툴은 협업이나 문서화에는 좋되, 브레인스토밍(brainstorming)이나 연구, 혹은 탐험적인 사고에는 좋지 않다고 봅니다. 이런 활동이 필요할 때는 손으로 마인드맵을 그리는 것이 좋습니다.

---

16 저는 맥/윈도우에서 NovaMind를 사용합니다. http://www.novamind.com

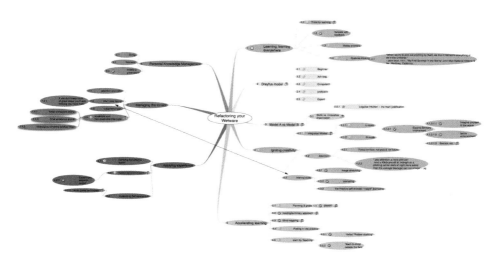

그림 6.5 | 마인드맵 소프트웨어 – 깔끔하고 링크도 연결되어 있지만, 과연 유용할까요?

왜 손으로 그리는 것이 중요할까요? 그림 6.5를 보세요. 이건 맥(Mac)에서 만든 예쁘고 화려한 마인드맵입니다. 이 책의 초기 형태죠. 각 노드는 웹사이트, PDF

> { **글쓰기는 읽기만큼 중요하다** }

연구 논문, 메모 조각, 기타 중요한 자료와 연결되어 있습니다. 하지만 이것이 멋져 보이기는 한데(그리고 앞뒤로 왔다 갔다 하면서 연구 자료를 찾는 데는 편리하기도 하고), 썩 좋지는 않습니다.

손으로 쓴다는 것은 그냥 쪽지를 쓰든 마인드맵을 그리든 중요합니다. 예를 들어, 강의 중에 쪽지를 쓰는 것은 내용을 기억하는 데 정말 도움이 됩니다. 설령 그 쪽지를 다시 보지 않더라도 말이죠.

제가 찾은 가장 중요한 가치는 들으면서(강의에서 핵심을 뽑아낼 수 있도록 집중을 유지하는 데 도움이 되는) 바로 정제되지 않은 메모를 남기는 것입니다. 그리고 이것을 '공식적인 메모'로 변환하죠. 설령 그 메모를 다시 보지 않더라도 메모를 정제하는 과정에서 이 활동의 가장 중요한 가치가 드러납니다. 마인드맵으로도 그렇게 할 수 있습니다. 처음에는 거칠고 지저분하게 시작하고 필요에 따라 다시 그려보세요. 다시 그리면서 여러분의 뇌 속에서 더 연관 관계가 선명해질 겁니다.

TIP 030 | R 모드와 L 모드를 모두 사용해서 메모하라

시도해 볼 것

다음의 활동들을 시도해 보세요.

1. 여러분에게 중요한 항목을 네 개에서 다섯 개 정도 뽑아보세요.

2. 목록의 각 항목에 대해 마인드맵을 그려보세요(종이에 펜이나 연필로).

3. 하루를 기다립니다.

4. 15분에서 20분 정도 그 그림을 장식해 보세요. 화려하게 꾸미고 굵은 선도 넣고, 색깔을 쓰거나 낙서를 하고, 그림도 넣고 구석에 있는 고딕체의 천사상도 집어넣어 봅니다.

5. 일주일 뒤에 마인드맵을 복습합니다. 뭔가 새로운 게 있나요?

마인드맵을 SQ3R에 활용하기

마인드맵은 뭘 찾아야 할지 정확히 알지 못할 때 가장 효과적입니다.

책을 읽다가 메모를 하는 것이 좋은 예입니다. 다음 번에 책을 읽을 때(SQ3R을 하면서겠죠?) 마인드맵의 형태로 기록을 해보세요. 주요 주제에 대한 일반적인 생각도 하겠지만 특정한 세부 내용이 떠오르고 어떤 항목이 서로 어떻게 연관되어 있는지를 알게 되면서 마인드맵은 점점 커져가고 이해의 그림이 떠오를 것입니다.

그리고 나서 SQ3R의 복습 단계를 밟을 때는 여러분의 이해를 바탕으로 마인드맵을 다시 그리고 개선해 보세요. 다른 메모를 보거나 책 전체를 훑어보는 것보다 마인드맵을 참고하는 것이 기억을 새롭게 하는 데 훨씬 더 효율적입니다.

탐험적 마인드맵

마찬가지로 어디로 가야할지 불확실한 문제를 다룰 때 마인드맵이 도움이 됩니다. 새로운 클래스나 시스템을 설계하거나, 기존 것을 디버깅하거나, 상용 제품, 오픈소스 등을 평가할 때, 새 차를 사거나 소설을 쓰거나 락 오페라를 만들 때도 마인드맵을 활용해 보세요.

제목은 단어로 쓰세요. 장황한 산문이나 심지어 전체 문장을 쓰는 것도 좋지 않습니다. 아이콘을 그려서 핵심 아이디어를 표현하세요. 중요한 선은 크고 굵게 그리세요. 실험적인 연관은 가는 선으로 그리고요. 여러분이 현재 알고 있는 모든 것을 쏟아내세요. 설령 어디에 들어맞는지 몰라도 상관없습니다.

처음 시도는 정말, 아주 빨리 합니다. 거의 인상 스케치처럼 하세요. 그러면 L 모드를 잠시 멈추고 R 모드가 고삐 풀린 말처럼 종이 위를 질주합니다.

마인드맵을 시작하고 나면 가까운 곳에 놓아두세요. 특히 아직 그릴 수 있는 정보가 많지 않을 때는요(잠시 후에 그냥 연관된 아이디어를 풀어놓을 곳이 있다는 게 큰 도움이 된다는 것을 보게 될 겁니다). 새로운 사실이나 아이디어가 떠오르는 대로 마인드맵에 채워 넣으세요. 앉은 자리에서 한 번에 끝내지 않아도 됩니다. 필요하면 언제든 새로 그리세요. 하지만 너무 서둘러서 하지는 마세요. 당분간은 지저분한 상태라도 좋습니다. 어쨌든 주제를 탐색하는 중이니까요.

주제가 뭔지도 모르는 영역에서 작업을 한다면 마인드맵은 광범위한 생각들을 긁어 모으는 데 아주 큰 도움이 됩니다. 자레드 리차드슨이 말하길, "저는 글을 쓰거나 코딩을 할 때 자

{ 마인드맵을 활용해서 문제를 명확히 하라 }

신을 재조직화하고 집중하기 위해 마인드맵을 씁니다. 마인드맵을 쓰면 저절로 한 걸음 물러나서 제 생각들을 가다듬게 하고 또 늘 다음에 어떻게 나아가야 할지를 보여줍니다."

저도 같은 경험이 있습니다. 현기증 날만큼 많은 아이디어 뭉치에 빠져서 어디로 가야 할 지 모를 때 마인드맵을 쓰면 문제를 명확하게 하고 길을 찾는 데 아주 큰 도움이 됩니다.

협동적 마인드맵

이 기법을 확장해서 작은 그룹이나 전체 팀을 참가시킬 수도 있습니다. 종이에 그림을 그리는 대신 사람들이 포스트잇을 들고 화이트보드 앞으로 모여듭니다. 다음 페이지의 그림 6.6처럼요.[17]

모두 손 가득 포스트잇과 마커를 잡습니다. 브레인스토밍을 하고 포스트잇에 아이디어를 적고 화이트보드에 붙입니다. 그리고 나서 공통된 테마를 합치고 연관된 쪽지가 인접하도록 분류합니다.

---

17 여기에 관해 더 많은 정보를 보고 싶다면, 그리고 포스트잇으로 할 수 있는 다른 재미있는 것을 알고 싶다면 『실천가를 위한 실용주의 프로젝트 관리: 위대한 관리의 비밀』[RD05]의 공동 관심 집단을 보세요

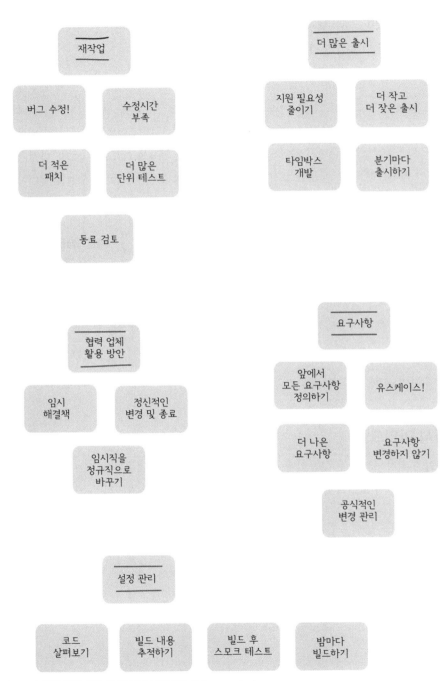

그림 6.6 | 작업 중인 공통 관심사 그룹 만들기(affinity grouping)

포스트잇은 쉽게 다시 뗐다가 붙일 수 있기 때문에 필요한 만큼 위치를 계속 바꿀 수 있습니다.

각 항목들이 자리를 잡고 나면 그룹별로 동그라미를 그리고 선으로 연결합니다. 보세요! 이제 여러분은 마인드맵을 만들었습니다. 화이트보드의 사진을 찍고 사람들에게 이메일로 보내두세요.[18]

다음 할 일 ➡

❑ 다음 번에 읽는 책으로 마인드맵을 그려보세요.

❑ 여러분의 경력과 인생 계획, 혹은 다음 휴가에 대해 마인드맵을 그려보세요.

❑ 색깔의 효과를 실험해 보세요. 색연필을 몇 개 들고 각 노드별로 의미를 담도록 색을 써보세요.

❑ 그림 주석으로 실험을 해보세요. 마인드맵에 낙서를 하고 어떻게 되는지 보세요.

❑ 반복해 보세요. "다 했다"라고 생각한 다음에 다시 돌아가서 뭐든 하나만 더 추가해 보세요. 그리고 이걸 한 번 더 해보세요.

09 | 문서화의 진짜 힘을 활용하라

애자일 소프트웨어 개발의 교리 중 하나는 불필요한 문서화를 피하는 것입니다. 즉, 문서화가 어떤 가치를 주지 않는다면 하지 말라는 것입니다. 문서를 위한 문서는 시간 낭비입니다.

이것은 금방 쓸모없게 돼버릴 저수준의 상세 설계 문서를 준비하는 데 너무 많은 시간을 쓰고 있기 때문입니다. 더 나쁜 것은 이런 문서들은 보통 아무도 보지 않는다는 것입니다. 어떤 유용한 목적이 있는 것이 아니라 그저 팀이 "문서화를 했다"라는 것을 증명하는 체크 항목을 채우기 위한 것뿐입니다. 이게 워낙 낭비가 심하다 보니 애자일 팀은 문서화를 해야 할 때 그것이 정말 필요한 것인지 의심스러워합니다.

많은 사람들이 이런 현상을 "애자일 개발자는 문서화를 하지 않는다"라고 합니다만, 이것은 틀렸습니다. 애자일 개발자도 문서를 만듭니다. 하지만 실용주의적인 잣대를 들이대서

---

18 핸드폰이나 노트북(대부분의 맥이 그렇죠)에는 요즘 다 내장 카메라가 있습니다. 그걸 이용하면 사진 찍기가 쉽죠.

문서를 만드는 것이 그만한 가치가 있는 투자인지 늘 확인합니다. 문서화도 가치가 있어야 합니다.

{ **기회는 준비된 자에게 온다** } 그럼 이런 질문을 해 볼 수 있습니다. 문서화를 하는 저자에게는 어떤 가치가 있지? 저수준의 설계 문서는 단지 코드의 거울일 뿐(그리고 금방 쓸모없어집니다) 아무에게도 가치를 주지 않습니다. 하지만 형태에 따라 문서화의 가치가 있다고 입증할 수도 있습니다. 설령 공식적으로 보는 사람이 아무도 없다고 해도 말입니다.

루이스 파스퇴르는 이렇게 말했습니다. "기회는 준비된 사람에게 온다." 그리고 기능적 MRI와 EEG 시험 결과 그가 옳다는 것이 입증되었습니다. 최근의 연구에 따르면[19] 정신적인 준비가 돼서 내적인 주의 집중 상태가 되면 통찰이 번득일 가능성이 높아진다고 합니다. 심지어 특정한 문제에 봉착하기 훨씬 전에 준비한 것이라고 해도 말입니다.

자신의 주의를 내부로 돌리면 마인드맵을 할 때와 마찬가지로 뇌에 번쩍하는 아이디어가 떠오르게 하는 어떤 조건을 갖추게 됩니다. 그래서 문서화는 문서보다 더 중요합니다.

독자이자 파일럿인 디에르그 쾨니그는 제게 다음의 연관된 이야기를 하나 보내주었습니다.

> "저는 곡예비행을 준비하고 있을 때 이런 현상이 있다는 것을 알아차렸습니다. 곡예 비행 훈련의 순서는 보통 비행하기 전에 사전에 계획하고 Aresti 표기법으로 도식을 그립니다. 비행 중에는 그 순서를 정확하게 기억하고 있어야 하지만 그래도 순서가 그려진 카드를 조종실에 붙여 놓으면 뇌가 기억해내는 데 도움이 됩니다.
>
> 비지오(Visio) 애드인 중에 Aresti 카드를 보기 좋게 만들어주는 게 있습니다. 하지만 저는 손으로 직접 그리는 것을 좋아합니다. 거의 의식주의자라고 할 수 있죠. 하루는 비행장에 앉아서 그러고 있는데 학교 교장이 오더니 다른 학생에게 저를 가리키면서 말합니다. "저거 봐. 저거 멋진데." 왜 그녀가 그렇게 생각했는지는 잘 모르겠습니다. 저는 그냥 제 카드를 그리고 있었을 뿐이고 시간도 엄청나게 많이 썼는데 말입니다.
>
> 하지만 확실한 것 하나는 제가 항상 '준비되어 있었다'라는 것입니다."

— 디에르그 쾨니그

---

19 『준비된 마음: 문제를 표현하기 전에 이미 신경 활동이 일어나 갑작스러운 통찰로 해답을 예견한다』 [Kou06]

앞에서 언급했듯이(6.8절) 메모를 하는 것은 그걸 나중에 다시 읽지 않더라도 아주 중요합니다. 디에르그의 경우 실제로 몇 가지 요소가 있었습니다.

- 손으로 카드에 그리면 R 모드의 처리가 강화됩니다.

- 활동적으로 카드를 만들고 쪽지를 쓰면 나중의 활동을 위한 마음의 준비가 됩니다.

- 비행 순서와 훈련을 시각화하면 마음을 '즐겁게 하는' 데 도움이 됩니다(나중에 7.6절에서 좀 더 이야기할 것입니다).

TIP 031 | 글을 써라: 문서화는 문서보다 중요하다

꼭 인덱스 카드나 실제 종이를 쓸 필요는 없습니다. 냅킨 뒤에 쓰는 것도 좋고 큰 화이트보드에 쓰는 것도 좋습니다.

혹은 한 시간 정도 들여서 팟캐스트나 스크린캐스트를 만들 수도 있습니다. 이건 여러분 자신에게도 더 생산적이고 소비자에게도 더 매력적인 정보가 됩니다. 한 주를 꼬박 써서(위원회까지 열어 가면서) 장황한 문서를 만드는 것보다는 아마 훨씬 저렴한 방법일 겁니다.

{ 스크린샷을 찍어라 }

스크린캐스트는 무언가 동적인 것을 전달할 때 정말 유용합니다. 사용자에게 여러분의 소프트웨어로 어떻게 작업을 수행할 수 있는지, 혹은 복잡한 프로세스에서 객체의 생명 주기를 어떻게 모델링할 수 있는지를 보여줍니다. 많은 사람들이 여러분이 뭘 말하고 있는지를 어깨 너머로(혹은 원격으로) 보게 만들 수 있는 저렴하면서도 재미 있는 방법입니다.

이것을 여러분 자신에게 주제를 가르치는 다른 방법으로 생각할 수도 있습니다. 물론 가르치는 것에는 더 강력한 학습 기법들이 숨어 있습니다.

10 | 가르치며 배우기

무언가를 배울 때 가장 단순하면서도 효과적인 기법은 그것을 가르쳐 보는 것입니다. 여기서 가르친다는 것은 분필을 들고 교실로 들어간다는 뜻이 아닙니다. 가르치는 방법에는 여러 가지가 있죠. '고무 오리'라는 간단한 행동으로 시작할 수도 있습니다. 실용주의 프로그래머에서 다음과 같은 시나리오를 설명한 적이 있습니다.

여러분은 지금 어려운 버그에 막혀 있습니다. 이미 많은 시간을 썼고 마감시간이 압박이 되기 시작합니다. 그래서 동료에게 도움을 청합니다. 동료는 화면 앞으로 걸어오고 여러분은 동료에게 돌아가는 상황, 뭐가 안 되는지를 설명합니다. 설명에 깊이 들어가기 전에 갑자기 머릿속에 섬광이 스칩니다. 그리고 소리를 지르죠. "아하!" 버그를 찾았습니다. 무안해진 동료는 말도 한마디 안 하고 있다가 머리를 가로저으며 자기 자리로 돌아갑니다. 그렇게 카펫이 닳기 전에(혹은 동료가 짜증내기 전에) 대안을 제시합니다. 예를 들면, 고무 오리 같은 거죠. 화면 옆에 두고 뭔가 막혔을 때 "오리에게 말을 걸어보세요."

또 다른 방법은 자료를 어린 아이나 아니면 다른 분야의 사람에게 설명하려고 해보는 것입니다. 이 방법은 그들이 이해할 수 있게 설명한다는 데 그 의의가 있습니다. 여러분이 직업으로 하는 일을 아줌마들에게 설명한다는 것은 아주 좋은 기회입니다. 그리고 듣는 사람의 관점에서 사물을 보고 학습 자료를 명확하게 표현할 수 있는 메타포를 개발해낸다는 것은 좋은 훈련이 됩니다. 그 과정에서 배우게 되는 것과 얻게 되는 통찰에 놀라게 될 것입니다.

마지막으로 더 크고 활발한 청중을 대상으로 가르치는 시도를 해보는 것도 좋습니다. 처음에는 지역의 사용자 모임에서 말하는 것으로 시작해서 뉴스레터나 잡지에 기고해보기도 하구요. 많은 똑똑한 사람들이 여러분의 말 하나하나를 짚어주면 생각을 정리하는 데 더 없는 도움이 될 것입니다. 그리고 이것이 가르치는 것의 진정한 혜택입니다. 자신이 이해한 바를 정리하고 여러분이 가정하고 있는 것들을 드러내 줍니다.

의학 교육의 만트라(mantra)[20]를 떠올려 보세요.

TIP 032 | 보라, 하라, 가르쳐라.

앞에서도 언급했듯이 지속적으로 되새겨보는 것은 학습에 아주 효과적입니다. 교육을 준비하면서 '다시 우물로 돌아가는 것', 예상 질문에 어떻게 응답할지 스스로 생각해 봄으로써 뇌의 신경 연결이 강화됩니다.

---

20 (옮긴이) 진언. 힌두교와 불교에서 신비하고 영적인 능력을 가진다고 생각되는 신성한 말. 힌두교의 많은 종파 입문식에서 구루(정신적 스승)는 입문자의 귀에 비밀스러운 진언을 속삭여준다. 진언은 구루나 그밖의 영적인 스승에게서 구두로 전해받았을 때만 진정한 효과가 있다고 생각되고 있다.

11 | 거리로 들고 나가라

지금까지 우리는 드라이퍼스 모델을 보았고, 전문가가 된다는 것이 어떤 의미인지도 보았습니다. 뇌에 대해서도, 뇌의 절반이 거의 활용되지 않는다는 사실을 비롯한 많은 놀라운 것들을 보여주었습니다.

그리고 이번 장에서는 학습이 무엇인지, 그리고 어떤 것은 학습이 될 수 없는지를 조망했습니다. SMART 목표와 실용주의 투자 계획을 활용하는 것도 보았고 독서 기법, 마인드맵, 가르치며 배우기 같은 기법들도 살펴보았습니다.

하지만 이 모든 학습은 방정식의 일부에 불과합니다. 이제는 학습을 실천으로 옮기고 경험을 축적하는 최고의 방법들을 볼 차례입니다. 다음 장에서는 그런 것들을 가지고 놀게 될 겁니다.

그 전에, 거리로 한번 나가봅시다. 안락한 건물 안의 칸막이를 벗어나서 세상과 교감하면서 자신의 학습을 발전시켜 봅시다.

다음 할 일 ➜

- ☐ 새로운 주제를 잡아서 동료나 친척에게 가르쳐 봅시다. 가르치면서 무엇을 배웠나요? 그리고 교육을 준비하면서 무엇을 배웠나요?

- ☐ 지역의 사용자 모임에 가본 적이 없다면 이제부터 가보세요. 자바, 루비, 리눅스 그룹은 많습니다. 하지만 델파이나 애자일, XP 개발, OOP, 특정 벤더에 관한 그룹 등도 찾을 수 있을 겁니다.

- ☐ 화자에게 집중해서 경청하세요. 주제 영역에 대해 마인드맵을 그려보세요. 무엇을 추가할 수 있을까요? 무엇을 다르게 할 수 있을까요? 여러분이 만든 마인드맵을 기초로 해당 그룹에 대해 비판해 보세요.

- ☐ 모임 주최자에게 가서 다음 모임에는 여러분의 주제를 발표해보겠다고 제안해 보세요.

- ☐ 이런 활동들이 편하지 않다면 주제에 대한 기사를 쓰거나 블로깅을 해보세요.

07장

경험 축적

"지혜가 하나의 경험 속에만 있고 거기서 멈추었을 때는
신중하게 그 속에서 빠져나와야 합니다.
자칫 뜨거운 철판 위에 앉았던 고양이처럼 될 수 있습니다.
그 고양이는 아마도 다시는 뜨거운 철판 위로 가지 않겠죠.
그것까진 좋습니다.
하지만 그 고양이는 앞으로 차가운 철판 위에도 가지 않을 것입니다."

- 메스트리우스 플루타르코스(플루타크), 45-125 A.D

경험을 축적하는 것은 학습과 성장의 열쇠입니다. 뭔가를 하면서 배우는 것이 최고죠.

그렇지만 단지 '하는' 것만으로는 성공이 뒤따르지 않습니다. 유익한 행동을 하는 방법을 배워야 하는데 거기에는 몇몇 공통적인 장애물이 있습니다. 강제로 할 수도 없습니다. 억지로 하려고 하다 보면 같은 동작을 반복하는 것만큼 나쁜(더 나쁘지는 않더라도) 결과를 얻게 됩니다.

이번 장에서는 어떻게 하면 경험을 가치 있는 것으로 만들 수 있을까를 알아볼 겁니다. 다음과 같은 내용을 살펴보게 될 것입니다.

- 만들기 위해 배우지 말고 배우기 위해 만들어라.
- 효율적으로 실패하고 거기서 더 나은 피드백을 받아라.
- 성공을 위해 자신의 신경 통로를 파라.

이렇게 실전 학습의 핵심 요소를 살펴보고 스스로 효율적인 학습 환경을 만들려면 무엇이 필요한지를 볼 것입니다. 그리고 나서 어떻게 하면 더 좋은 피드백을 받을 수 있는지, 마크 트웨인이 고양이(이번 장 도입문에 나온)를 통해서 말하려고 했던 것을 어떻게 하면 피할 수 있는지를 배울 것입니다. 마지막으로 가상으로 경험을 축적하는 재미 있는 접근 방법을 배우게 됩니다.

01 | 배우기 위해 놀기

뇌는 자신만의 정신적인 모델을 탐험하고 구축하도록 설계되어 있습니다. 수동적으로 앉아서 주입된 지식을 저장하도록 설계된 것이 아닙니다. 물론 이 두 가지 활동을 위한 시간과 장소가 있지만 일반적인 경우 잘못 알고 있습니다. 탐험하거나 '가지고 노는 것'이 공부하는 것보다 먼저 와야 합니다.

우리의 학습 문화에는 주객이 전도되는 경향이 있습니다. 정보를 먼저 파헤치고 나서 나중에 그 정보를 사용하게 되기를 바라죠. 이것이 공식적인 교육과 직업 훈련의 기초입니다. 하지만 실세계는 그렇게 돌아가지 않습니다. 예를 들어, 댄스 수업을 받는 것을 생각해 보세요. 실제로 춤 한 번 춰 보기도 전에 '춤의 이론'에 대해 테스트를 통과해야 한다면 어떨까요? 그렇게 시킨다면 너무 이상하겠죠? 세무어 페이퍼트도 그렇게 생각합니다.

페이퍼트는 아마도 기술을 이용해서 새로운 학습 방법을 만들어내는 데 있어 최고의 전문가일 것입니다.[1] 그는 프로그래밍 언어인 로고(Logo)를 발명했는데, 이것은 아이들이 가지고 놀 수 있는 '장난감'이며 가지고 놀면서 깊이 있는 수학 개념까지 배울 수 있습니다. 그가 초기에 만든 로고는 레고 마인드스톰(LEGO Mindstorm) 로봇 장난감을 탄생시켰습니다. 이름도 지대한 영향력을 미친 그의 책 『마인드스톰: 어린이, 컴퓨터, 그리고 강력한 아이디어』[Pap93]에서 따온 것입니다. 페이퍼트는 세계적으로 유명한 스위스의 심리학자 장 피아제와 함께 일했고 마찬가지로 진정한 학습, 곧 깊이 고착되는 학습은 경험과 인지에서 오는 것이지 명시적인 교육이나 기계적 실습에서 오는 것이 아니라고 믿었습니다. 그들의 접근법은 구성주의로 불립니다. 배우기 위해 만드는 것이지, 만들기 위해 배우는 것이 아닙니다.

---

1   페이퍼트와 마빈 민스키는 MIT에서 인공지능 연구소를 창립했습니다. 또한 MIT 미디어 연구소의 설립자 중 한 명이기도 합니다.

그는 아이들이 직접적인 경험을 통해서 배울 수 있는 환경을 제공할 수 있도록 로고 언어를 표현력 있게 설계했습니다. 가상의 '거북이'가 가상의 도화지 위를 돌아다니고 패턴을 추적하도록 명령하는 과정에서 경험을 하는 것입니다. 어린 초등학생들도 기하학을 배우고 삼각함수를 배우고 심지어 재귀 알고리즘까지 배웁니다. 아이들이 문제에서 막히면 스스로가 거북이가 된 것처럼 상상하라고 말합니다. 그리고 거북이의 관점에서 자신에게 지시를 내려서 돌아다닙니다. 관점을 거북이로 바꾸면 학생들은 자신이 실세계에서 쌓은 걷기, 방향 틀기 등의 지식을 활용할 수 있습니다. 이것이 중요한 것이죠. 기존의 경험 위에 구축할 수 있도록 학습을 구조화하는 것입니다.

놀이의 의미

여기서 제가 말하는 놀이라는 단어의 첫 번째 의미는 이 책의 앞부분에서 이야기한 것과 비슷합니다. 목적 없는 탐험의 의미죠. 우리는 단순히 정보를 받아들이기보다 스스로의 정신적인 모델을 형성하도록 설계되어 있습니다. 문제를 찔러서 탐험하고 '익숙해질' 수 있어야 합니다 (4.3절에서 언급한 바 있듯). 문제를 가지고 노는 것이 문제를 쉽게 만든다는 의미는 아닙니다. 다만 우리가 배우는 방식에 더 가까이 다가서는 것입니다.

물론, 이런 환경에서는 실수를 저지를 수 있습니다. 학문에는 왕도가 없습니다. 실제 삶에는 교과정 같은 게 없습니다. 실수를 할 수도 있{ **실제 삶에는 교과과정이 없습니다** }고 지저분해지겠지요. 하지만 이런 어지러움이 바로 여러분에게 필요한 피드백입니다.

마인드맵도 가지고 놀다 보면(6.8절) 더 나아집니다. 마인드맵으로 주석을 달고, 꾸미고, 관계를 그려 넣으려고 하는 동안 통찰을 얻게 됩니다. 이것은 그 아이디어를 확장한 것입니다. 좀 더 활동적으로 개입합니다. 아이디어 자체를 가지고 놀거나 불확실한 기술을 가지고 노는 것입니다. 무엇을 찾게 될지 알 수 없는 상태지만 어떻게 하면 확장할 수 있는지, 연관시킬 수 있는지 등을 탐색해보는 것입니다.

놀이의 두 번째 의미는 별난 것, 혹은 감히 말하건대, 재미입니다.

지난주에 일 때문에 여행을 했는데 비행기의 승무원이 평소의 따분한 안내를 약간 틀어서 하더군요. 미리 준비된 내용과 법으로 정해진 부분까지 포함한 전체 안내를 닥터 수스

(Dr. Seuss)[2] 스타일로 했습니다. 좌석 벨트를 제대로 사용하는 법에서부터 화장실에서의 연기 탐지기를 끄면 안 된다는 경고[3]에서부터 산소마스크와 구명조끼를 다루는 방법까지 잘 조화되었습니다. 이런 변화 때문인지 사람들은 공지를 열심히 들었습니다. 참신한 프레젠테이션이었고 푹 빠져들게 했습니다. 그녀가 뭘 말하려고 하는지 귀를 쫑긋하면서, 억양과 운율을 기대하면서 들었습니다.

{ **재미있는 것은 좋은 것이다** } 재미있었기 때문에 이 프레젠테이션은 훨씬 효과적이었습니다. 보통 표준화된 발언에는 사람들이 주의를 기울이지 않습니다. 모두 쓸모없는 상품 카탈로그를 보느라 바쁘죠. 혹은 이미 잠들었거나요. 하지만 재미있는 연설이 상황을 바꿔놓았습니다.

| **똑똑한 사람과 멍청한 사람** | 저는 대부분의 사람들이 자신이 믿는 것보다 훨씬 더 능력이 있다고 생각합니다. 페이퍼트는 우리가 사람들을 두 종류로 구분하는(자기 자신을 포함해서) 경향이 있다고 했습니다. 똑똑한 사람과 멍청한 사람으로 나누는 거죠. 똑똑한 사람은 하얀 연구소 가운을 입고 그들의 머릿속에 모든 해답이 들어 있다고 믿습니다. 멍청한 사람들은 도로에서 우리 앞에 있는 차를 운전하는 사람이고요.

물론, 이것은 말도 안 되는 지나친 단순화입니다. 드라이퍼스 모델이 사람별로가 아니라 기술별로 적용된다는 것을 떠올려 보세요. 세상은 똑똑한 사람과 멍청한 사람으로 채워져 있는 것이 아닙니다. 똑똑한 연구소 연구원과 멍청한 운전자, 똑똑한 요리사와 멍청한 정치인으로 채워져 있죠.

하지만 특정한 기술에 대해서가 아니라 일반적으로 말한다면 우리는 엄청난 학습 기계입니다. 어린 아이가 짧은 기간에 얼마나 많은 지식을 흡수할 수 있는지를 생각해 보세요. 언어와 움직이는 기술, 사회적인 상호작용, 때맞춰 적절하게 울음을 터트리는 효율성 같은 것들이요. 우리는 두세 살 배기 아이들에게 어휘 요약을 쏟아붓거나 문법을 이해하라고 문장 구조를 그려주거나 하지 않습니다. 대신 장난감을 가리키면서 말하죠. '오리' 그러면 아이들은 알아듣습니다. 오리는 수영을 합니다. 오리는 노랗습니다. 명시적인 훈련이나 연습 없이도 친숙해질 수 있습니다.

맥에 있는 제 사전에 따르면 재미의 정의 중 하나는 '즐거운 활동'입니다.

---

2 (옮긴이) 미국의 어린이용 읽기 교재

3 이걸 보면 이런 의문이 떠오릅니다. 담배연기 감지기뿐 아니라 비행기의 어떤 부분이든지 못 쓰게 만들거나 망가뜨리면 엄격한 제제를 가해야 하는 것 아닌가? 너무 샜군요...

이게 쉽다거나, 비즈니스에 적합하지 않다거나, 효과적이지 않다는 의미는 아닙니다. 페이퍼트는 그의 학생들이 자신의 작품을 어려움에도 불구하고가 아니라, 어렵기 때문에 재밌다고 합니다. 어려운 재미인 것이죠. 넘지 못할 만큼 어려운 (그래서 빠져들 수 없는) 것이 아니라 흥미를 유지하고 문제를 푸는 데 진도를 조금씩 나갈 수 있을 만큼 도전적인 것입니다.

새로운 것을 활용하거나 문제를 풀 때 재미있는 방법을 찾으면 더 즐겁게 할 수 있지만 더 배우기 쉽게 만들어주기도 합니다. 재미를 두려워하지 마세요.

그걸로 게임도 만들어보세요. 말 그대로 플래시카드를 만들거나, 카드 게임, 보드 게임을 발명할 수도 있습니다. 팅커토이(tinker-toy) [4]나 레고 블록으로 시나리오를 실현해 보세요.

예를 들어 웹사이트의 방문자를 흉내 내는 보드 게임을 만들 수도 있습니다. 임의의 지점에 도착한 다음 그들은 어디로 갈까? 만약 바로가기를 안 쓰거나 홈으로 가지 않는다면?

레고 블록을 설계에 사용하는 것에 대해 4장 후반부에서 같은 이유로 언급한 바 있습니다. 중요한 것은 학습 프로세스에 여러분 스스로를 완전히 흠뻑 빠지게 하는 것입니다. 언어적으로, 시각적으로, 음악적으로, 수학적으로, 온몸의 동작으로, 손가락의 작은 움직임으로 하는 것입니다. 이 모든 것들이 모두 소재를 가지고 놀고 더 효과적으로 배우는 데 도움을 줍니다.

> TIP 033 | 더 많이 배우려면 더 많이 놀아라

다음 할 일 ➡

☐ 다음 문제를 만나면 여러분 자신을 그림 속에 넣어보세요. 의인법이 경험을 활용하는 데 도움을 줄 겁니다.

☐ 세부 사실에 깊이 들어가기 전에 문제를 탐험하고 익숙해지세요. 공식적인 자료를 다 배우고 나서 다시 탐험으로 돌아와 보세요. 계속 반복하는 겁니다.

☐ 즐겁게 놀아보세요. 놀이의 모든 것을 즐겨 보세요.

---

4 (옮긴이) 집짓기 장난감

02 | 기존 지식을 지렛대로 활용하기

페이퍼트는 학생들이 새로운 기술을 배울 때 기존의 지식을 활용하는 것을 경계했습니다. 우리도 가끔은 의식적으로, 가끔은 덜 의식적으로 그렇게 합니다.

{ **문제를 작게 쪼개라** } 까다로운 문제에 접했을 때 취할 수 있는 고전적인 접근법이 두 가지 있습니다. 첫째, 문제를 더 작게, 다룰 수 있을 만한 크기로 쪼갤 수 있나요? 이런 기능적인 분해는 소프트웨어 개발에서는 실과 바늘 같은 것입니다. 한 번에 다룰 수 있을 만한 크기로 작게 쪼개는 것이죠. 또 다른 아주 유명한 접근법은 전에 이미 풀어봤던 문제 중에서 유사한 것을 찾아보는 것입니다. 이 문제가 다른 것과 비슷한가? 비슷한 해결책을 쓰거나 이 새로운 문제에 맞는 다른 방법을 채용할 수는 없을까?

조지 폴리아는 문제 해결에 관해서 아주 영향력이 큰 책을 집필했습니다. 이 방법들을 포함한 다른 고전적인 기법들을 포괄하고 있죠(『어떻게 풀 것인가: 수학적 방법의 새로운 측면』 [PC85]; 다음 페이지의 사이드바에 간단하게 요약해두었음).

폴리아가 조언한 내용의 핵심 중 하나는 이전의 해결책에서 유사성을 찾으라는 것입니다. 이 문제를 모른다면 비슷한 다른 문제는 어떻게 풀 것인가? 어쩌면 유사성이 명백하거나(이건 지난 주에 봤던 버그랑 거의 똑같네), 어느 정도 비유적일 수도(이 데이터베이스는 마치 물을 한 움큼 쥔 것처럼 돌아가네) 있습니다. 비슷한 방식으로 페이퍼트의 학생들은 거북이의 미시 세계를 배우고 새로운 프로그래밍 기술을 배우기 위해 기존의 묵시적인 지식, 곧 신체의 움직임이나, 사회적 상호작용, 언어 등을 활용할 수 있습니다.

하지만 유사성을 찾는 것에는 단점도 있습니다.

새로운 프로그래밍 언어를 배울 때는 마지막에 배운 프로그래밍 언어의 개념에 연관 지어서 배우게 됩니다. 이것이 많은 C++ 코드가 C와 비슷해 보이는 이유이기도 하고, C++ 코드 같은 자바 코드, 자바 코드 같은 루비 코드가 많은 이유이기도 합니다. 하나의 기술 묶음에서 다음으로 넘어가는 것은 자연스러운 전이입니다.

| 조지 폴리아와 함께 문제 풀기 |

문제를 풀기 위해 자신에게 다음과 같은 질문을 던져보세요.

- 알려지지 않은 측면은 무엇인가?

- 무엇을 알고 있는가? 어떤 데이터를 갖고 있는가?

- 어떤 제약조건과 어떤 규칙을 적용해야 하는가?

그리고 계획을 세우고, 실행하고, 그 결과를 되돌아 보세요. 폴리아가 제안한 기법들이 익숙하게 보일 것입니다.

- 익숙한 문제 중에서 같은, 혹은 유사한 미지수가 있는 문제를 생각해 본다.

- 그림을 그린다.

- 연관되거나 좀 더 간단한 문제를 해결해 본다. 몇 가지 제약조건을 풀거나 데이터의 일부만 사용한다.

- 모든 데이터와 제약조건이 필수인가? 아니라면 왜 아닌가?

- 문제를 다시 정의해본다.

- 미지수로부터 데이터로 거꾸로 밟아가면서 풀어본다.

위험한 것은 전이를 완성하지 못하고 짬뽕된 접근법에 고착되어 새로운 기술을 완전히 받아들이지 못하는 것입니다. 학습을 해야 할 필요가 있는 것처럼 학습한 것을 버려야 할 필요도 있습니다. 말과 마차에서 자동차로 넘어가는 것도 한 예이고, 타자기에서 컴퓨터로, 절차적 언어에서 객체지향 언어로, 데스크톱의 단일 프로그램에서 클라우드 컴퓨팅으로 넘어가는 것도 예가 됩니다. 이런 각각의 전이에서 새로운 방법은 예전 방법과 근본적으로 달랐습니다. 그리고 그것들이 다르기 때문에 예전 방법을 버려야 했던 것입니다.

TIP 034 | 유사성에서 배우고, 차이점에서 배운 것을 버려라

또 다른 위험은 예전의 문제와 '비슷하다'는 관념이 완전히 틀릴 수도 있다는 것입니다. 예를 들어, 얼랭이나 하스켈 같은 함수형 프로그래밍 언어를 배울 때 여러분이 예전에 배웠던 프로그래밍 언어는 방해만 될 뿐입니다. 전통적인 절차적 언어가 어떤 식으로든 도움이 되는 것과는 다릅니다.

실패는 매번 코너를 돌 때마다 숨어 있습니다. 그리고 이것은 좋은 것입니다. 다음을 보죠.

03 | 실천하며 실패를 수용하라

"실패는 발견으로 가는 입구다."

— 제임스 조이스, 1882-1941

디버깅은 삶의 일부입니다. 소프트웨어 얘기만이 아닙니다. 법률가는 법을 디버그하고, 기계 공은 자동차를 디버그하고 정신과 의사는 우리를 디버그합니다.

하지만 부끄러워할 필요는 없습니다. 우리는 우리가 안 보고 있을 때 뭔가 불가사의하게 시 스템에 기어들어간 '벌레(bug)'를 제거하는 것이 아닙니다. 디버깅은 문제를, 일반적으로 우 리가 만든 문제를 해결하는 것을 의미합니다. 우리는 에러, 실수, 누락을 찾아내고 수정합니 다. 실수로부터 배우는 것이 중요합니다. 페이퍼트는 이것을 멋지게 요약했었죠. "에러는 유 익하다. 왜냐하면 에러는 우리가 무슨 일이 일어났는지 연구하고 뭐가 잘못되었는지 이해하 도록 이끌어주며, 이해하는 과정에서 고칠 수 있기 때문이다."

아주 심술궂은 이야기지만, 실패는 성공에 필수적입니다. 단순히 어떤 임의적인 실패를 말 하는 것이 아닙니다. 잘 관리된 실패가 필요합니다. 실패든 성공이든 그로부터 경험을 쉽게 축적하고 적용할 수 있는 좋은 학습 환경이 필요합니다.

{ **"난 몰라요"는 좋은 시작이다** } 모든 실수가 여러분에게서 나오는 것은 아닙니다. 여 러분이 하지는 않았지만 했어야 하는 일에서 나오 기도 하죠. 예를 들어, 글을 읽다가 rebarbative나 horked 같은 단어에 마주쳤을 때, 대체 이게 무슨 의미인가 싶을 겁니다. 혹은 들어본 적도 없는 신기술의 레퍼런스를 보거나, 여러분의 분야에서 유명한 저자지만 그의 글은 읽은 적이 없는 경우도 있습니다. 찾아보세요. 구글에 물어보세요. 빈 칸을 채워보세요. "난 몰라요"는 좋은 답이지만, 그걸로 끝나서는 안 됩니다.

우리는 실패나 무지를 아주 부정적인 시각으로 보는 경향이 있습니다. 어떻게든 피해야 할 무언가로 보는 것이죠. 하지만 처음부터 제대로 해내는 것은 그리 중요하지 않습니다. 마지막에 제대로 해내는 것이 중요한 것이죠. 뻔한 것을 하는 게 아닌 이상 무엇을 하든, 실수는 저지르게 마련입니다.

탐험은 익숙하지 않은 영역에서 '노는' 것입니다. 배우기 위해서는 자유롭게 탐험하는 것이 필요합니다. 하지만 탐험은 상대적으로 위험으로부터 자유로워야 합니다. 뭔가를 시도하는 것이 두려워 망설여서는 안 됩니다. 심지어 어디로 가는지 모르면서도 탐험을 할 수 있어야 합니다. 마찬가지로 발명하는 것도 두려워하지 마십시오. 여러분이 창조해낸 것이 제대로 안 돌아갈지도 모른다는 사실을 불편하게 느끼지 마세요. 마지막으로, 매일매일의 실천에서 배운 것을 적용할 수 있어야 합니다. 효율적이고 여러분을 지탱해주는 학습 환경은 세 가지를 안전하게 보장해줘야 합니다. 탐험, 발명, 그리고 적용입니다.[5]

> **TIP 035 |** 자신의 환경에서 **탐험하고, 발명하고, 적용하라.** 안전하게.

탐험적인 환경 만들기

그렇지만 팀이나 조직에서 스스로를 안전하다고 느끼기 전에는 (실무의) 실제 상황에서 탐험하거나 발명하고 아이디어를 적용할 수 없습니다. 심장 수술의가 여러분에게 수술을 하면서, "음, 오늘은 왼손으로 해보고 어떻게 되나 볼까."라고 하는 상황을 원하지는 않을 것입니다. 이게 안전할 리 없습니다. 살아 있고 의심하지 않는 환자는 실험 대상으로 적합하지 않습니다.

예를 들어, 회사라는 전쟁터를 떠나 집에서 오픈소스 프로젝트에서 실험을 해볼 수 있습니다. 적어도 이렇게 하면 부정적인 결과의 위험은 줄일 수 있습니다. 하지만 그것만으로는 긍정적인 학습 환경이 되기에 부족합니다. 회사의 팀이든, 혼자 밤을 지새우는 실험이든 다음과 같은 것들이 필요합니다.

실험할 자유

단 하나의 최선의 해답이 있는 문제는 드뭅니다. 다음 기능을 이렇게도 구현해보고 저렇게도 구현해 볼 수 있습니다. 어떤 것을 선택할까요? 둘 다입니다! 시간이 부족하다면(안 그런 적이 있었나요?), 적어도 각 방법의 프로토타입은 시도해 보세요. 이것이 실험이고 여러

---

5 「탐험, 발명, 그리고 적용」, [Bei91]

분이 촉진하려고 하는 것입니다. 추정을 할 때 이것을 '설계 시간'의 일부로 고려해 보세요. 물론 이런 실험이 팀의 다른 누군가에게 부정적인 영향을 주지 않는지 확인해야 합니다.

안정된 상태로 되돌아갈 방법

안정성이란 실험이 잘못되어 갈 때 그 끔찍한 변경을 만들기 이전의 평온한(halcyon) 시점으로 돌아갈 수 있는 것입니다. 그 이전의 안정적인 상태로 돌아가서 다시 시도해 보는 것입니다. 마지막에 잘 만드는 것이 중요하다는 것을 잊지 마세요.

작업 상태의 어떤 시점이든 재생하기

소스 코드의 이전 버전으로 되돌아가는 것으로는 부족합니다. 아마도 실제로 변경 과정의 어떤 지점에서든 프로그램(혹은 다른 파생된 산출물)을 실행할 수 있어야 할 겁니다. 작년이나 지난 달의 프로그램 버전을 실행할 수 있나요?

진전을 입증할 수 있는 능력

마지막으로, 피드백을 받지 않고는 아무 데도 못 갑니다. 이 실험이나 그 발명이 다른 대안보다 더 잘 돌아가는가? 그것을 어떻게 알 수 있는가? 프로젝트는 진전되고 있는가? 지난주에 작업한 것보다 더 많은 기능을 만들었는가? 어떤 식으로든 작은 진전을 다른 사람뿐아니라 여러분 자신에게도 입증할 수 있어야 합니다.

소프트웨어 개발에서 이런 필요성을 충족시킬 수 있는 인프라를 구축하는 것은 아주 간단한 일입니다. 이것을 스타터 키트(Starter Kit)라고 부르죠. 버전 관리, 단위 테스트, 프로젝트 자동화가 그것입니다.[6]

- 버전 관리는 작업 중인 모든 파일의 모든 버전을 저장합니다. 소스 코드든 기사든 노래나 시든 버전 관리는 작업에 대해 거대한 취소(Undo) 버튼 역할을 해줍니다.[7] Git이나 머큐리얼(Mercurial) 같은 새로운 분산 버전 관리 시스템은 개인적인 실험을 지원하는 데 적합합니다.

---

6 사실, 데이브 토마스와 저는 이게 아주 중요하다고 생각했기 때문에 실용주의 서가의 첫 번째 책으로 출판했습니다.

7 각 시스템에 따라 『Git, 분산 버전 관리 시스템』 [Swi08], 『손에 잡히는 서브버전』 [Mas06], 『실용주의 프로그래머를 위한 버전관리 using CVS』 [TH03] 중 하나를 보세요.

- 단위 테스트는 작은 단위의 회귀 테스트를 제공합니다. 단위 테스트 결과를 여러 대안과 비교해 볼 수도 있고 진도를 나타내는 명시적인 지표로 쓸 수도 있습니다.[8] 어떻게든 진도를 측정할 수 있는 객관적인 피드백이 필요합니다. 그럴 때 이게 도움이 되겠죠.

- 자동화는 이 모든 것을 묶어주고 소소한 기계적인 동작을 신뢰할 수 있고 반복 가능한 방법으로 처리할 수 있게 해줍니다.[9]

이 스타터 키트 덕분에 위험을 줄이면서 실험할 수 있는 자유를 얻게 됩니다.

물론, 팀의 행동 양식이나 문화가 이런 탐험과 발명을 허용해야 합니다. 기반 환경이 사람들의 학습을 도울 수도, 파괴할 수도 있습니다. 틱 낫 한(Thich Nhat Hahn)은 기본적 귀인 오류를 상기시켜 줍니다(5장에 나옴). 문제는 종종 개인보다 환경에 있습니다.

> "상추를 심는데 잘 자라지 않는다면 상추를 탓하지 마세요. 왜 잘 안 자라는지 이유를 찾으세요. 비료가 부족할 수도 있고 물이 더 필요하거나, 햇빛을 줄여야 할 수도 있습니다. 결코 상추를 비난하지 마세요."
>
> - 틱 낫 한

다음 할 일 ➡

- ❏ 여러분의 프로젝트에 안전망(버전 관리, 단위 테스트, 자동화)이 갖추어져 있지 않다면 지금 당장 구축해야 합니다. 책을 덮으세요. 기다리겠습니다.

- ❏ 여러분의 개인적인 학습 프로젝트도 같은 안전망을 갖춰야 합니다. 코딩을 하건, 그림 그리기를 배우건, 거대한 동굴을 탐험하건 말입니다. 프로젝트를 안전하게 탐험할 수 있는 인프라와 습관을 갖추세요.

- ❏ halcyon이 뭔지 아시나요? 의인화는요? 낫 한에 대해 들어본 적이 있나요? 찾아보았나요? 아니라면 찾아보려면 어떻게 해야 할까요? (맥에서라면 단어에 컨트롤 키를 누른 채 클릭하면 사전에서 찾아보거나 구글에서 찾아볼 수 있습니다. 아주 편리하죠.)

---

8 『실용주의 프로그래머를 위한 단위 테스트 with JUnit』[HT03]과 『NUnit을 이용한 C# 실용주의 단위 테스트 2판』[HwMH06]을 보세요.

9 『실용주의 프로그래머를 위한 프로젝트 자동화: 빌드,디플로이,모니터링』[Cla04]과 『Ship it!: 성공적인 소프트웨어 개발 프로젝트를 위한 실용 가이드』[RG05]를 보면 이런 주제를 팀의 맥락에서 잘 살펴볼 수 있습니다.

04 | 이너게임에 대해 배우기

실패에는 두 가지 종류가 있습니다. 우리가 뭔가 배울 수 있는 좋은 실패도 있지만 그렇지 않은 실패도 있습니다. 두 번째 형태의 실패는 어떤 학습을 이끌어내지 못합니다. 먼저 배우는 것을 방해할 수도 있고 경험이 어정쩡하게 쌓였을 때 학습을 끊어버릴 수도 있습니다.

두 번째 형태의 실패를 인지하고 극복하려면 이너게임(inner game)을 알아야 합니다. 이너게임을 이해하면 학습을 방해하는 요소를 제거하고 학습을 도와주는 좋은 피드백을 강화할 수 있습니다.

1974년에 그 유명한 『테니스의 이너게임』[Gal97]에서 완전히 새로운 차원의 피드백과 자의식의 세계를 보여주었습니다. 그 이후로 『음악의 이너게임』[GG86]을 비롯해서 스키, 골프 등을 다룬 시리즈가 이어졌죠.

이너게임 시리즈는 자신의 경험에서 학습하는 것을 더 발전시켰습니다. 이너게임 시리즈에서 티모시 골웨이를 비롯한 저자들은 사람들이 빠져 있는 명백한 '아우터(outer)' 게임과 훨씬 더 중요한 '이너(inner)' 게임의 미묘함에 대한 탐험을 구분 짓고 있습니다. 학습을 개선하는 큰 부분은 실패로 인한 방해를 줄이고 피드백을 활용한다는 골웨이의 아이디어에서 나왔습니다.

유명한 예가 있는데, 저자는 오래된 주제를 떠맡았습니다. 50대 후반쯤 되는 여성이 있는데 그녀는 한 번도 테니스를 해보지 않았고 최근 20여 년간 운동이란 걸 해본 적이 없습니다. 도전 과제는 그녀에게 테니스를 단 20분 만에 가르치는 것입니다. 전통적인 접근법으로는 이 도전 과제를 해낼 방법이 없습니다. 하지만 팀 골웨이에게는 더 좋은 아이디어가 있었습니다. 장황한 강의나 좋은 시범을 보여주는 것과는 달랐습니다.

먼저, 그녀는 그저 공만 바라보면서 골웨이가 공을 치는 것에 따라 크게 "튄다(Bounce)"와 "친다(Hit)"를 외치기만 하면 되었습니다. 1분 정도 하고 나서 그녀의 차례가 왔습니다. 여전히 그저 "튄다"와 "친다"만 외치면 됩니다. 공을 치려고 노력할 필요는 없습니다. 그저 쳐야 할 것 같은 시점이 되면 "친다"라고 말하고 기분 내키는 대로 휘두릅니다. 다음 훈련은 공이 라켓에 맞을 때의 소리를 주의 깊게 듣는 것이었습니다. 만약 한 번도 해본 적이 없는 분을 위해 설명하자면, 공이 라켓 가운데에 정확하게 맞았을 때 나는 소리는 아주 달콤하고 선명하게 들립니다. 이 사실은 알려주지 않습니다. 학생은 그저 주의 깊게 들으라는 말만 듣게 됩니다.

다음, 서브를 할 차례입니다. 먼저, 그녀는 골웨이가 서브를 할 때 리듬을 맞추기 위해 허밍을 합니다. 동작에 대한 설명은 없습니다. 그저 보면서 허밍만 합니다. 다음 서브를 시도해 봅니다. 같은 곡조로 허밍을 하면서 동작이 아니라 리듬에 초점을 맞춥니다. 이런 것을 20분 동안 하고 나면 경기를 합니다. 그녀는 게임에서 첫 번째 점수도 따냈고 아주 인상적인, 여러 번 오가는 발리를 보여주었습니다.[10]

또 다른 예에서는 의자를 놓아둔 반대편 코트로 공을 칩니다. 이것은 의자를 맞추는 것이 아니라 그저 공이 의자에 대해 어느 정도 위치에서 땅에 닿았는지를 관찰하는 것입니다. 공을 칠 때마다 언어적으로 관찰합니다. "왼쪽", "오른쪽", "위" 등과 같은 것이죠.

이너게임 시리즈는 말로 기술을 가르치는 것이 아주 어려울 수 있다는 것을 가르쳐 줍니다. 우리는 지시가 아니라 발견을 통해서 배웁니다. 이 개념은 의자 예제에도 담겨 있습니다. 학습자는 상황의 맥락하에서 실시간 피드백을 받습니다.

{ 우리는 지시가 아니라 발견에서 배웁니다 }

상황적인 피드백 계발하기

상황적인 피드백은 이너게임의 주요한 기법으로, 방해를 제거하여 더 효율적으로 학습할 수 있게 해 줍니다. 테니스 예에서는 실험 대상자에게 테니스 치는 법을 쏟아붓지 않았습니다. 적절한 그립에 대한 세부사항, 발놀림 등에 파묻히면 안 되죠. 춤도 추기 전에 '춤의 이론'을 배우게 강요하는 것도 아니죠. 이 모든 방해요소 대신에 그녀는 아주 간단한 피드백 주기에만 집중하면 그만이었습니다. 공을 이렇게 치면 저렇게 땅에 닿는구나. 공을 저렇게 치면 땅에 저렇게 닿는구나, 리듬을 따라갑니다. 비언어적인 기술에 대해 짧은 피드백 주기와 피드백 간격[11]을 통한 비언어적 학습입니다.

스키의 예를 생각해 봅시다. 저는 매년 많은 스키 강습을 받아왔는데 그들은 변함없이 똑같았습니다. 한스라는 강사는 저와 마주칠 때마다 알아들을 수 없는 말투와 광분한 듯한 어조로 지시를 날려댑니다.

---

10 앨런 케이가 「이미지를 가지고 하면서 심볼 만들기: 컴퓨터와 의사소통하기」라는 이름의 강의에서 이 이벤트를 비디오 테이프로 담았습니다.

11 피드백 간격은 동작을 하고 나서 피드백을 받기까지 걸리는 시간입니다.

- "팔꿈치를 안으로!"

- "무릎을 굽히세요!"

- "같이 땅을 짚어야죠!"

- "회전하는 쪽으로 몸을 기울여야죠!"

- "폴(pole)을 주의하세요!"

- "나무를 조심해요!"

이제 저는 그가 말하는 것을 빠짐없이 귀담아들으려고 노력합니다. 하지만 물론 언어적 처리 중추(L 모드)는 느립니다. 다시 소매를 걷어붙이고 무릎에 대해서 생각하다 보면 어느새 벌써 나무가 불쑥 나타납니다. 그러다가 어느 시점에(보통 아주 빨리 옵니다) 머리가 지속적인 지시의 연타로 터져버리고 주의는 날아갑니다. 뇌가 얼어버리죠. 한 번에 기억하고 지켜야 할 것이 너무 많습니다.

이너게임 이론은 해답을 제시합니다. 학생에게 지시를 연달아 주는 것이 아니라 학생의 인지를 도와서 인지가 스스로의 성과를 교정하게 하는 것입니다. 인지는 초보자의 단계를 넘어서는 데 중요한 도구입니다.

예를 들어, 『음악의 이너게임』[GG86]에서 저자는 콘서트의 콘트라 베이스 연주자를 가르치는 이야기를 해줍니다. 저자는 스키 강사와 같은 방법으로 가르쳤습니다. 팔꿈치를 이렇게 하고 머리는 이렇게 하고 저렇게 기대고 이제 편안하게 연주해 보세요. 물론 그 애처로운 학생은 나무 막대기처럼 굳어버렸습니다.

{ 그저 인지하라 } 그래서 이 음악 교사는 다른 방법을 시도했습니다. 학생에게 그냥 마음대로 연주해보되, 자신이 연주할 때 모든 측면을 잘 관찰하라고 했습니다. 어떻게 느끼는지, 모든 것들이 어떤 위치에 있는지, 어떤 악절이 어려운지 등등을요. 그리고 설명 없이 그는 학생의 자세와 손가락 위치를 교정하고 몇 소절 동안 손을 잡아주었습니다. 지시 내용은 같습니다. 모든 면을 관찰하라. 지금은 어떤 느낌인가? 다시 악보를 연주해 보아라. 그의 학생은 이런 지각 연습을 하고 나서 엄청난 발전을 보여주었습니다.

이것은 이너게임을 하는 핵심입니다. 개별 세부사항을 교정하는 데 집중하지 말고 그저 인지하려고 하는 것입니다. 현재 있는 그대로를 출발점으로 받아들이고 그것을 인지하는 것입니다. 판단하지 마세요. 해법을 가지고 서두르지 말고 비판하지 마세요.

이제 비평가적(nonjudgmental) 인지를 계발해보고 싶을 겁니다. 바로 잘하려고 하기보다 무엇이 잘못되었는지를 알아차리세요. 그러고 나서 교정하는 겁니다.

> TIP 036 | 판단하지 말고 지켜본 후 행동하라

테니스를 넘어서 나아가기

이제 이 예들이 운동감각 분야에 많다는 것을 알아차렸을 겁니다. 근육 기억과 신체적 기술에 상관 관계가 큽니다. 하지만 이게 다가 아닙니다. 예를 들면, 음악을 연주하는 것을 기능적 MRI 스캔으로 보면 뇌의 전 영역을 활성화합니다.[12] 악기를 조작하는 것에서부터 음표를 읽고, 다른 음악가의 이야기를 듣고, 추상적인 화성법 이론을 따라가는 것에까지 L 모드와 R 모드가 모두 활성화되고 저수준의 근육 기억까지 함께 협동합니다. 그래서 비록 스키나 콘트라베이스 연주에 대해서 이야기했지만 그 교훈은 소프트웨어 개발과 다른 분야에도 적용할 수 있습니다.

예를 들어, 고치려고 하기 전에 '현재 상태'를 완전히 파악하려고 하는 것은 디버깅에도 그대로 적용됩니다. 프로그래머는(저 역시) { 뭔가를 그냥 하지는 마라. 일단 멈춰라 } 뭐가 진짜 잘못되었는지 완전히 파악하지 못한 상태에서 바로 명백해 보이는 버그를 고치려고 달려드는 경우가 너무 많습니다. 급하게 달려들어서 판단하거나 잠재적으로 불완전하게 수정하려는 충동과 싸워야 합니다. 시스템이 어떻게 동작하는지 완전히 이해하세요. 그러고 나서 해답을 궁리하기 전에 어떤 부분이 '잘못'되었는지 결정하세요. 달리 말하면 그냥 뭔가를 하지는 말고, 일단 멈추세요. 김창준 씨가 완전히 문제를 파악하는 다음의 기법을 설명해 주었습니다.

테스트 우선 설계를 한다고 가정해 봅시다. 새로운 테스트를 추가하고 그 테스트를 통과시킬 코드를 작성합니다. 테스트가 확실히 통과한다고 생각해서 버튼을 누릅니다. 어라? 생각지도 못한 테스트가 실패합니다. 심장 박동은 올라가고 시야가 좁아지고 아드레날린이 솟구

---

12 『이것이 음악과 여러분의 뇌입니다: 인간의 집착에 대한 과학』[Lev06]에서 더 많은 것을 볼 수 있습니다.

칩니다. 잠시 심호흡을 하고, 우선 키보드에서 손을 뗍니다. 에러 메시지를 주의 깊게 읽습니다. 지각을 깨웁니다. 무슨 일일까요?

이제 눈을 감고 에러의 원인이 코드의 어디에 있을지 상상해 봅니다. 그게 지진의 진원지라고 생각해 보세요. 땅이 여기저기 흔들리는 것을 느끼겠지만 진원지는 저 멀리에 있습니다. 그 부분의 코드는 어떻게 되어 있을까요? 주변 코드는 어떨까요? 눈을 뜨기 전에 그 코드와 주변 코드에 대해서 상상해 보세요.

상상하고 나면 이제 눈을 뜨고 실제 그 의문의 코드로 가보세요. 예상했던 대로인가요? 정말 그것이 에러의 원인이었나요?

이제 다시 눈을 감고 통과하는 테스트를 상상해 봅니다. 테스트 코드를 상상할 수 있게 되면 눈을 뜨고 타이핑합니다. 상상한 것과 맞는지 봅니다. 이제 전체 테스트 버튼을 누르기 전에 자신에게 물어봅니다. 내가 이 버튼을 누르면 무슨 일이 일어날까? 그리고 버튼을 클릭한 후 지켜봅니다.

하찮은 방법으로 보일지도 모릅니다. 하지만 이것이 진짜로 차이를 만들어냅니다. 다음번에 골치 아픈 문제에 갇히면 한번 시도해 보세요. 이것은 여러분의 지각을 깨웁니다. 명시적으로 상상한 버전의 코드와 실제 코드를 대비시켜서 지각 능력을 일깨웁니다.

디버깅뿐만이 아닙니다. 요구사항을 수집할 때도 쓸 수 있습니다. 특히 기존 시스템이 연관되어 있을 때 좋습니다. 제리 와인버그는 대부분의 고객이 처음 5분 동안 이야기할 때 가장 심각한 문제를 이야기해주고, 답까지 알려준다고 합니다.[13] 자신이 죽도록 고생해서 멋진 해답을 만들어내려고 주의를 기울이는 것보다 고객이 말하는 것을 주의 깊게 듣는 것이 더 중요합니다. 나중에 브레인스토밍을 할 수도 있지만 우선은 뭐가 어떻게 되어 있는지를 인식하세요.

이너게임 아이디어는 전문성을 높여가는 피드백에 초점을 맞추고 있습니다. 하지만 이것은 여러분이 경험에서 오는 내부의 목소리에 귀를 기울일 때만 가능합니다. 듣고, 듣고, 또 들으세요. 불행히도 이것은 늘 그렇게 쉬운 일은 아닙니다. 이제 그 이유를 알게 될 겁니다.

---

13 『컨설팅의 비밀』 [Wei85]

05 | 압박은 인지를 죽인다

이너게임 시리즈는 이 생각을 다음과 같은 문구로 요약합니다. "시도하고 실패하라, 자신의 인지가 교정해 줄 것이다." 즉, 의식적으로 노력하는 것이 단순한 인식보다 못하다는 것입니다. 사실, 너무 열심히 노력하는 것은 실패로 가는 지름길입니다.

스멀스멀 다가오는 마감일의 존재만으로도 마음은 공황 상태에 빠져서 실패로 갑니다. 예를 들면, 신학대학 학생들을 대상으로 실험한 유명한 심리학 연구가 있습니다.[14]

이 실험에서 한 무리의 신학대생에게 어느 날 착한 사마리안에 대한 강의를 했습니다. 이처럼 이 세상을 지키는 착한 사람이

{ **마감일은 마음을 공황 상태에 빠뜨린다** }

되어야겠다는 생각, 동료들을 돕고 보살펴주겠다는 생각에 가득 찬 학생들에게 연구자들은 반격을 마련했습니다. 한 무리의 학생들에게 강의 직후에 학교의 수석 사제와 중요한 미팅이 있다고 알려주었습니다. 그 장소는 캠퍼스를 가로질러야 하는 곳이고 늦어서는 안 되었습니다. 그들의 미래 경력이 달려 있었죠. 그리고 연구자들은 학생들이 수석 사제를 만나러 가는 그 길에서 무리지어 거지처럼 분장하고 행동했습니다.

슬픈 일이지만 이 독실한 학생들은 중요한 미팅이라는 압박에 시달리면서 약속 장소로 달려가느라 거지의 머리 위를 비켜가지도 않고 바로 지나갔습니다. 하지만 두 번째 집단은 같은 미팅이 있지만 시간적인 여유를 많이 줬습니다. 그들은 전혀 서둘지 않았죠. 두 번째 집단은 멈춰 서서 거지를 도왔고 진료소로 보내거나 씻겨주거나 하는 일까지 했습니다.

하지만 마음이 압박을 받을 때는 여러 가지 다른 일들을 차단해버립니다. 시야는 좁아집니다. 비유적으로뿐 아니라 실제 시야도 좁아집니다. 다른 선택사항을 고려하지 못하게 됩니다. 더 나쁜 것은 R 모드의 활동이 거의 차단된다는 것입니다. 시간은 L 모드가 장악합니다. 시간을 결정적인 것으로 인식하면 R 모드는 일할 기회를 잃어버립니다.

---

14 『예루살렘에서 예리코까지: 다른 사람을 돕는 행동에서 상황과 기질의 변수에 대한 연구』[DB73]

여러분의 뇌 검색 엔진이나 여러분의 창의성, 독창성 등을 그렇게 잃는 것입니다. 앞서의 스키 강사나 베이스 강사들은 따발총 같은 설명으로 여러분의 지성을 얼어붙게 만들 수 있습니다. 즉, R 모드가 닫혀버리는 것입니다.

이런 연장 선상에서 몇 년 전에 재미있는 경험을 했습니다. 우리 중 두 명이 제리 와인버그[15] 문제 해결 워크숍에 참석했습니다. 과정 중 하나는 생산 공정을 시뮬레이션해보는 것이었습니다. 열 명에서 열두 명이 모인 그룹이 작업자, 관리자, 고객 등으로 나뉘었습니다. 컨퍼런스 룸의 뷔페 테이블은 공장이 되었고 인덱스 카드는 생산, 주문 등을 담았습니다. 물론, 모든 시뮬레이션이 전통적으로 그래왔듯이 이것도 함정이 있었습니다. 보통의 방법으로는 요구 생산량을 충족할 수 없었죠. 그래서 압박이 생기기 시작하자 관리자 역할을 맡은 사람이 나쁜 결정을 내리기 시작했습니다. 나쁜 결정에는 더 나쁜 결정이 뒤따랐고 그 뒤에는 재앙이 될 만한 결정이 이어졌습니다. 작업자 역할의 참가자들은 그들의 동료들이 왜 갑자기 무뇌아처럼 행동하기 시작했는지 머리를 쥐어뜯을 정도로 의아해 했습니다.

다행스럽게도 시뮬레이션이 끝날 때가 되어서였습니다. 앨리스테어 코번도 저와 함께 그 과정에 참가했는데 그는 우리의 느낌을 적절히 묘사했습니다. 뇌가 정상으로 돌아오니 마치 그 동안 정신이 잠에 빠져 있었던 듯한, 팔과 다리가 아주 불편한 자세로 묶여 있다가 풀려난 것처럼 찌릿찌릿한 느낌이 들었다고 말입니다.

우리는 압박에서 풀려나야 합니다.

| **압박의 숙취** | 아마 이 압박이라는 개념에 동의하지 않을지도 모릅니다. 촉박한 마감이 닥쳐야 가장 효과적으로 한다고 생각할지도 모릅니다. 테레사 아마빌[16]에 따르면 이것은 L 모드 활동에 대해서는 일정 부분 유효합니다만(사실 그것도 많이 의심스럽지만), 창의성이나 R 모드 활동을 요하는 일에서는 확실한 재앙입니다.

10년에 걸친 현장에서의 창의성 연구의 일부로 아마빌과 그의 동료들은 그 반대의 사실을 발견했습니다. 사람은 시간 압박을 느끼면 창의성이 최악이 됩니다.

사실, 이건 그보다 더 나쁜 일입니다. 여러분이 시간과 싸울 때는 덜 창의적이 될 뿐 아니라 후유증까지 남습니다. 시간 압박 '숙취'죠. 총구 아래에 있을 때도 여러분의 창의성은 고통받지만 그 이후로도 이틀 정도

---

15 『테크니컬 리더: 혁신, 동기부여, 조직화를 통한 문제 해결 리더십』, [Weu86]과 http://www.geraldmweinberg.com에서 제리가 현재 제안하는 것들을 보세요.

16 『창의성에 대한 6가지 미신』, [Bre97]에서 인용. 이걸 찾아주신 김창준 씨에게 감사드립니다.

는 축 처지게 됩니다. 그래서 금요일에 프로젝트 반복 주기를 마무리하는 것이 좋은 생각인 거죠. 그래서 일정에 없던, 공황에 빠졌던 위기가 지나고 나면 휴지기가 필요한 것입니다. 시간 압박 숙취에 시달렸을 때는 회복할 시간을 가지세요.

실패를 허락하라

앞에서 성공을 위해서는 실수가 중요하다는 이야기를 했습니다. 이너게임에서 또 다른 중요한 교훈은 실패를 허용하는 것이 성공으로 이끈다는 것입니다. 전에 실수한 것이 지금 괜찮다면 일부러 실수를 할 필요는 없습니다. 어느 정도 반직관적으로 들리지만 이런 생각을 가지고 놀다 보면 그 의미가 좀 더 다가올 것입니다.

> **TIP 037 | 스스로에게 실패를 허락하라. 그것이 성공으로 가는 길이다**

콘트라베이스 교습자도 비슷한 문제를 갖고 있었습니다. 재능 있는 그의 학생들은 스포트라이트를 받으면 얼어서 자신의 능력을 발휘하지 못했죠. 그래서 그는 작은 속임수를 썼습니다. 학생들을 무대 위로 이끌고 가서 인정사정없는 스포트라이트 아래에 두고선 아직 심사 준비가 되지는 않았다고, 심사위원들이 이전 연주자에 대한 서류 작업을 하고 있다고 말해주었습니다. 마이크조차 껐습니다. 그러고는 그냥 워밍업 삼아서 한번 연주해보라고 말했습니다.

물론 그는 새빨간 거짓말을 하고 있었습니다.

사실 심사위원들은 열심히 듣고 있었습니다. 그리고 그들은 훌륭한 보상을 받았습니다. 학생들은 멋지게 연주했죠. 그들은 해방된 것이었습니다. 실패를 해도 좋다는 명시적인 허락을 받았죠. 인지적으로, 혹은 신경과학적으로 어떤 이유였든지 간에 실패를 해도 좋다고 하면 실패하지 않을 것입니다. 아마도, 이것 역시 과도한 L 모드를 차단하는 데 도움이 되는 것 같습니다.

압박이 사라지면 더 주의력이 높아집니다. 편안해지고 그저 관찰하게 됩니다. 첫 번째 교리를 떠올려 보세요. 인지는 노력을 이깁니다. 날카로운 감시 속에서 성과에 흠집이 나면서도 그저 잘 인지하고 편안하게 느끼기는 어렵습니다. 마감일이 다가올 때 아이디어가 꽃피고 열매 맺게 하겠다는 것도 역시 어려운 이야기고요. 아이디어를 말하자마자 차단해버리는 '브레인스토밍' 세션에서도 같은 방해 효과가 나타납니다.

{ '실패 허용' 지대를 만들어라 }

대신, 일반적인 소프트웨어 프로젝트에 '실패 허용' 지대를 만드는 것은 어렵지 않은 일입니다. 핵심은 실패의 비용이 거의 0이 되는 환경을 만드는 것입니다. 브레인스토밍 모임에서는 모든 아이디어를 화이트보드(혹은 어디든)에 씁니다. 아이디어가 더 진전되지 않더라도 아무런 비용도, 오점도 남지 않습니다. 단위 테스트라는 애자일 실천 방법을 생각해 보세요. 여기서는 단위 테스트가 실패해도 상관없습니다. 오히려 장려하기까지 하죠. 그로부터 배우고, 코드를 수정하고, 앞으로 나아가면 됩니다.

프로토타이핑도 비슷한 자유를 줍니다. 프로토타입이 잘될 수도, 아닐 수도 있습니다. 잘 되지 않더라도 거기서 얻은 교훈을 활용할 수 있습니다. 그 경험을 적용해서 다음번 주기 때 활용하는 것이죠.

반대로, 실패에 비용이 든다면 실험은 이루어지지 않습니다. 몸을 사립니다. 학습도 없습니다. 그저 헤드라이트에 비친, 피할 수 없는 유혈 사태를 기다리고 있는 사슴처럼 얼어붙은 마음뿐입니다.

하지만 실제 환경이 정말 위험하다면요? 실패가 허용되는 환경이 필요하다고 말하는 것은 좋습니다만, 만약 스카이다이빙을 한다면요? 혹은 올림픽에서 봅슬레이나 썰매를 탄다면요?

06 | 상상은 감각을 넘어선다

이름 그대로 이너게임은 내부에서 해낼 수 있습니다. 실제 세계에서 경험을 축적하는 것뿐 아니라 머릿속에서도 경험을 축적할 수 있습니다.

영화관에 앉아서 영화의 절정에서 엄청난 자동차 추격전을 보고 있다고 생각해 보세요. 심장 박동은 빨라지고 호흡이 얕아지고 근육은 긴장됩니다.

하지만 잠깐 기다려 보세요. 여러분은 실제로 자동차 추격전을 하고 있는 게 아닙니다. 편안한 안락 의자에 앉아서 스크린에 영사된 명멸하는 이미지를 보고 있을 뿐입니다. 여러분은 전혀 위험한 상태가 아닙니다.[17]

---

17 바닥에 떨어진 끈적끈적한 오렌지 부스러기를 밟고 넘어질 가능성을 제외한다면요.

하지만 여러분의 몸은 마치 실제 위험에 처한 것처럼 반응합니다. 이런 게 꼭 영화일 필요는 없습니다. 책도 그럴 수 있죠. 심지어 꼭 현재에 일어나는 일일 필요도 없습니다. 학교 다닐 때 비열한 불량 학생들이나 무서운 선생님들을 떠올려보면 어떤가요? 첫사랑은요? 이것은 단지 기억일 뿐이지만 그걸 다시 떠올리면 그에 맞는 물리적인 반응을 일으킬 수 있습니다. 뇌는 입력된 원천을 그렇게 잘 구분하지 못한다고 알려져 있습니다. 실시간 감각 데이터인지 과거의 사건에 대한 기억인지, 혹은 그저 일어나지도 않은 상황을 상상한 것인지에 상관없이 같은 심리적 반응을 초래할 수 있습니다.

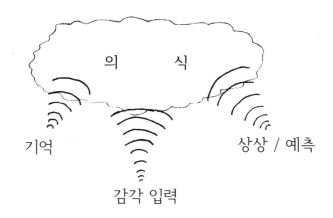

그림 7.1 | 모든 입력은 똑같이 취급된다.

엔터테인먼트 산업은 이런 특성에 의존하고 있습니다.

사실, 상황은 조금 더 나쁩니다. 기억이나 사건을 상상한 것이 더 정확한 현실의 감각 데이터를 덮어버릴 수 있거든요. 그래서 목격자들의 증언이 생각보다 문제가 많은 것입니다. 보았다고 생각하지만 실제로는 보지 못한 것이거든요.

달걀은 희다, 맞나요?

베티 에드워즈는 색상 불변성이라는 현상에서 비슷한 것을 이야기합니다. 망막이 받은 색상 정보를 뇌가 덮어버리는 것입니다. 예전에 봤던 간단한 졸라맨 그림처럼, 여러분은 하늘이 푸르고, 구름은 희고, 금발은 노랗고, 나무는 초록색에 갈색 줄기라고 '알고' 있습니다. 크레용 세트처럼 말이죠.

에드워즈는 미술 교사가 한 무리의 학생들을 대상으로 행한 재미있는 실험을 알려주었습니다. 교사는 하얀 스티로폼으로 만든 기하학 모형(사면체, 원통, 구 등)을 정물로 놓고 일반적인 하얀 껍질의 달걀 한 판을 놓아둡니다. 그리고 색깔이 있는 투광 조명을 해서 정물의 모든 물체가 밝고 분홍빛의 붉은색을 띠게 한 후, 학생들에게 그림을 그리게 했습니다.

에드워즈에 따르면 모든 학생들이 분홍색에 비친 하얀 스티로폼 물체들을 드러난 색깔 그대로 그렸습니다.

하지만 달걀은 그렇지 않았습니다.

학생들은 달걀을 흰색으로 그렸습니다. 머릿속에 이미 "달걀은 희다"가 들어 있었고 이것이 색조명에 비친 실제 외관을 덮어버렸습니다. 더 놀라운 것은, 교사가 달걀이 실제로 분홍색이라고 지적했음에도 학생들은 그렇게 보지 않았다는 것입니다. 그들은 여전히 "하지만 달걀은 희잖아요."라고 주장했습니다.

{ **인지는 예측을 기반으로 한다** } 대부분의 인지는 예측에 기초합니다.[18] 그리고 예측은 상황과 과거의 경험에 기반을 두고 있습니다. 이것이 심할수록 현재의 실시간 입력은 뒷자리로 물러납니다. 외모를 갑자기 확 바꾼 친구에 대한 경험이 있나요? 키가 크거나, 턱수염을 밀거나, 헤어 스타일이나 색을 바꾸거나 했을 때 바로 알아차리지 못한 경우는 없나요? 심지어 한참 지나서도?

아내의 새로운 머리 스타일을 남편이 알아채지 못한다는 진부한 이야기는 실제로 일어나는 일이죠. 남편은 오래된 입력에 기초해서 '봅니다'. 이게 뇌가 작동하는 방식이죠.[19]

이런 현상은 마치 기억된 경험이나 상상한 경험에서도 똑같이 일어나기 때문에 이런 점을 활용할 수 있습니다.

---

18 「지성에 관하여」[Haw04]에 나오는 핵심 관찰

19 물론 이걸 효과적인 변명으로 써서는 안 되겠죠.

실력 끌어올리기

그래요, 여기서는 저를 믿어주셔야 합니다. 이 이야기는 마술 가루처럼 믿기 힘든 것입니다. 하지만 뇌는 입력의 원천이 뭔지에 대해 속기 쉽기 때문에 성공을 상상하는 것은 그것을 달성하는 데 확실히 효과적입니다.

바이올린을 연주하든, 코드를 디버깅하든, 혹은 새로운 아키텍처를 설계하든, 그것을 성공적으로 해낸 것처럼 상상하는 것으로 성과를 향상시킬 수 있습니다.

먼저, 실제적인 예제를 하나 봅시다. 컨퍼런스나 비슷한 모임에서 좀 더 뛰어난 실무자들에게 둘러싸여 있으면 자기 능력도 상승한다는 것을 느낀 적이 있을 겁니다. 좀 더 또렷하게 말하고 논점을 더 명확하게 제시할 수 있을지 모릅니다. 어쩌면 논점이 있다는 사실이 갑자기 떠오를 수도 있고요.

전설의 재즈 기타리스트 팻 메트니는 여기에서 한 걸음 더 나아가서 이런 조언을 합니다. "늘 모든 밴드에서 최악의 연주자가 되세요. 만약 거기서 가장 잘하는 사람이라면 다른 밴드로 옮겨야 합니다. 제 생각에 이 방법은 다른 모든 것에도 통하는 것 같습니다."[20]

다른 말로, 여러분이 기술 수준이 높은 사람들에게 둘러싸여 있으면 여러분은 자신의 기술 수준을 높일 수 있습니다. 그들의 실천법, 접근법을 지켜보고 적용해서 그렇게 되기도 하고, 여러분이 더 높은 수준에서 해내도록 마음을 잡게 되기 때문에도 그렇습니다. 거울 뉴런으로 알려진 자연스러운 현상 때문이죠. 다른 사람의 행동을 보면 똑같이 따라 하려고 하게 됩니다.

{ 우리는 타고난 모방자다 } 이너게임의 저자들은 여러분이 전문가, 프로, 유명한 솔로 연주자인 것처럼 행동하는 것이 좋다고 제안합니다. 단지 학생에게 그 분야에서 유명한 누군가"처럼 연주하라"라는 이야기를 해주는 것만으로도 그 학생의 성과를 높이는 데 충분했다고 합니다. 무엇보다 우리는 타고난 모방자입니다. 여러분은 마일스 데이비스의 연주가 어떻게 들리는지 들어본 적이 있습니다. 리누스 토발즈의 코드를 본 적도 있습니다. 『실용주의 프로그래머』도 읽었습니다.[21]

---

[20] 『사랑하지 않으면 떠나라!: 개발자의 자기 계발과 경력 관리를 위한 52가지 실천 가이드』(인사이트, 2008)에서 채드 파울러의 방법을 보여주신 크리스 모리스에게 감사드립니다.

[21] 아직 안 갖고 있다면 얼른 뛰세요. 걷지 말구요. 서점으로 달려가서 한 부 사세요. 진심입니다.

머릿속에서 코드를 작성하는 것을 상상할 수도 있고 요구사항을 뽑아내기 위한 대화를 하는 것처럼 흉내를 낼 수도 있습니다. 실제로 눈앞에 있지 않은 악기를 '연주'할 수도 있습니다. 그리고 정말 끝내주게 잘했다고, 그것이 완벽하다고 상상할 수도 있습니다.

같은 차원에서 올림픽 운동선수도 이와 같은 가상훈련을 합니다. 코스를 달려 내려가는 모습, 방향 전환하기, 적절하게 대응하기 등을 마음속으로 그립니다. 이 연습을 경기장 밖에서 하는데도 뇌는 자극됩니다.[22] 제대로 하는 경험에 익숙해지기 때문에 경기장에서 그것을 해야 할 때가 와도 자연스럽게 해냅니다.

TIP 038 | 마음속으로 성공을 그려라

'성공'의 느낌에 익숙해지는 것은 처음에는 성공한 척이라도 할 가치가 있을 만큼 중요한 것입니다. 즉, 그 수준에서 해내는 법을 배웠을 때 경험할 것 같은 조건을 인위적으로 만들어 보라는 것입니다. 이런 경험과 비슷한 것을 제공해줄 수 있다면 어떠한 발판이든 좋습니다.

{ **발판을 사용하는 경험** }   수영 선수도 이와 비슷한 경험을 합니다. 로프로 몸을 묶어서 물 속에서 빠른 속도로 끌어당기는 것이죠.[23] 수영 선수가 실제로 그렇게 당겨서 얻는 속도에 스스로 도달하기 전에 그들은 그게 어떤 느낌인지를 경험해 봅니다. 이것은 특별대우를 해주는 게 아닙니다. 이렇게 경험하고 나면 수영 선수의 기록은 극적으로 좋아집니다.

마찬가지로, 정반대 방향으로도 갈 수 있습니다. 부정적인 발판을 이용하거나, 발판을 치워버리는 것입니다. 원래보다 인위적으로 더 어렵게 만드는 것입니다. 그러면 실제로 할 때 훨씬 쉽게 느껴집니다. 달리기 선수는 발목에 각반을 달거나 깊숙이 빠지는 눈 위를 달립니다. 루비 프로그래머는 C++를 잠시 해본다거나 할 수 있겠죠. C++는 무거운 각반과 같은 효과를 정신적으로 내는 데 아주 효과적입니다. C++로 작업하고 나면 더 동적인 언어는 상대적으로 엄청나게 쉽게 느껴집니다. :-)

---

22 grooved. 에드워드 드 보노가 사용한 용어입니다.

23 이 사례를 알려주신 김창준 씨에게 감사드립니다.

경험한다고 상상하는 것으로도 마치 정말 그걸 해본 것처럼 효과적으로 배울 수 있습니다. 뇌는 그 차이를 모릅니다. 그러니 압박을 벗어던지고 뭐가 잘못되었는지 더 주의 깊게 인지해 봅시다. 그리고 실제로 해낸 것처럼 상상해 봅시다.

다음 할 일 ➡

- ❑ 다음에 다른 상황에서 막혔을 때 다음을 떠올려보세요. "실패를 시도하라. 인지가 고쳐줄 것이다." 멈춰 서서 우선 문제를 완전히 인지하세요.

- ❑ 실패를 계획하세요. 실수를 해도 별 문제가 안 되고 괜찮다는 것을 알면 됩니다. 이렇게 하면 압박이 사라 지고 성과가 높아지는지 보세요.

- ❑ 전문가가 되세요. 단지 흉내만 내는 것이 아니라 전문가의 역할을 맡아 보세요. 이것이 여러분의 행동을 어떻게 변화시키는지 인지해 보세요.

- ❑ 전문가의 경험에서 공유할 필요가 있다면 어떤 발판을 사용하는 것이 좋을지 생각해 보세요. 그리고 그 걸 실제로 준비할 수 있는지 알아보세요.

07 | 전문가처럼 배우라

이제 여러분은 스스로의 학습 경험을 통제할 수 있을 만큼 좋은 상황이 되었다고 느낄 것입니다.

이번 장에서는 학습을 도와주기 위해 노는 것의 가치와 실천의 중요한 부분으로 실패를 적극적으로 포함시키는 것의 중요성을 살펴보았습니다. 이제 좀 익숙해졌을 이너게임에서 중요한 교훈을 얻었고 여러분의 뇌가 좋은 식으로든 나쁜 식으로든 여러분에게 장난을 칠 수 있다는 것도 보았습니다.

경험을 축적함에 따라 드라이퍼스 모델의 단계를 따라 전이해간다는 것을 잊지 마세요. 여러분의 지속적인 경험은 여러분의 관점을 지속적으로 재형성할 것이고 과거의 경험을 새로운 지식과 성장하는 정신의 빛으로 재해석하는 자신을 발견하게 될 것입니다.

5.1절에서 언급했듯이 기억을 읽는다는 것은 실제로는 다시 쓰는 것입니다. 기억은 불변이 아닙니다. 전문성이 높아질수록 더 많은 필터와 패턴 매칭을 활용하게 될 겁니다.

이것이 직관이 성장하는 방법입니다. 끌어와서 적용할 수 있는 패턴이 많아지고 무엇을 언제 찾아야 하는지에 대한 암묵지가 몸에 익을 것입니다. 다른 말로 하면, 전문가의 행동으로 가는 출발점을 보게 될 것입니다.

하지만 먼저, 초록색 선을 자르세요

영화를 보면 등장 인물이 폭탄을 어떻게 해제하는지 지시를 받습니다. 전선 일부를 잡아당겨서 정해진 순서대로 진지하게 전선을 자릅니다. 그리고 폭탄 해체반이 교정을 해줍니다. "오, 하지만 이것들을 하기 전에 먼저 꼭 초록색 선을 잘라." 그렇지만 이미 늦었고 불길한 재깍재깍 소리가 점점 커집니다. 그래서 다음 장에서는 우리의 '초록색 선'을 볼 것입니다. 제일 먼저 해야 할 중요한 것이죠.

이제 여러분이 아마도 이 책에 나온 것 모두를 당장 시도해보고 싶어할 것 같습니다.

하지만 실제 세계에서는 일도 해야 하고 방해가 많겠죠. 이메일이며, 회의며, 설계 문제에 버그까지. 해야 할 일은 너무 많고 시간은 너무 적습니다. 위대한 의도는 모두 가차없는 매일 매일의 요구의 충돌 아래에서 녹아버립니다.

다음 장에서는 마구 쏟아지는 정보를 관리하는 몇 가지 방법과 자신의 주의를 통제할 수 있는 더 좋은 방법을 살펴볼 것입니다.

08장

초점 관리하기

> "좋은 질문은 답변을 받지 못한다.
> 질문은 어딘가에 조여야 할 볼트가 아니라
> 생각의 전망을 푸르게 하겠다는 희망으로 심고
> 더 많은 씨앗을 길러내야 할 씨앗이다."
>
> – 존 앤서니 시어디

우리가 정보가 넘쳐나는 시대에 살고 있다는 것은 굳이 일깨울 필요가 없을 것입니다.

하지만 어이없게도 정보 과잉은 지식과 주의의 결핍을 만들었습니다. 흥밋거리가 워낙 많아져서 집중을 잃기 쉽습니다. 정보 고속도로[1]의 한가운데에서 헤매지 말고 무엇을 생각할지를 관리할 수 있도록 의도적인 단계를 밟아나가야 합니다.

6장 '의도적으로 배우라'에서와 같은 접근법을 사용하면 생각을 관리하는 것도 더 의도적으로 할 수 있습니다. 원하는 정보에 집중할 수 있어야 하고 쏟아지는 정보를 걸러내고 적시에 정확한 정보를 잡아낼 수 있어야 합니다. 무관한 세부사항에 산만해지지 않고 결정적이면서 미묘한 단서를 놓치지 않으면서 말입니다.

이번 장에서는 다음 세 가지 축을 따라서 마음을 더 잘 관리할 수 있는 방법들을 살펴볼 것입니다.

- ■ 주의집중력 향상
- ■ 지식 경영
- ■ 현재 맥락의 최적화

---

1   옛날 게임인 프로거(Frogger)가 떠오릅니다. 똑같이 지저분한 결과를 만들죠.

주의집중은 관심 영역에 초점을 맞추는 것입니다. 사람은 아주 작은 개수의 사물에만 집중할 수 있습니다. 그것을 넘어서는 사건이나 통찰은 인식하지 못합니다. 현재 환경에서 많고 많은 것들이 여러분의 주의를 끌기 위해 경쟁합니다. 그중 어떤 것들은 주의를 받을 자격이 있지만 대부분은 아니죠. 이제부터 여러분의 집중력을 높여줄 방법들을 살펴볼 것입니다.

때때로 사람들이 정보(information)와 지식(knowledge)이라는 단어를 섞어가면서 쓰는데 이 둘은 좀 다릅니다. 정보는 주어진 맥락에서의 원시 데이터입니다. 예를 들면 마이크로소프트가 어떤 회사를 10억 달러에 샀다고 하는 사실은 정보입니다. 그리고 오늘날에 이런 정보는 전혀 부족하지 않습니다. 지식은 그러한 정보에 의미를 부여합니다. 정보에 시간을 써서 주의를 기울이고 기술을 적용해서 지식으로 생산해냅니다. 마이크로소프트의 인수를 보고 그 사건이 시장에 어떤 영향을 미칠지, 새로운 기회를 제공하는지, 다른 회사에 타격을 주는지를 아는 것 등이 지식이 됩니다. 이처럼 광범위한 지식과 통찰을 조직화하는 좋은 방법들을 알아볼 것입니다.

맥락을, 지금까지와는 또 다른 관점에서 보면, 여러분이 집중하고 있는 것들의 집합이라고 할 수 있습니다. 예를 들면, 프로그램을 디버깅할 때는 모든 변수와 객체의 상호 연관 등이 현재 맥락입니다. 주어진 시점에서 처리하고 있는 정보의 '작업 단위'라고 봐도 무방합니다.

이 세 가지 축은 서로 연관되어 있고, 이 세 가지를 이해하면 여러분의 지성을 좀 더 효과적으로 관리하는 데 도움이 될 것입니다.

그 첫째로 주의집중에 대해 알아야 합니다.

01 | 주의집중력 높이기

2000년으로 돌아가서 실용주의 프로그래밍에 대한 발표를 준비할 때 아주 이상한 새로운 이야기가 하나 떠올랐습니다. 펜실베이니아 다비에 사는 한 할머니가 근처의 식료품점으로 걸어가고 있었습니다. 젊은 남자가 거리에서 달려와서 그녀에게 부딪히고는 그대로 계속 달렸습니다. 할머니는 소매치기를 당했을까 봐 재빨리 지갑과 귀중품을 확인했습니다. 다행히 아무 문제가 없었지만 아주 놀란 상태였는데, 그대로 식료품점으로 갔습니다.

가게에서 몇몇 사람들에게 이야기를 하고 오레오 쿠키와 신문을 사가지고 나왔습니다. 그녀가 집으로 돌아왔을 때 그녀를 본 딸이 비명을 질렀습니다. 그녀의 목에 스테이크 칼의 손잡이가 튀어나와 있었던 것입니다.

주의가 흐트러졌을 때 이런 것까지 놓칠 수 있다니 놀라운 일입니다. 도둑질을 당하지 않았나 걱정하느라 목을 찔린 아픔조차 알아차리지 못했습니다.

이처럼 명백한 것—목에 칼이 박혀 있다거나 하는—도 놓칠 수 있다면 또 어떤 다른 일들이 여러분의 주의를 피해갈 수 있을지도 생각해 보세요.

주의 결핍

주의력은 항상 부족합니다. 집중할 수 있는 것은 한정되어 있는데 매일매일 여러분의 주의를 돌리기 위해 경쟁하는 것은 너무 많습니다.

멀티프로세서(multiprocessor) 시스템에서 잘 알려진 설계 문제가 있습니다. 주의를 기울이지 않으면 모든 CPU 사이클을 다른 CPU와 맞추는 데 소모해버릴 수 있어서 실제로는 아무 일도 못하게 됩니다. 비슷하게 사람도 주의를 아무렇게나 분산하다 보면 어떤 것에도 충분한 관심을 쏟지 못해서 아무것도 안 됩니다.

여러분의 주의를 끌려는 경쟁은 늘 외부에서만 오는 것은 아닙니다. 예를 들어, 4.2절에서도 본 것처럼 여러분의 L 모드 CPU에는 일종의 '유휴 루프(idle loop)' 루

{ 유휴 루프 수다를 경계하라 }

틴이 있습니다. 주의를 요구하는 간섭이 없으면 유휴 루프가 낮은 수준의 걱정이나 게으른 관심사에 대해 재잘거리기 시작합니다. "점심 뭐 먹지?"나 교통사고나 싸움 등을 재생해보는 거죠. 이것은 물론 R 모드 처리를 방해하고 여러분은 뇌의 반만 가지고 일하게 됩니다.

여러분은 종종 여러분이 "하고 싶지만 시간이 없어"라고 말한다는 것을 알 겁니다. 혹은 새로운 일이 생겼는데 그 일을 할 시간이 없다고 생각할 수도 있고요. 사실 시간은 문제가 아닙니다. 앞에서도 언급했듯이(6.3절) 시간은 여러분이 할당하는 것입니다. 시간이 부족한 것이 아니라 주의가 부족한 것입니다. 그래서 시간이 없다고 말하지 말고 대역폭이 부족하다고 하는 것이 더 정확합니다. 대역폭을 넘어서면, 즉 주의력이라는 자원이 부족하면 뭔가를 놓치게 됩니다. 배울 수도 없고 일도 잘 못하게 되고 가족은 여러분에게 뇌종양 같은 게 있을 것이라고 생각하게 될 겁니다.

주의를 기울이면 정말로 주의를 기울이면 놀라운 것을 성취해낼 수 있습니다. 폴 그레이엄이 『해커와 화가』[Gra04]에서 "해군 파일럿이 400km/h로 날아가는 1만 8천 킬로그램의 비행기를 한밤중에 흔들리는 갑판에 착륙시키는 것이 보통의 십대들이 베이글을 자르는 것보다 더 안전한 일이다."라는 이야기를 합니다.

십대를 겪었으니 저도 토스터 앞에 참을성 있게 서서 어떤 생각을 했는지 쉽게 기억이 납니다. 잉글리시 머핀이나 베이글, 토스트, 잼, 혹은 윙윙 돌아가는 기계음에는 관심이 없었죠. 십대의 마음은 쉽게 산만해집니다. 그렇다고 나이가 들면서 나아지는 것도 아닌 것 같습니다.

파일럿은 반대로 정말로 진지하게 집중을 합니다. 그런 상황에서 우유부단하거나 실수를 하면 장엄하게 죽음을 맞이할 겁니다. 우리도 그런 종류의 집중력을 계발해야 합니다. 다만, 폭사할 위험성 없이 계발할 수 있으면 좋겠지요.

긴장은 풀고 집중한 초점

간단한 것을 하나 시도해 봅시다. 앉아서 잠깐 시간을 가지세요. 어제 저지른 실수를 생각하거나 내일 다가올지 모르는 문제를 걱정하지 마세요. 지금에 집중하세요. 바로 지금 이 순간, 이곳입니다.

> 산란되지 말아야 합니다.
>
> 머릿속의 재잘거림도 없어야 합니다.
>
> 기다리겠습니다.

쉬운 일이 아니죠? 많은 명상이나 요가 등이 비슷한 목적을 갖고 있습니다. 머릿속에서 쉴 새 없이 떠드는 L 모드의 원숭이 소리로부터 구원을 받고 매 순간순간을 살고 정신적인 에너지를 불필요하게 분할하지 않는 것입니다. 내부의 재잘거림은 우리를 게임에서 쓰러지게 만듭니다.

과학–생물학 공공 도서관에서 출판한 연구를 보면 명상 기법으로 훈련을 하고 난 사람이 하루종일 주의집중력이 높아진다는 결과가 있습니다.

그 테스트는 실험 대상자들의 주의를 끌기 위해 경쟁하는 다양한 자극이 주어졌을 때 그들이 얼마나 잘 인식 능력을 배분하는지를 측정했습니다. 사무실에서 매일 일어나는 일 같죠...

명상 기법으로 많이 훈련한 사람들은 최소한의 훈련만 받은 사람들보다 훨씬 나았습니다. 하지만 더 흥미로운 것은 테스트 자체를 하는 동안은 아무도 명상을 하지 않았다는 것입니다. 그래서 그 논문은 이렇게 결론을 내렸습니다.

"즉, 이러한 결과는 집중적인 정신 훈련이 경합하는 자극에 대해 주의력을 효율적으로 분배하는 능력을 지속적이고 현저하게 향상시켜준다는 것을 나타냅니다. 설령 학습한 기법을 실제로 쓰지 않더라도 도움이 됩니다."

달리 말하면 명상의 이득은 명상을 할 때나 의식적으로 '주의를 기울일 때'뿐 아니라 온종일 간다는 것입니다. 이것은 엄청난 것입니다. 육체적인 운동이나 훈련이 건강에 장기적으로 큰 도움을 주는 것과 같죠.

{ 24×7 통찰의 이득을 보라 }

TIP 039 | 주의를 기울이는 법을 배우라

만약 여러분의 '집중력'을 온종일 더 효율적으로 할당할 수 있다면 명상의 기초 정도는 배워두는 것이 좋을 것입니다.

어떻게 명상할 것인가

우리가 대충 명상이라고 부르는 것에도 여러 가지 형태가 있습니다. 비종교적인 것에서부터 종교적인 것까지 다양하죠. 여기서 그러한 기법 중 하나를 배워볼 것입니다. 불교 전통에서 온 것이지만 불교 신자가 될 필요는 없습니다. 효과적으로 잘 활용하기만 하면 됩니다.[2]

여러분이 여기서 얻어야 할 것은 무아지경이나 잠에 빠지는 것, 혹은 긴장을 풀거나 위대한 미스터리에 대해 심사숙고하거나 하는 게 아닙니다(이

{ 긴장을 푼 인지를 목표로 삼으라 }

런 활동에는 다른 형태의 명상이 있습니다). 그보다는 자신과 자신의 주변 환경을 평가 없이, 혹은 반응 없이 지각할 수 있을 때까지 긴장이 풀린 인지의 상태로 빠져드는 것입니다. 이것은 위빠사나 명상(Vipassana meditation)이라고 알려져 있습니다. 뭔가를 인지

---

2   명상은 명시적으로 많이 언급되지는 않지만 널리 퍼져 있습니다. 유대교 성경에도 "평온하게 있으면서 내가 신임을 알라"라는 구절이 있죠. "평온하게 있으라"라는 부분은 믿음과 상관없이 명상의 존재를 입증하는 것입니다.

하지만 그것에 대해 뭔가 생각하지 않는 순수한 집중의 순간을 포착하는 것입니다. 생각하지 말고 그냥 놓아두세요.

이런 식으로 명상을 할 때 여러분이 해야 하는 것은 자신의 호흡에 주의를 기울이는 것이 '전부'입니다. 말처럼 쉽지는 않지만 어떤 버팀목이나 특별한 장비가 필요한 것도 아닙니다. 다음처럼 하면 됩니다.

- 조용한 곳을 찾으세요. 산란하게 만드는 것이나 방해 요소가 없는 곳입니다. 이것이 가장 어려운 부분입니다.

- 편안하게 앉으세요. 등을 쭉 펴고 바른 자세를 취하세요. 봉제인형처럼 몸이 척추에 걸려 있는 느낌입니다. 몸에 어떤 긴장이 있는지 인지하는 시간을 가지세요. 그리고 그 긴장을 푸세요.

- 눈을 감고 호흡에 집중합니다. 공기가 몸으로 들어왔다 나가는 작은 지점에 집중하세요.

- 호흡의 리듬을 느껴보세요. 들이쉴 때의 길이와 질. 호흡 주기의 중간에서 짧게 멈추는 것. 내쉴 때의 질. 마지막의 짧은 멈춤 등을 느껴보세요. 바꾸려고 하지 말고 그저 느껴보세요.

- 호흡에 정신을 집중합니다. 언어를 사용하지 마세요. 호흡을 말로 표현하거나 생각하려고 하지 마세요. 자신과의 대화를 시작하지 마세요. 이것이 또 다른 어려운 부분입니다.

- 문득 자신이 어떤 주제에 대해 생각하거나 자신과의 대화를 하고 있는 것을 발견할지도 모릅니다. 주의가 흐트러질 때마다 그런 생각을 흘려 보내고 집중을 다시 호흡으로 가져오세요.

- 마음이 이리저리 방황할 때에도 스스로 방황하고 있다는 사실을 알아차리고 다시 돌아오는 연습을 하면 도움이 됩니다.

4.2절의 그리기 연습처럼 머릿속의 재잘거림을 막아야 합니다. 이럴 때 의식적으로 호흡에 집중해 보세요. 그리기 연습 때 말이 튀어나오는 것을 막으려고 했던 것처럼요. 이 연습에서는 말이 튀어 나올 수도 있지만, 그럴 때마다 그런 말들을 흘려버려야 합니다. 그저 인지하기만 하고 판단하거나 생각하지 마세요. 말이나 느낌, 생각 등이 생기겠지만 그냥 흘려버리고 호흡으로 집중하면 됩니다.

이 연습을 할 때 잠이 들면 안 된다는 것이 중요합니다. 몸에 긴장을 풀고 마음을 차분하게 하지만 깨어 있어야 합니다. 사실 여러분은 정신을 바짝 차려야 합니다. 다만 인지에 집중하는 것뿐입니다.

이렇게 시간을 좀 보내고 나면 호흡을 의도적으로 조절해 보세요. 분절된 호흡을 이렇게 해 보세요. 호흡이 세 가지 분리된 구역을 여행하는 공기라고 생각해 보세요.

- 아랫배와 복강
- 가슴과 흉곽
- 가슴 윗부분과 쇄골(목은 아닙니다)

깊이 내쉬세요. 들이쉴 때는 아랫배를 먼저 채우고 가볍게 멈추었다가 다시 가슴을 채우고 마지막으로 쇄골까지 채우세요. 목을 열고 턱에 긴장을 푸세요. 아무것도 긴장해선 안 됩니다.

공기가 꽉 차면 잠시 멈추었다가 평소처럼 내쉬세요.

다 내쉬고 또 멈추었다가 반복합니다.

반대로 들이쉴 때 자연스럽게 하고 내쉴 때 끊어서 할 수도 있고 둘 다 할 수도 있습니다. 어떤 경우든 호흡과 폐 안의 공기의 느낌을 인지해야 합니다. 그리고 다른 생각은 그냥 흘려버리세요.

물론, 이렇게 호흡을 조절하는 활동이 여러분을 불안하게 하거나, 숨이 차거나, 어떤 불편한 느낌을 준다면 다시 자연스러운 호흡으로 돌아오세요. 아무도 여러분의 성과에 등급을 매기거나 평가하지 않습니다. 어떤 것이 잘 맞는지 알아보세요. 무리할 필요는 없습니다. 처음에는 그저 몇 분 동안만 하면 됩니다(3분 정도?).

명상의 이득은 폭넓게 연구되고 있습니다. 최근[3] 연구자들은 아이들도(중학생) 효과를 볼 수 있다는 것을 보여주었습니다. 1년간의 연구에 참여한 학생들은 편안하지만 깨어 있는 상태가 증가했고 감성 지능을 나타내는 기술(자기 제어, 자아 반성/지각, 감정적 반응의 유연성)이 향상되었습니다. 그리고 학습 성과도 높아졌습니다. 앉아서 숨쉬기라는 투자의 수익으로는 나쁘지 않죠.

---

3 『중학생들의 초월 명상 경험: 정성 분석 보고서』 [RB06]

명상은 별것 아닌 것 같아 보입니다. 하지만 그렇지 않습니다. 저는 여러분이 이것을 한번 시도해 것을 강력하게 권합니다. 주의를 집중하는 것은 아주 중요한 기술입니다.

다음 할 일 ➡

☐ 정기적으로 명상을 실험해 보세요. 세 번 정도 '명상적인' 호흡을 하는 것으로 시작해도 좋습니다. 하루 동안 생각날 때마다 깊고 편안한 세 번의 '명상' 호흡을 하는 것으로 시작해 보세요. 일어날 때, 점심, 저녁 때, 회의 전에 해보세요.

☐ 매일매일 되도록 같은 시간에 20분 정도까지 한번 해보세요. 내부의 생각을 침묵시킬 수 있나요?

다음 절로 넘어가기 전에 시도해 보세요.

잠시 읽기를 멈추고 꼭 한번 시도해 보세요. 아니면 읽으면서 우스꽝스럽게 숨 쉬게 될 겁니다. 그리고 좀 기묘한 말이지만 의도적으로 집중하지 않는 것에 대한 내용인 다음 절에 집중을 못 하게 될 겁니다.

02 | 집중하기 위해 집중을 풀어라

어떤 문제는 덜 의식적인 접근을 할 때 풀립니다. 그리고 이것은 흥미로운 의문을 일게 합니다. '일'로 간주할 수 있는 것은 무엇인가? 무엇을 '노력'으로 볼 수 있는가?

뭔가를 열두 시간 동안 절이는 것은 '요리'를 하는 것일까요? 가만히 앉아서 문제에 대해 생각하는 것은 '일'을 하는 것일까요?

네, 간단히 말하면 그렇습니다. 창조성은 시간의 함수가 아니고 압박을 가한다고 결과가 나오는 것도 아닙니다. 사실 상황은 완전 반대입니다. 의식적으로 문제를 흘려보내서 그 문제가 생각에 절여지게 만들어야 합니다.

{ 뭔가를 하려고 하지 마라 }
탐 러츠는 『아무것도 하지 말라: 미국의 게으름뱅이, 한량, 건달과 부랑자』 [Lut06]에서 "많은 사람들의 경우 창조적인 활동을 할 때는 아무것도 안 하고 가만히 앉아 있는 시간이 엄청나게 많다는 것이 명백하다." 하지만 이것을 좀 더 명확하게 하면, 그저 아무것도 안 하는 것이 아니라 뭔가를 하지 않는 것입니다.

이것은 후기 산업화 사회에 접어든 오늘날 문제가 될 수 있습니다. 이처럼 중요한 '생각하는 시간'은 보통 대부분의 회사에서 인정이나 보상을 받을 수 없습니다. 프로그래머의 경우 (혹은 다른 지식 노동자) 키보드를 두드리고 있지 않다면 일하는 것이 아니라는 오해가 널리 퍼져 있습니다.[4]

일을 무의식이 하도록 넘겨줘도 되는 것은 여러분이 작업할 데이터를 갖고 있을 때뿐입니다. 먼저 해야 할 일은 데이터를 '채워 넣는' 일이죠. 있는 그대로, 여러분이 알고 있는 사실들을 말입니다.

러츠는 모든 사람들은 자신만의 '절임' 방법이 있다고 이야기합니다. 즉, 자신의 생각을 국으로 끓여내는 방법이 있는 것입니다(예를 들면, 저는 늘 잔디를 베는 것을 좋아합니다). 앞서서 R 모드가 자료를 가지고 작업할 시간이 필요하다고 했었는데 그것과 연관된 생각으로 '여러 개의 초안'이라는 의식 모델이 있습니다.

『쉽게 풀어 쓴 의식』[Den93]에서 다니엘 데닛 박사는 흥미로운 의식 모델을 제안했습니다. 어떤 순간이든지 일련의 사건, 생각, 계획 등이 미완성 초안인 상태로 여러 개가 존재한다는 것을 생각해 보세요. 데닛 박사는 대부분의 뇌세포와 처리 활동이 주도하는 하나의 초안을 '의식'이라고 정의했습니다.

여러 개의 초안을 뇌 속에서 여러 개의 반딧불 무리가 흩어져 있는 것이라고 생각해 보세요.[5] 대부분의 그룹/무리는 무차별적으로 반짝거립니다. 몇몇은 하나의 무리로 함께 반짝이고요. 그러다가 무리의 일부가 함께 반짝이면 잠깐 동안 본질적으로 뇌를 점령합니다. 이것이 의식입니다.

여러분의 감각을 통해 어떤 새로운 사건을 접한다고 가정해 봅시다. 데닛 박사가 말하기를, "어떤 것을 뇌의 특수하고 지엽적인 부분에서 관찰하고 나면, 그 관찰에 따라 수정된 정보는 어떤 '주' 판별자에게 보내져서 재판독되는 것이 아닙니다. 뇌 안에 시간적으로, 공간적으로 분산되어 고착된 정보는 시간과 공간에 따라 다시 정확하게 위치를 찾아낼 수 있기 때문에 재분류할 필

{ 다중 초안이 의식을 형성한다 }

요가 없습니다. 다만, 이러한 정보 저장이 의식 속에서 그 정보의 내용을 인지한다는 뜻은 아닙니다."

다른 말로 하면, 인지는 아직 의식 수준에 도달하지 않은 것입니다. 그가 이어서 말하기를, "내용의 흐름은 그 다중성 때문에 마치 이야기처럼 보입니다. 어떤 시점을 보면 뇌의 다양한 영역에서 다양한 편집 단계의 이야기 조각들이 다중 '초안'을 구성하고 있습니다." 초안에서 초안으로의 이런 흐름은 우리가 이야기로 인지하는 무언가를 창조해냅니다.

데닛의 이론은 소위 카테시안 극장 모델의 흥미로운 대안입니다. 카테시안 극장 모델에서는 의식을 관장하는 중심이 있어서 그것이 뇌의 활동, 곧 사람에게 명령을 내린다고 가정합니다. 이건 마이크 마이어스나 미니미 같은 것일 수도 있고 의식이 상영되는 영화관 스크린일 수도 있습니다.

하지만 이것은 현실이 아닙니다. 다중 초안 이론은 동시에 연구가 진행되는 라인에 가까운, 좀 더 분산된 처리 모델입니다. 단일한 원천에서 나오는 것도 아니고 전체를 통제하는 통제실이 있는 것도 아닙니다. 그보다 어떤 영역이 함께 활성화되는가가 여러분의 의식을 결정합니다. 그게 의식을 상향식(bottom-up)으로 만들고 자기 조직화를 하며 아마도 가장 눈에 띄는 속성일 것입니다.

| **미루기 vs. 절이기** | 생각을 절여두는 것과 시간을 잡아먹는 미루기를 어떻게 구분할 수 있을까요?

저는 미루기를 늘 '종이 인형 만들기'라고 부릅니다. 가까운 친구(이름은 안 붙일 겁니다)가 다음날 중요한 시험이 있었습니다. 하지만 전날 밤 공부는 안하고 그냥 소파에 앉아서 종이 인형을 모양대로 자르고 있었습니다. 이건 늘 미루기의 전형인 것처럼 보였죠. 관련도 없고 생산적이지도 않은 활동을 하느라 해야 할 일을 못하게 하는 것입니다.

하지만 아마도 제가 틀렸을지도 모릅니다. 아마도 그것은 미루기가 전혀 아니었을 겁니다. 고도의 촉각적 경험이었습니다. 아마도 그게 그녀가 생각을 절여두는 방식이었을 겁니다. 그녀는 시험을 통과했고 우등으로 졸업을 맞이했습니다.

정말 하기 싫은 그런 종류의 일이어서 딴 짓을 한다면 그것은 단순한 미루기입니다. 하지만 여전히 거기에 흥미가 있는데 단지 '막혔다'라고 느끼는 것이라면 생각은 여전히 끓고 있습니다. 그것으로 충분합니다.

다시 생각 절이기로 돌아가 봅시다. 받아들이기 어려운 만큼, 다중 초안을 발효시키고 끓이고 개발하려면 시간이 필요합니다. 한 줄의 생각은 '현재'에 있고 의식으로 경험되지만 그렇다고 해서 다른 초안들이 무시되거나 무관하다는 뜻은 아닙니다.

'컨설턴트의 세 가지 법칙'[6]을 들어본 적이 있나요? 보통 계획이 잘못될 수 있는 세 가지 경우를 떠올릴 수 없거나, 혹은 문제에 대해 세 가지 다른 해답을 내놓지 못한다면 아직 충분히 생각하지 않은 것이라는 이야기입니다. 다중 초안 모델을 그런 시각으로 볼 수 있습니다. 적어도 세 개의 대안적인 아이디어가 발효돼서 의식으로 들어오게 하는 겁니다. 사실 이미 들어와 있습니다. 그저 그것들이 자라고 무르익게 하면 됩니다.

그리고, 그렇죠, 이건 그냥 앉아서 아무것도 하지 말라는 것일 수도 있습니다. 책상에 다리를 올려놓으세요. 콧노래를 부르세요. 바삭거리는 과자를 먹는 것도 좋습니다.

TIP 040 | 생각할 시간을 만들어라

그래서 이제 이 훌륭한 것들을 가지고 뭘 하면 좋을까요? 학습을 성과로 이끌어내기 위해 R 모드에서 L 모드로 가는 것처럼 지식을 좀 더 의도적인 방법으로 다루어 보세요.

다음 할 일 ➡

☐ 정신적으로 절임을 할 때 쓰는 여러분만의 요리법은 무엇인가요? 다른 것도 시도해 보았나요?

☐ 생각 절이기를 하는 데 시간을 쓴다고 다른 사람을 비판해본 적이 있나요? 이제 다르게 행동할 것인가요?

☐ 생각 절이기를 한다고 비판을 받아본 적이 있나요? 다음 번에는 어떻게 대응할 것인가요?

---

6 제리 와인버그의 『컨설팅의 비밀』 [Wei85]에서

03 | 지식을 관리하라

이제 여러분의 아이디어와 통찰, 원천 정보와 지식을 가지고 버무려서 어떤 멋진 것을 만들어 볼 때가 왔습니다. 하지만 꼭 여러분의 뇌의 한계에 맞출 필요는 없습니다. 여러분의 처리 용량을 늘려봅시다.

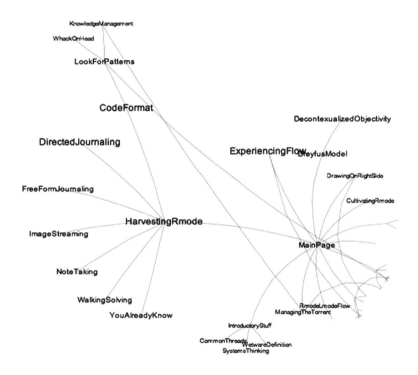

갑자기 이 주제들은 다 뭐고 왜 이렇게 웃기게 써져 있죠? 이제부터 설명하겠습니다...

외부 뇌세포 구축하기

3.2절, 24×7 통찰을 잡아라에서 말한 것처럼 늘, 어디서든 정보를 잡아낼 준비가 되어 있어야 합니다. 하지만 일단 잡고 나면 그냥 내버려둬서는 안 됩니다. 그러면 그걸로 아무런 이득도 취할 수 없습니다. 그 자료를 가지고 뭔가를 해야 합니다. 조직화하고 더 발전시키고, 다른 자료들과 통합합니다. 그리고 더 정제하고 일반적인 아이디어를 더 세부적인 것으로 나눕니다.

이처럼 생각들을 집어넣어서 효과적으로 처리할 수 있는 공간이 필요합니다. 최신 기술 덕분에, 쉽게 자기조직화하고 리팩터링할 수 있는 하이퍼링크 정보 저장소를 제안할 수 있습니다. 하지만 세부사항을 파고 들기 전에 이게 왜 중요한지 설명하고 갑시다.

{ **외부의 지원도 지성의 일부분이다** } 이것은 단순한 사무적 활동이 아닙니다. 분산 인지 연구에 따르면, 정신적 활동을 뇌 바깥에서 지원하기 위한 도구들은 실제로 동작하는 지성의 일부가 된다고 합니다. 뇌에는 이처럼 놀라운 능력이 있기 때문에 우리는 핵심적인 외부 지원을 몇 가지 활용하면 터보엔진을 달 수 있습니다.

토마스 제퍼슨은 살아 있을 때 주변에 1만 권의 장서를 소유했다고 합니다.[7] 제퍼슨은 욕심 많은 독서가였고, 책은 정치철학에서부터 음악, 농업, 와인 제작에 이르기까지 다양한 주제에 걸쳐 있었습니다. 각각의 책은 그의 의식의 일부가 되었죠. 아마도 전체는 아닐 겁니다. 우리들 대부분은 백과사전 급의 기억력을 갖고 있진 못합니다. 일단 한 번 읽고 나서 자세한 내용을 어디서 찾아야 할지만 알면 충분합니다.

알베르트 아인슈타인도 이 점을 잘 알았습니다. 그가 1마일이 몇 피트인지에 대한 질문을 받았을 때, 쉽게 찾아볼 수 있는 것들로 뇌를 채우지는 않는다고 답했다는 이야기가 있습니다. 레퍼런스 책이 있는 것은 이것 때문입니다. 이것이 효과적인 자원 활용이죠.

여러분 자신의 책 모음, 노트, 심지어 여러분이 즐겨쓰는 IDE와 프로그래밍 언어까지 이 모든 것들이 여러분의 외부 뇌세포를 구성합니다. 이것은 여러분의 물리적 뇌 바깥에 존재하는 지식이나 처리 장치입니다. 프로그래머와 지식 노동자는 보통 사람들보다 컴퓨터를 이용해서 외부 뇌세포를 구축하는 경우가 많습니다. 하지만 물론 모든 컴퓨터 기반 도구가 비슷하지는 않습니다.

제가 찾은 것 중 생각을 절이고 분류하고 발전시키고자 할 때 가장 효과적인 도구는 개인 위키(wiki)입니다. 사실, 이제 곧 보겠지만 이런 방식으로 여러분의 멋진 생각들을 조직화하다 보면 더 훌륭한 아이디어를 얻을 수 있을 것입니다.

---

7 그리고 그중에 7000권 가까이 기부해서 1815년에 국회도서관을 만들 때 중심이 되었죠.

위키를 사용하라

전통적인 위키(위키위키웹, Wiki-Wiki-Web의 약자)에서는 누구든지 페이지를 보통의 웹 브라우저로 편집할 수 있습니다. 페이지 아래에 보면 다음 그림 8.1처럼 편집(Edit This Page)이라는 링크가 있습니다.

그 링크를 클릭하면 HTML로 된 페이지의 내용이 텍스트 편집 위젯으로 나타납니다. 페이지를 수정하고 저장(Save) 버튼을 클릭하면 수정 사항이 웹 페이지의 일부로 반영됩니다. 이 마크업은 원래 HTML보다 보통 더 간단합니다. 예를 들면, * 문자를 이용해서 목록을 만들 수 있고 밑줄을 이용해서 이탤릭체를 만들 수 있습니다. 그림 8.2에 나와 있죠. 그렇지만 위키의 가장 중요한 능력은 다른 페이지와 연결할 수 있는 것입니다.

새로운 페이지를 만들기 위해 먼저 그 페이지로 가는 링크를 위키워드(Wiki Word)로 만드는 것으로 시작합니다. 위키워드(WikiWord)는 두 개 이상의 단어를 각 단어의 첫 자만 대문자로 해서 공백 없이 연결한 단어입니다.[8] 페이지에 위키워드를 놓으면 자동으로 그 이름의 위키 페이지로 가는 링크가 됩니다. 설령 존재하지 않는 상태라도 클릭할 수 있는데, 그러면 빈 페이지가 나와서 채워 넣을 수 있습니다. 이를 통해 아주 자연스럽고 손쉽게 새 페이지를 만들 수 있습니다.

> { 위키를 텍스트 기반 마인드맵으로 활용하라 }

하지만 전통적인 위키는 웹 기반이고 편집 화면과 보기 화면 사이에 본질적인 구분이 있습니다. 만약 어떤 이유든 위키를 웹 기반 애플리케이션으로 써야 한다면 그건 그것대로 좋습니다. 하지만 여기서 사용할 목적으로는 이 기술을 약간 변화시킨 것을 쓰는 게 좋습니다.

여러분이 좋아하는 텍스트 편집기에서 위키 편집 모드로 구현된 위키를 쓸 수 있습니다. 이렇게 하면 그 에디터 환경에서 위키워드 하이퍼링크와 구문 강조가 됩니다. 이 기능을 vi, XEmacs, TextMate 편집기에서 써봤는데 모두 효과가 좋았습니다. 위키는 마치 텍스트 기반 마인드맵 같습니다(그리고 마찬가지로 마인드맵을 이용해서 위키의 한 부분에 내용을 더하거나 명확하게 할 수 있습니다).

---

8   (옮긴이) 대소문자가 없는 한국어에서는 위키워드가 불가능해서 다른 방식으로 링크를 겁니다. 위키문법 표준화가 진행되고 있는데 거기서는 [[와]]로 둘러싸는 것을 위키링크로 봅니다.

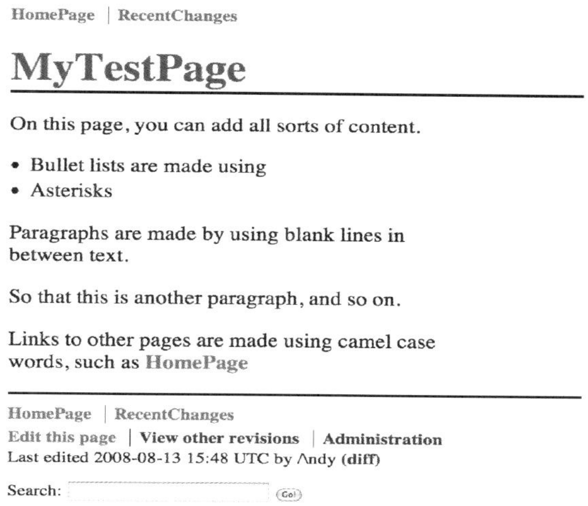

HomePage | RecentChanges

MyTestPage

On this page, you can add all sorts of content.

- Bullet lists are made using
- Asterisks

Paragraphs are made by using blank lines in between text.

So that this is another paragraph, and so on.

Links to other pages are made using camel case words, such as HomePage

HomePage | RecentChanges
Edit this page | View other revisions | Administration
Last edited 2008-08-13 15:48 UTC by Andy (diff)

Search: _____ (Go!)

그림 8.1 | 위키 페이지

제가 해본 것 중 가장 성공적인 위키 실험은 PDA에서 데스크톱으로 동기화되는 위키였습니다. 샤프에서 나온 PDA인 자우루스를 썼는데 작고 주머니에 들어갈 만한 크기에, 엄지 키보드를 달고 리눅스를 돌렸죠. 여기에 vi 편집기를 설치하고 몇 가지 매크로를 써서 하이퍼링크를 통해 오가고 위키 링크를 구문 강조해주는 등의 기능을 추가했습니다. 그러면 이렇게 위키를 구성하는 텍스트 파일들을 소스 코드 버전 관리 시스템으로 동기화할 수 있습니다(여기서는 CVS였죠).

그 결과, 호주머니에 쏙 들어가는 휴대용 위키가 탄생합니다. 버전 관리도 되고 제 데스크톱이나 노트북과 동기화도 됩니다. 제가 어디에 있든지 저의 지성이 담긴 위키 공간이 함께하는 것입니다. 노트를 추가하거나 기사나 책에 대한 작업(이 책도 포함해서) 등도 할 수 있습니다.

이 책을 쓰는 동안 자우루스에서 벗어나서 아이팟 터치(iPod Touch)를 쓰기 시작했는데 그걸로 루비 기반의 커스텀 웹 서버로 좀 더 전통적인, 똑같이 동기화된 위키 데이터베이스를 이용하는 웹 기반 위키를 사용할 수 있었습니다.

책상 앞을 벗어나서도 위키를 쓸 수 있도록 노트북이나 PDA에서 돌아가는 것들이 어떤 것이 있는지 조사해보고 싶을 겁니다. 선택할 만한 위키 구현체는 아주 많습니다. 최신 목록을 보려면 http://en.wikipedia.org/wiki/Personal_Wiki를 보세요.

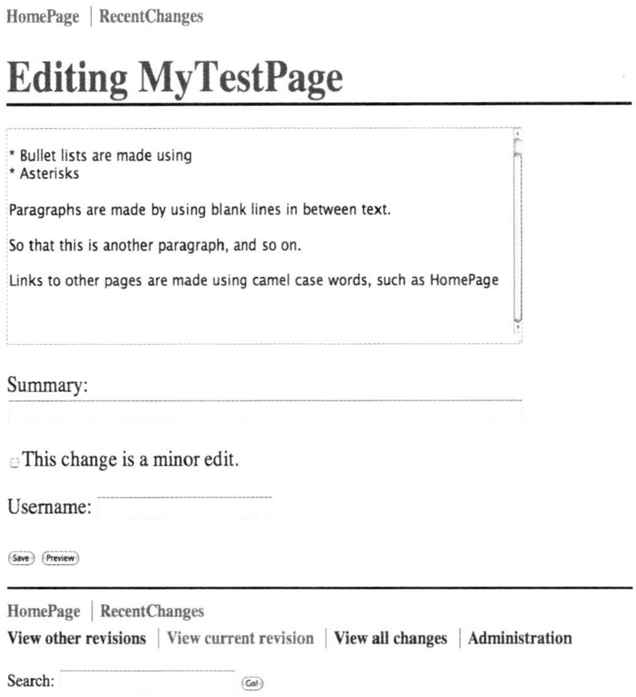

HomePage | RecentChanges

Editing MyTestPage

* Bullet lists are made using
* Asterisks

Paragraphs are made by using blank lines in between text.

So that this is another paragraph, and so on.

Links to other pages are made using camel case words, such as HomePage

Summary:

☐ This change is a minor edit.

Username:

(Save) (Preview)

HomePage | RecentChanges
View other revisions | View current revision | **View all changes** | Administration

Search: (Go!)

그림 8.2 | 위키 페이지 편집

TIP 041 | 위키를 이용해 정보와 지식을 관리하라

이 접근법의 백미는 정보의 구체적인 사항을 저장할 장소를 한번 갖게 되면 새롭고 중요한 자료들이 여기저기서 솟아나기 시작할 것이라는 점입니다. 이것은 감각 튜닝과 비슷한 현상입니다. 예를 들어, 제가 여러분에게 파티에서 빨간색을 찾아보라고 말하면 여러분은 갑자기 모든 곳에서 빨간색을 알아볼 수 있습니다. 같은 일은 새로운 자동차 모델에도 있습니다. 일단 거기에 주의가 쏠리면, 예전에는 관심을 두지 않았던 곳에서 여러분이 찾는 것이 갑자기 튀어나옵니다.

{ 감각 튜닝을 활용해 더 많은 생각을 수집하라 }

위키가 있으면 무작위적인 아이디어를 홈페이지에 쓰게 됩니다. 달리 써야 할 곳을 모르기 때문이죠. 시간이 지나면 그에 관련된 두 번째 아이디어가 생깁니다. 그러면 두 생각을 새로운 페이지로 옮겨 담을 수 있습니다. 이제 그 페이지에서 더 많은 것들이 나옵니다. 물론 그것들도 담아둘 곳이 있기 때문에 여러분의 지성은 그것을 기쁜 마음으로 흡수합니다.

어떤 형태의 생각을 담아둘 곳이 일단 생기면, 그런 형태의 생각을 더 많이 모을 수 있습니다. 그게 위키든 종이 잡지든, 노트 카드든, 신발 상자든, 특정 주제나 프로젝트에 대한 생각을 담아둘 공간이 생긴다는 것은 외부 뇌세포 시스템의 핵심적인 이득입니다.

예를 들어, 그림 8.3의 화면을 보세요. 이것은 저의 개인 위키 형식입니다. 페이지의 제목이 각 페이지의 상단에 보이고 다른 위키 페이지(ToDo 같은)로 가는 몇 개의 단축 링크가 있습니다. 위키워드는 그 이름의 페이지로 연결되고 파란색으로 강조됩니다. 보통의 웹 URL과 같죠.

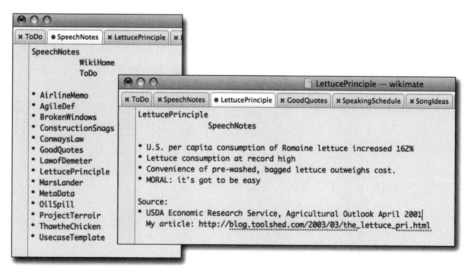

그림 8.3 | 위키 노트

처음에 양상추 소비에 대한 새로운 사실이 떠올라서 LettucePrinciple(양상추 원칙)이라는 페이지를 만들었습니다. "닭을 해동시킨다(Thaw the chicken)"라는 재미있는 대목이 담긴 우스갯소리를 듣고 유용할 것 같아서 ThawTheChicken이라는 페이지를 만들었습니다. 그리고 나사(NASA)가 잘못된 측정 단위로 인해 프로그래밍 에러가 나서 1억 2천 5백만 달러짜리 위성을 잃었다고 해서 그 사실을 MarsLander(화성 착륙선)에 적었습니다.

이제 이런 종류의 생각들이 떠다니기 시작합니다. 그래서 SpeechNotes(연설 노트)라는 이름의 간단한 목록을 만들어서 발표를 하기 위해 축적한 자료들에 대한 아이디어를 넣었습니다. ConwaysLaw와 LawOfDemeter, OilSpill 등과 이미 사용한 다른 자료들을 넣고 ProjectTerroir 같은 새로운 아이디어도 넣었습니다. 이제 LettucePrinciple은 비슷한 주제와 어울릴 수 있는 공간이 생겼으니 그 목록에 집어넣습니다. 이것은 RubyConf에서 기술 적용에 대해 발표할 때, 그리고 블로그에 글[9]을 쓸 때 활용했죠.

이 목록은 점차 커져서 수백 개의 항목이 되었는데, 그러니까 별로 좋지 않아서 위키 정리(wiki gardening)를 시작해서 청소하기 시작했습니다. 블로그 글, 다음에 할 발표, 기초 자료가 되는 이야기와 연구 등을 다른 목록으로 만들었습니다. 어떤 특정한 기사에 대한 노트는 이런 페이지들을 여러 개씩 연결합니다. 책의 개요는 20여 개를 연결하기도 하죠. 하지만 위키의 능력은 이런 조직화뿐만이 아닙니다.

메모를 위키에 옮겨 쓰면(혹은 위키 내에서 청소하는 것) 뇌가 그 자료를 기억하는 데 도움이 됩니다. 회의나 교육에서 적은 메모를 옮겨 쓰는 것만 해도 그 자료를 두 번 깊이 있게 노출하는 것이기 때문에 신경망의 연결을 강화할 수 있습니다.

그것을 더 많이 다룰수록 전에 인지하지 못했던 새로운 관계나 패턴을 많이 발견할 수 있습니다. 그리고 그중 더 재미있는 부분을 가지고 마인드맵을 그린다든지 해서 통찰을 이끌어내고 다시 위키에 적을 수 있습니다.

의도적으로 패턴을 찾을 수 있게 되는 것입니다.

하지만 작업 중인 뭔가에 집중을 유지하고 싶을 때는 산란하는 요소를 차단해야 합니다. 다음 절에서 그 이유를 살펴볼 것입니다.

04 | 현재 컨텍스트를 최적화하라

여기서 말하는 컨텍스트(Context)의 의미는 지금 작업 중인 것과 관련돼서 현재의 단기 기억에 올라와 있는 정보의 집합입니다. 컴퓨터 용어로는 메모리로 가져온 작업 중인 페이지의 집합입니다.

---

9 http://blog.toolshed.com/2003/03/the_lettuce_pri.html

컴퓨터는 우리의 머리 구조보다 확실히 좋은 점이 하나 있습니다. 컨텍스트를 쉽고 자연스럽게 전환할 수 있게 만들었다는 것입니다.

우리는 그렇지 않습니다. 뭔가가 우리를 방해하거나 플로우(flow) 상태를 깨뜨리거나 초점을 잃게 만들고 나면 다시 모든 것을 원래대로 되돌리는 것이 정말로 힘듭니다. 여기서 "모든 것을 원래대로 되돌린다"를 컨텍스트 전환(context switching)이라고 부릅니다. 이제부터 왜 여러분이 그토록 이것을 피하려고 하는지, 어떻게 산만해지는 것을 막는지, 흐름을 끊는 것에 어떻게 대처하면 좋을지를 살펴보겠습니다.

컨텍스트 전환

여러분은 남는 주의력의 양이 얼마나 되나요?[10] 그러니까, 현재 여러분의 관심을 필요로 하는 것이 얼마나 되는지, 한 시점에 얼마나 많은 대상에게 주의를 기울일 수 있는지 같은 것입니다. 이 비율은 보통 그다지 좋지 않습니다.

여러분이 주의를 기울일 수 있는 양은 생각보다 적습니다.

한 번에 아주 많은 대상에 관심을 쏟을 수는 없습니다. 한 가지에서 다른 것으로 초점을 바꾼다는 것은 곧 컨텍스트를 전환하는 것이니까요. 불행히도, 우리의 뇌는 컨텍스트 전환을 잘 처리하지 못합니다.

다중 작업(multitasking)은 생산성을 심각하게 떨어뜨립니다. 한 연구[11]에 따르면 일반적으로 다중 작업을 하면 생산성이 20%에서 40% 가량 떨어진다고 합니다. 바로 이것 때문에 하루 8시간 일하는 것이 5시간이 돼버리는 겁니다. 어떤 연구는 그 수치가 50%에 가깝다고도 합니다. 게다가 실수도 엄청 많아지죠.

좀 더 명확히 하면, 여기서 말하는 다중 작업은 동시에 추상화 수준이 다른 작업을 여러 개 수행하는 것입니다. 코드의 한 부분에서 버그를 여럿 수정하는 것은 다중 작업이 아닙니다. 비슷한 전화를 여럿 받거나 코스 요리를 준비하는 것도 아닙니다. 문제가 되는 것은 코드를 수정하고 있는데, 그와 무관한 쪽지나 이메일, 전화 등에 응답하는 것, 혹은 뉴스 사이트를 보는 것과 같은 일입니다.

---

10 『플로우: 최적 경험의 심리학』 [Csi91]

11 http://www.umich.edu/~bcalab/multitasking.html

컴퓨터와는 달리, 우리의 뇌는 '스택에 저장하기(save stack)'나 '스택 다시 읽기(reload stack)'와 같은 동작을 못합니다. 그 대신 모든 것을 하나하나 다시 기억해내야 합니다. 즉, 어떤 작업(디버깅 같은)에 빠져들었을 때 방해를 받으면 원래대로 돌아오는 데 평균적으로 20분이 걸립니다. 20분입니다. 하루에 얼마나 인터럽트를 많이 받는지 생각해 보세요. 만약 각각의 인터럽트에서 돌아오는 데 20분이 걸린다면 하루의 대부분이 그냥 날아가버립니다. 이것이 프로그래머들이 인터럽트를 싫어하는(특히 프로그래머가 아닌 사람에게서 오는) 이유를 말해줍니다.

| **조직화의 문제** | 이메일에서 이런 문제를 경험해본 적이 있을 겁니다. 다양한 주제별로 폴더를 따로 관리하는데 여러 분류에 걸쳐 있는 이메일을 어떻게 처리할 것인가? 분리된 분류로 관리하는 것은 금방 쓸모없어집니다. 위키에서는 주제들을 상호 연결(cross-linking)해서 해결할 수 있는데 이렇게 하면 계층 구조를 엄격하게 할 필요가 없습니다. 하지만 이메일은 보통 단일 폴더에만 담을 수 있죠.

그래서 아예 이메일을 폴더에 나눠서 저장하지 않는 게 나아 보입니다. 그 대신, 커다란 바구니 몇 개를 만들고(연 단위나 월 단위로) 다 집어넣은 다음 필요한 것을 찾을 때는 검색 기술의 이점을 활용합니다.

만약 여러분이 사용하는 메일 클라이언트가 지원한다면 가상 메일함을 사용할 수도 있습니다. 검색 조건에 맞게 실시간 메일함을 만들어낼 수 있습니다. 메일 하나가 여러 개의 가상 메일함에 들어갈 수 있고 그러면 필요할 때 찾기 편하죠.

혹은 그냥 로컬 검색 엔진을 쓸 수도 있습니다. 맥의 스포트라이트(Spotlight)나 구글 데스크톱(Google Desktop) 등이 있습니다.

오늘날 디지털 문화에서 이런 현상은 좀 더 크고 위험한, 인지 과부하(cognitive overload)라고 불리는 현상의 일부분입니다. 스트레스로 만든 칵테일이죠. 다중 작업도 너무 많고, 산란하게 하는 것도 너무 많고 처리해야 할 새 데이터의 폭풍도 잦습니다. 과학자들은 한 번에 여러 가지 일에 초점을 맞추려고 하는 것은 각각을 제대로 못한다는 의미라는 데 다들 동의합니다.[12]

---

12 이 주제에 대해서는 주류 저널의 논문들이 많습니다. 『방해받는 삶』[Sev04]과 『용감한 다중 작업자여, 천천히 하라. 이 책도 이동 중에는 읽지 말라』[Loh07] 등이 대표적이죠.

이것으로도 부족하다면 영국에서 발표된 논쟁적인 연구가 하나 더 있습니다. 만약 이메일을 보거나 메신저에 응답하느라고 일에 계속 방해를 받으면 실질 IQ가 10점 가량 떨어진다는 것입니다.

비교를 하자면, 대마초를 피우는 것은 단지 IQ를 4만큼 떨어뜨릴 뿐입니다(다음 페이지의 그림 8.4를 보세요).

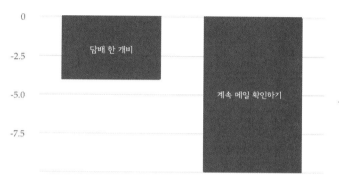

그림 8.4 | 상대적인 IQ 감소

무슨 일을 하든지, 둘 다 하지는 마세요.

이 결과를 보면 회사들이 의무적인 약물 검사에 관심을 좀 줄이고 그 대신 이메일 습관 검사를 의무화하는 것이 낫지 않나 하는 의문이 듭니다.[13] 물론 이런 게 이메일과 약물만 있는 것은 아닙니다. 운전 중에 휴대폰으로 통화를 하면 도로상의 위험에 재빠르게 대응할 수 없죠. 텔레비전 뉴스 채널에서는 주 화면과 작은 화면을 분할해서 다른 이야기를 보여주면서 헤드라인을 스크롤까지 시키고 춤추는 화장지 광고로 끊어놓기까지 합니다. 인지과학의 관점에서 본다면 이 모든 것은 전부 그냥 고문입니다.

우리는 동시에 여러 가지를 다루는 데 능하지 못하고 기술적으로 신기한 것에 쉽게 주의를 빼앗깁니다. 그럼 어떻게 이런 일상적인 산만함을 극복하고 작업에 집중할 수 있을지를 살펴봅시다.

---

13 멋진 이야기이긴 하지만 이 연구의 토대는 의심의 여지가 있습니다. http://itre.cls.upenn.edu/~myl/languagelog/archives/002493.html을 보세요.

주의 산만 방지하기

NPR[14]의 모든 일 고려하기[15] 프로그램을 보면 폴 포드는 스파르타식 사용자 인터페이스 (spartan user interface)[16]의 장점을 찬양합니다. 초기의 텍스트 기반 OS(CP/M, MS-DOS 등)에서 돌아가던 문서 편집기인 워드스타(WordStar)나 워드퍼펙트(WordPerfect)를 생각해 보세요. 윈도우도 없고 마우스도 없고 이메일도, 게임도 없습니다. 작업 환경이 너무 평범하기 때문에 좀 더 고무적이 됩니다. 좀 더 정확히 말하면, 당면 과제에 집중할 수 있게 해주는 그런 환경이죠.

| 의도적인 전환 | 이런 문제와의 싸움을 도와주는 한 가지 방법은 컨텍스트 전환을 더 의식적으로 하는 (여기서 어떤 경향이 보이죠?) 것입니다. 그냥 바로 메신저나 메일로 뛰어가지 말고 좀 더 의식적으로 행동하는 겁니다. 현재 작업 중인 것을 닫고 심호흡을 한 후(호흡의 중요성과 이메일 질식에 대해 좀 더 이야기할 겁니다). 새로운 활동에 호기심과 흥미를 불러일으켜 보고 완전무장한 다음 그 일을 정면으로 마주합니다

제가 이동 중에 글을 쓸 때 좋아하는 도구 중 하나로 샤프의 자우루스가 있습니다. 수명이 다해가는 건데 결국은 vi 편집기를 제외한 나머지는 전부 없애버렸습니다. 무선랜 카드도 없애고 오로지 CF 메모리 카드로만 동기화를 시켰습니다. 그러자 산란 요소들이 거의 사라졌습니다. 문자 그대로 글쓰기 말고는 할 수 있는 게 아무것도 남지 않았습니다. 게임도 없고 이메일도 없고 웹도 없죠. 그저 작업 중인 글밖에 없습니다. 간결하지만 효과적입니다.

좀 더 기능이 많은 시스템에서는 현재 사용 중인 애플리케이션 외에는 전부 숨겨주는 특수한 프로그램을 사용할 수 있습니다. 예를 들어, 맥에서는 Think![17]나 DeskTopple[18]을 쓸 수 있습니다. 이건 데스크톱의 아이콘을 숨기고 배경을 바꾸고 타이머에 따라 애플리케이션의 윈도우를 숨깁니다.

---

14 (옮긴이) National Public Radio라는 라디오 방송국

15 (옮긴이) All Things Considered, NPR의 토크쇼 프로그램.

16 폴 포드가 2005년 11월 23일 발표한 모든 일 고려하기에서 '더 이상 산만해지지 않기: 기본으로 돌아가라' 참조.

17 http://freeverse.com/apps/app/?id=7013

18 http://foggynoggin.com/desktopple

단일 작업 인터페이스

맥 OS X에서는 퀵실버(QuickSilver)라는 유틸리티를 사용하면 어디서든 사용할 수 있는 키보드 단축키 명령을 설정할 수 있습니다. 이건 예전에 쓰이던 램 상주 프로그램인 사이드킥을 떠올리게 하죠.

예를 들어, 제 주소록에서 누군가에게 이메일 메시지를 한 줄 보낼 수 있게 단축키를 설정해 둡니다. 그냥 보기에는 별 것 아닌 것 같아 보입니다. 하지만 메일 프로그램을 통째로 띄우지 않고 메일을 보낼 수 있다는 것은 엄청난 장점입니다.

뭔가 다른 작업을 하는 중이라고 가정해 봅시다. 갑자기 무슨 생각이 떠올라서 다른 사람에게 이메일을 보내야 합니다. 디버깅을 하는 중인데 점심 약속에 늦을 것이라는 사실을 깨달았을 수도 있겠죠. 키보드 몇 번 쳐서 메일을 보낸 후 다시 디버깅으로 돌아옵니다.

이제 보통의 경험과 비교해 봅시다.

디버깅을 하는 중에 메일을 보내야 한다는 것을 깨달았습니다. 이제 컨텍스트는 메일 애플리케이션으로 전환됩니다. 메일 애플리케이션을 띄우고 메일을 보내기 시작하는데 몇 개의 새 메일을 받은 게 눈에 띕니다. 이제 주의 산만이 여러분을 기다리고 있습니다. 바로 새로운 메일에 빨려 들어가서 디버깅에 대한 생각을 잊어버립니다. 컨텍스트가 날아가죠.

마찬가지로 퀵실버를 설정해서 간단한 단축키로 할 일 목록에 한 줄을 추가할 수 있게 해 둡니다. 안 그러면 이메일과 똑같은 함정에 빠질 수 있습니다. 할 일 목록으로 컨텍스트를 돌리면 새로운 항목을 추가하자마자 남은 할 일들이 눈에 들어옵니다. 또 한 번 산란됩니다.

리눅스에서도 할 일 목록에 추가하는 셸 스크립트로 작은 터미널 윈도우를 띄우게 하면 비슷한 일을 할 수 있습니다.

생각이 떠올랐을 때는 그 생각이 담겨야 하는 곳으로 빨리 보내버리는 것이 좋습니다. 그게 할 일 목록이든 이메일이든 빨리 보내버리고 원래 하던 일로 돌아와야 합니다.

작업을 효율적으로 조직화하고 처리하기

우리의 인터페이스와 업무 습관을 스트리밍하는 것에 대해 이야기하자면 GTD에 대한 논의를 빼놓을 수 없습니다.

데이비드 앨런이 쓴 『끝도 없는 일 깔끔하게 해치우기(Getting Things Done: The Art of Stress-Free Productivity)』[All02]는 약자로 GTD로 알려져 있는데 아주 유명한 책/방법/유행으로 일을 조직화하고 우선순위를 부여하고 효과적으로 완료하는 것을 돕습니다.

그는 방법론과 함께 업무를 더 효율적으로 다룰 수 있게 도와주는 많은 팁과 요령(라벨 붙이는 기계가 훨씬 재미있다는 것을 알았던 사람)을 제시합니다.

우리가 살펴본 아이디어에 관해서 앨런은 세 가지 핵심적인 관점을 제시했습니다. 처음 두 가지는 이메일이나 여러 가지 수신함을 처리하는 것에 관한 것이고 마지막은 좀 더 일반적인 이야기입니다.

1. 입력은 단 한 번만 훑어보라. 어떤 입력 대기열이든, 그게 메일 수신함이든 음성메일이든, 혹은 종이 편지 수신함이든 수신함을 저장 공간으로 쓰지 마세요. 한 번 훑어보고 나서 새로 들어온 것을 분류해서 어디든 필요한 곳에 넣습니다. 하지만 입력 대기열에서 오래된 것을 여러 번 훑어보지는 말라. 만약 2분 안에 해결할 수 있다면 지금 당장 하고 해치우세요. 혹은 가능하다면 다른 사람에게 완전히 떠 넘기는 것도 좋습니다. 마지막 20개의 중요한 메시지를 처리하려고 수신함의 1000개의 메시지를 거듭 살펴보는 것은 시간 낭비이자 정신력 낭비입니다.

2. 각 일 더미를 순서대로 처리하라. 일단 분류해서 쌓고 나면 작업을 하는 겁니다. 작업에 집중하면서 컨텍스트 전환을 피하세요. 앞서 본 것처럼 다른 일로 전환하면 머릿속에 스택(stack)이 날아가버립니다. 다시 돌아오려면 더 많은 시간이 걸리죠. 우리 같은 프로그래머는 뭔가 반짝거리는 것에 산란되기 쉽습니다. 일 더미에 집중하세요.

3. 머릿속에 목록을 담지 말라. 앨런은 외부 뇌세포를 잘 활용하기 위해 또 다른 중요한 점을 지적합니다. 동적으로 머릿속의 목록을 되새기는 것은 아주 비용이 큰 작업입니다. 대신 할 일 목록을 외부 뇌세포 어딘가에 두세요. 포스트잇이나 위키, 달력, 혹은 전문 할 일 목록 프로그램이나 그 비슷한 것도 좋습니다.

GTD 방법에는 팬이 많습니다. 효과적으로 우선순위를 부여하고 작업을 조직화하는 게 어렵다면 GTD가 도움이 될 겁니다.

05 | 끼어들기를 의식적으로 처리하기

최고로 잘 조직화된 할 일 목록과 일일 계획도 여러분이 산만해지는 것을 막지 못합니다. 사람은 누구나 산만해지기 쉬운데다 오늘날에는 우리의 주의를 빼앗는 요소가 과거 어느 때보다도 많습니다.

인터넷은 역사상 가장 넓은 범위의 갖가지 산란 요소를 제공합니다. 탐욕스러운 스패머들에 대한 일반적인 혐오에서부터 유튜브에 올라온 눈 만드는 기계 만들기 동영상 같은 멋진 것까지 다양합니다. 선거 부정이나 정치인의 도둑놈 심보에 대한 선동적인 Digg[19]의 글도 있고 가까운 친구와의 메신저 연락, 위키피디아에 새로 올라온 많은 글들까지 이 모든 것들이 여러분을 유혹하고 알려주고 산란하게 합니다.

팀이나 의사소통 수단, 혹은 여러분 자신으로부터의 방해 공작을 차단하는 데 도움이 되는 제안들을 몇 가지 하겠습니다.

프로젝트의 작업 규칙을 설정하라

여러분의 동료의 작업을 중단시키면서 질문을 할 수 있는, 혹은 버그 추적을 도와달라고 하거나 즉석 코드리뷰를 요청할 수 있는 시간은 언제인가요? 그들이 여러분을 방해해도 좋은 시간은 언제인가요? 관리자가 제기하는 응급 상황은 어떤가요?

이 질문들은 모두 중요합니다. 그리고 이런 것들을 처리하는 가장 좋은 방법은 먼저 처리하는 것입니다. 프로젝트가 시작하기 전에요. 하루 중 어떤 시간을 방해받지 않는 시간으로 설정하세요. 그 외의 시간은 협업, 일일 기립 회의[20], 예상치 못한 돌발 사건을 처리하는 데 쓰면 됩니다.

---

19 (옮긴이) http://digg.com
20 『애자일 프랙티스: 빠르고 유연한, 개발자의 실천 가이드』[SH06]를 보세요.

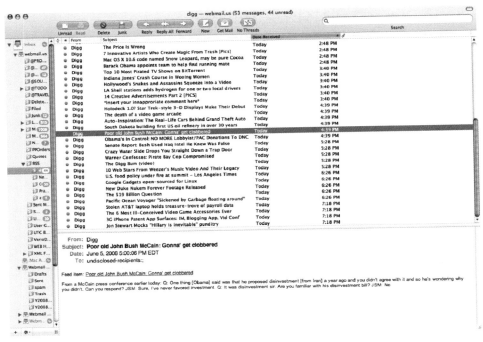

그림 8.5 | 모두 비슷비슷하게 생긴 좁고 꼬불꼬불한 미로

| 모두가 승자일 수는 없습니다 |

매일매일이 모두 생산적인 날일 수는 없습니다. 일이 무질서하게 흘러갈 때는 그저 그것을 빨리 알아차리고 모든 게 잘 되어가는 것이 아니라는 것을 깨닫는 것이 좋습니다. 급한 불을 끄고, 피자 한 조각 집어 먹고 나서 더 나은 내일을 기다립시다.

여러분은 아침에 가장 머리가 맑을 수도 있고 혹은 반대로 저녁이 되어야 좋을 수도 있습니다. 일을 어떤 식으로 하건 하루에 한 순간만큼은 정말로 생산적인 시점이 있을 것입니다. 오후나 하루 전체를 이메일 보내지 않는 시간으로 만든 팀의 이야기도 들었습니다. 이메일도, 전화도, 끼어들기도 없습니다. 그 팀의 개발자들은 이게 훨씬 생산적이고 행복한 시간이었다고 말합니다.

TIP 042 | 인터럽트를 관리하기 위해 작업 규칙을 세우라

여러분의 팀에도 프로젝트 초기에 작업 규칙(실은, 방해에 관한 규칙)을 세워보세요.

이메일을 통제하라

하지만 모두가 규칙대로 하는 것은 아닙니다. 가까운 팀 동료는 여러분이 설정한 규칙을 존중할지도 모르지만 멀리 떨어진 사무실에 있는 동료, 혹은 함께 일하는 타회사 사람, 고객, 그 외에 이메일이나 메신저, 전화로 연락하는 다른 사람들은 어떨까요?

온 세상을 여러분의 일정에 맞출 수는 없습니다.

설마, 할 수 있나요?[21]

| **이메일 질식을 경계하라** | 2008년 2월, 린다 스톤은 이메일 질식이라는 말을 만들어냈습니다. 어느 날 아침, 그녀가 깨닫기를, "그냥 이메일을 열었는데 특별한 것은 아무것도 없었어요. 그저 일상적인 일정, 프로젝트, 여행, 정보, 정크 메일의 홍수였죠. 그러고는... 제가 숨을 참고 있다는 것을 깨달았죠."

이메일 질식: 이메일을 보는 동안 일시적으로 호흡이 멎거나 불안정한 상태, 혹은 얕은 호흡이 지속되는 것.[21]

얕은 호흡이나 과도한 호흡, 숨을 멈추는 것은 단지 잠깐 불편한 것이나 이상한 부작용이 아닙니다. 깊게 정상적으로 숨쉬지 않는다면 건강에 심각한 악영향이 생길 수 있습니다. 호흡이 나쁘면 스트레스와 연관된 질병도 생길 수 있고 과민반응을 부추기거나 혈중 포도당 농도를 높일 수 있고 기타 다른 불행한 결과를 초래할 수 있습니다.

이메일에서 예상되는 스트레스가 여러분의 호흡에 영향을 미치나요? 프로그램이 죽을 때나 디버거로 추적할 때는 어떤가요? 혹은 컴퓨터에서 흔하게 볼 수 있는 비슷한 경우가 또 있나요?

이 중 어떤 것이든 여러분의 호흡에 영향을 미친다면 잠시 물러 앉아서 깊이 호흡을 해보세요, 늘.

여러분은 생각보다 이메일을 더 잘 통제할 수 있습니다. 얼마나 자주 이메일을 열어보고 응답할 것인가는 여러분에게 달린 일입니다. 다음과 같은 것을 한번 시도해 보세요. 하루 중에 이메일을 처리하는 시간을 정해놓고 그 시간에만 보도록 해보세요. 그렇다고 이메일을 제일 먼저 보지는 말고요. 시간을 정하고 이메일을 열어서 우선순위를 매기고 일정을 정합니다. 정해진 시간이 지나면 다시 실제 업무로 돌아옵니다. 계속하기는 힘든 훈련일 수 있지만 도움이 되는 몇 가지 팁이 있습니다.

---

21 http://www.huffingtonpost.com/linda-stone/just-breathe-building-th_b_85651.html

먼저, 이메일 알림을 없애버리세요. 통통 튕기는 아이콘은 저항할 수 없게 만듭니다. 클릭해달라고 애원하죠. "메일이 도착했어요"하는 상냥한 목소리도 마찬가지입니다. 가능하면 전부 다 꺼버리세요. 최소한으로 중요한 메시지가 왔을 때만 울리게 하세요. 여러분의 배우자나 상사에게 왔을 때만요.

두 번째로, 수신 알림 주기도 올려두세요. 매분 메일이 왔나 기다리거나 앉아서 실험쥐처럼 메일 확인 버튼을 쉴새 없이 클릭하면서 좋은 소식을 기다리는 일도 그만두세요.[22]

다음으로, 여러분은 이메일의 양과 응답 속도에 대한 기대를 설정하고 있다는 것을 염두에 두세요. 이메일의 황금 법칙을 떠올려보세요.

> **TIP 043** | 이메일을 더 적게 보내라. 그러면 더 적게 받을 것이다

무엇보다도 여러분이 페이스를 통제한다는 점을 잊지 마세요. 스스로 템포를 조정하는 겁니다.

> **TIP 044** | 이메일 대화를 위한 자신만의 템포를 선택하라

이메일 응답 속도는 대화의 템포를 결정합니다. 즉, 여러분이 빨리 응답할수록 나중에도 빨리 응답할 것이라는 기대를 상대방에게 심어준다는 것입니다. 이메일을 적게, 덜 자주 보내면 페이스를 낮춰서 좀 더 합리적인 수준으로 만들 수 있습니다.

마지막으로, 이메일에 대한 최고의 조언은 안 보면 멀어진다(out of sight, out of mind)입니다. 안 쓸 때는 이메일 클라이언트를 종료하세요.

컨텍스트 친화적인 작업 중단

한동안 뭔가 열심히 하다 보면 막혔다고 느끼거나, 혹은 지겨워지거나, 잠시 휴식이 필요해집니다. 이럴 때 선택할 수 있는 것이 몇 가지 있습니다.

---

22 사실, 몇몇 연구에 따르면 이건 흔한 일입니다. 쓸모없는 메일이든 좋은 메일이든 버튼을 계속 누르게 되죠. 이것을 간헐적 변동 보상 강화라고 하는데, 마치 비둘기나 실험실의 쥐처럼 자기도 모르게 빠져듭니다.

컴퓨터에서 벗어나 빈 종이에다가 낙서를 할 수도 있습니다. 이것도 신경이 분산되지만 비교적 작습니다. 산책을 할 수도 있겠죠. 누군가를 만나서 대화를 시작하지만 않는다면 산책은 그 자체로 컨텍스트를 해치지 않습니다

혹은 CNN이나 딕(Digg), 슬래시닷(Slashdot) 등에서 뭐가 새로 올라왔나 볼 수도 있습니다. 이건 꽤 큰 산란요소입니다. 더 심한 것은 이메일을 보는 것입니다. 그러면 보나마나 생각의 흐름을 놓쳐버리고 일로 돌아올 때는 20분에서 30분 정도의 생산성을 날려버리게 됩니다. 그것도 오늘 일로 돌아올 수 있을 때 이야기죠.

컨텍스트를 유지하는 또 하나의 방법은 컨텍스트에 들어가고 나갈 때의 물리적인 비용을 높여서 잘 드러나지 않는 정신적인 비용을 떠올리게 만드는 것입니다. 예를 들어 계속해서 컨텍스트에 들어갔다 나왔다 하면서 노트북을 쉽게 열었다 닫았다 할 수 있다면 그렇게 하게 될 겁니다. 하지만 작업 환경을 떠나고 돌아오는 데 고통이 따른다면 좀 더 컨텍스트 전환을 덜 하게 됩니다.

{ 비용을 명확하게 하라 }

저의 사무실에는 돌아다니면서 켜야 하는 전등 스위치가 많게 설계되어 있습니다. 일하기 전에는 보통 몇 분 정도 들여서 일하는 동안 들을 재미있는 거리를 찾습니다. 이렇게 시간을 투자하고 나서 모든 것이 갖춰지고 저 자신도 준비가 되면 변덕스럽게 나갔다 오는 일이 줄어듭니다. 전부 다 끄고 나갔다가 돌아오면 다시 다 켜야 하기 때문이죠. 일단 사무실에서 일할 준비가 갖춰지면 한동안 있습니다.

노트북도 비슷하게 돌아갑니다. 만약 배터리 전원에 의지해서 몇 분 동안 켜 놓았다면 그 자리에 별로 오래 머무르지 않습니다. 하지만 전원선과 노트북 냉각 패드 등으로 연결시켜놓으면 조금 더 수고를 해야 하죠. 별로 대단한 것은 아니지만 저에게 나갔다 돌아오는 비용을 떠오르게 해줍니다.

마스커블 인터럽트를 켜라

CPU의 용어에서 인터럽트는 두 가지가 있습니다. 마스커블(maskable)과 넌-마스커블(non-maskable)입니다. 마스커블 인터럽트[23]는 무시할 수 있습니다. 우리는 이걸 흉내 내는 것입니다.

---

23 (옮긴이) 마스커블 인터럽트는 처리할지 말지를 설정할 수 있는 반면, 넌 마스커블 인터럽트는 무조건 CPU가 처리하게 된다.

TIP 045 | 집중을 유지하기 위해 인터럽트에 마스크mask를 씌워라

전화기에 음성메시지 기능과 아마도 수신거부(DND, Do Not Disturb) 버튼이 있을 텐데 그게 다 이유가 있습니다. 전화기에 음성메시지 기능(혹은 자동 응답기)이 들어간 것은 무려 1935년부터입니다.

메신저도 같은 역학을 따릅니다. 바쁠 때는 응답을 안 해도 되죠. 자신이 준비가 되면 다시 메시지 보낸 사람을 부르면 됩니다. 그러면 힘들여 조성한 컨텍스트를 잃지 않아도 됩니다.

디버깅을 하는 동안은 여러분의 자리 주변에 뭔가 표시를 해두거나, 혹은 문이 있으면 문을 닫아두세요.

스택을 저장하라

인터럽트를 받을 것이라고 예상되는 상황에서 할 수 있는 최선은 아마도 인터럽트에 대비하는 것이겠죠. 과학자 커뮤니티도 작업 인터럽트와 복귀에 대해 관심이 많습니다. 흥미를 끄는 시간 주기가 두 가지 있습니다. 인터럽트 지연(interruption lag)과 복귀 지연(resumption lag) 시간입니다.

{ 인터럽트에 대비하라 } 작업을 시작하면 인터럽트가 올 때까지 계속 진행하게 됩니다. 이 인터럽트는 곧 두 번째 일을 시작해야 할 것이라는 경보입니다. 경보가 울리고 다음 일을 시작하게 되기까지의 시간이 인터럽트 지연입니다. 이제 여러분은 잠시 동안 새로운 작업을 진행하다가 어느 순간 원래 작업으로 돌아옵니다. 다시 돌아와서 속도를 내기까지 걸리는 시간이 복귀 지연입니다.

경보가 울리면 여러분은 곧 방해를 받게 되리라는 것을 알게 됩니다. 실제 작업 중단이 일어나기까지, 즉, 전화를 받거나 문 앞에 서 있는 사람에게 응대하기 전까지 귀중한 몇 초의 시간이 있습니다. 그 몇 초간 여러분은 자신을 위한 약간의 '빵조각'을 남겨놓아야 합니다. 말하자면, 원래 작업으로 돌아왔을 때 취할 수 있는 단서를 남겨놓는 것이죠.

예를 들어, 이메일 메시지나 기사를 쓰고 있었다고 가정해 봅시다. 어떤 생각을 표현하는 중이고 인터럽트를 받습니다. 그러면 몇 개의 단어를 재빨리 끄집어 냅니다. 전체 문장이 아니라 그저 작업 중이던 생각을 떠올리게 해줄 정도면 충분합니다. 꽤 도움이 되죠. 그리고 이런

종류의 단서 준비에 대한 연구가 많이 있습니다.[24] [25]

더 나아가 언제든지 인터럽트를 받을 수 있다고 가정하면 늘 작업 중인 것에 대한 단서를 남겨두는 습관을 기를 수도 있습니다.

06 | 충분히 큰 컨텍스트 유지하기

컨텍스트에 대한 정보는 많이 유지할수록 좋습니다. 개인적으로, 제가 사무실 책상 주변에 이것저것 쌓아 놓곤 하는 것도 이런 이유입니다. 청소부는 이걸 '난장판'이라고 부르죠.

하지만 종종 "안 보면(out of sight)"이 "잊어버린다(out of mind)"로 이어집니다. 저는 작업에 필요한 적절한 것들이 손 닿는 곳, 저의 정신적인 작업장 내에 있어야 합니다. 가급적이면 쉽게 한 눈에 볼 수 있는 책상 위에 있으면 좋겠죠.

그리고 사실, 작업에 관련된 것들을 컨텍스트 안에 유지하는 것은 엄청난 이득을 줍니다. 단지 모니터를 하나 더 놓는 것만으로도 바로 생산성을 20에서 30퍼센트 가량 올릴 수 있습니다. 생산성을 어떻게 측정하든 상관 없이 말입니다.[26]

{ 생산성을 즉각 20~30퍼센트로 끌어올리기 }

왜 이런 일이 일어날까요?

모니터는 책상보다는 수년 전 프레데릭 브룩스가 힐난한 것처럼 복잡한 비행기 좌석에 더 가깝습니다. 넓은 책상에서는 작업과 관련된 것을 모두 펼쳐놓고 한 눈에 볼 수 있습니다. 하지만 복잡한 비행기 좌석에서는 한 문서(혹은 한 문서의 일부분)밖에 볼 수 없습니다. 종이를 앞뒤로 계속 넘겨야 하죠.

알파문구나 베스트 오피스에 가서 대각선 17인치 정도 되는 사무실 책상을 한번 찾아보세요. 없을 겁니다. 그건 사무실 책상으로는 가소로울 만큼 작은 크기니까요. 그런데 대부분의

---

24 중단된 작업으로 복귀하는 것에 대비하기: 예상 목표의 기호화와 회고적 예행연습 [TABM03].

25 『작업 인터럽트: 복귀 지연과 단서의 역할』 [AT04]

26 존 페디의 연구 조사에 보면, "생산성을 사실에 기초해서 연구하든, 외계인 우주선이 증발하든, 기사를 쓰든"이라고 『두 번째 화면의 미덕』 [Ber06]에서 인용했습니다.

모니터는 17인치에서 21인치 사이입니다. 그 안에서 모든 일을 다 하고 있죠. 작은 화면에서는 그 안에 컨텍스트를 충분히 담을 수 없기 때문에 활성화된 윈도우와 애플리케이션을 계속 전환해가면서 써야 합니다.

알트-탭(Alt-Tab, 혹은 맥에서는 Command-Tab)을 뭐라고 부르는지 아시나요? 바로 컨텍스트 전환이라고 부릅니다. 그리고 지금까지 봐왔듯이 컨텍스트 전환은 생산성을 죽입니다. 알트-탭으로 보이지 않는 윈도우 사이를 전환하는 작은 동작 하나도 단기기억과 에너지를 필요로 합니다.

| **작업 vs. 주제** | 여러분이 만들고 있는 애플리케이션에 대해서 생각해 보세요. UI와 아키텍처를 작업별로 조직화하나요? 아니면 주제별로 하나요? 만약 UI를 작업별로 재조직화한다면 무슨 일이 일어날까요? 사용자들이 기뻐서 어쩔 줄 몰라 할까요?

 노트북에서 할 수 있는 작업도 많지만 두 개의 23인치 모니터로 해야 하는 작업도 있습니다. 두 모니터가 같은 크기에 같은 상표인 것도 중요합니다. 더 작은 모니터로 초점을 바꿔야 하거나 미세한 색감 조정을 하느라고 산란되면 안 되겠죠.

제가 방문했던 많은 진보적인 회사들은 간식과 음료수를 공짜로 제공하는 것뿐 아니라 복수 모니터 환경도 잘 표준화해 놓고 있었습니다.

> **TIP 046** | 모니터를 여러 개 쓰면 컨텍스트 전환을 피할 수 있다

작업 초점 유지하기

위와 같이 넓은 화면이 있어도 엄청난 수의 애플리케이션을 열어놓게 되면 또다시 어지럽게 길을 잃기 쉽습니다.

대부분의 최신 OS에서는 가상 데스크탑(virtual desktop)을 사용할 수 있습니다. 이걸 이용하면 여러 개의 다른 화면 구성을 해놓고 특정 키 입력으로 화면을 전환할 수 있죠. 각 화면은 서로 독립적이고 워크스페이스(workspace)라고 부릅니다. 관건은 워크스페이스 간에 어떻게 애플리케이션을 분배할 것인가죠.

처음에 저는 애플리케이션별로 조직화를 했습니다. 브
라우저 윈도우는 한 워크스페이스에, 터미널은 또 다른
곳에 하는 식이죠. 그러다가 이렇게 배열하니 전환을 더
많이 해야 한다는 것을 깨닫고 작업에 따라 재조직화를 했습니다.

{ 가상 데스크톱을 사용하라 }

제가 요즘 일상적으로 사용하는 워크스페이스 설정을 예로 보면 이렇습니다(그림 8.6).

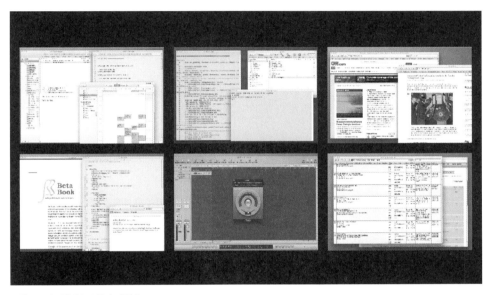

그림 8.6 | 맥 OS X의 스페이스

의사소통: 이 워크스페이스는 모든 의사소통, 일정, 일정 관련 작업 등을 관련 윈도우와 함께 배치합니다. 여
기에는 집중을 분산시키는 애플리케이션이 많아서 이 워크스페이스가 다른 워크스페이스 사이로 '새 나오지'
않도록 정말 조심하고 있습니다.

- 이메일

- 할 일 목록

- 채팅

- 달력

- 프로젝트 상황 대시보드 – 현재 저자의 상태, 책 출판 일정 등

글쓰기: 글을 쓸 때는 이메일 등으로 산란되는 것이 싫기 때문에 이 워크스페이스는 단지 글쓰는 도구만으로 채웁니다.

- 텍스트메이트 (편집기)
- 사전/유의어 사전
- 옴니그래플 (다이어그램 편집기)
- 아크로뱃 리더 (교정용)

코딩: 이것도 글쓰기와 비슷하지만 도구들은 다릅니다. 이 워크스페이스에는 보통 몇 개의 터미널 윈도우를 열어둡니다. 보통 다음처럼 다양한 화면 비율로 시작합니다.

- 보통 크기
- 보통의 높이에 아주 넓은 크기
- 보통의 너비에 아주 높은 크기

이 윈도우를 미리 다 열어놓고 시작하면 시간이 어느 정도 절약됩니다. 필요할 때 바로 앞에 있으니까요. 이 워크스페이스의 내용은 사용하는 언어와 환경에 따라 아주 달라지겠지만 적어도 코드 에디터나 IDE, 있다면 단위 테스트 GUI, 애플리케이션이나 관련 문서를 위한 브라우저 윈도우 여럿, 로그 파일이나 make나 ant 프로세스를 위한 터미널 윈도우 등이 필요합니다.

웹서핑: 워크스페이스 하나는 통째로 웹서핑(즉, '연구 조사')에 할당합니다. 연관된 도우미 애플리케이션도 포함하죠.

- 브라우저 윈도우
- 아크로뱃, 퀵타임, 리얼플레이어 등

음악: 그리고 물론 사람은 일만 하고 살 수는 없습니다. 코딩을 하거나 이메일에 응답하거나 할 때 음악을 들을 수도 있겠죠.

음악을 제어하는 것은 투명해야 합니다. 음량, 연주/중단 등을 전화벨이 울릴 때나 누군가 사무실에 들어올 때 즉각적으로 할 수 있어야 합니다. 음악 조정 기능을 내장한 키보드도 있고 단축키를 설정할 수도 있죠.

때때로 외부 제어 장치(잠깐 멈추려고 Ctrl-Alt-Shift-Meta-F13을 쓰는 건 너무 거추장스럽죠)를 쓰기도 합니다. 맥북의 리모콘을 쓸 수도 있겠죠.

이 워크스페이스에는 저의 음악 취미에 대한 모든 프로그램이 들어가기도 합니다(그래서 외부 제어 장치가 필요하죠). 이렇게 하면 이 취미가 저를 일에서 끌어내도록 유혹하지는 않게 됩니다. 하지만 정말 여유 시간이 생겼을 때는 재빨리 들어가서 놀 수 있죠. 게임을 즐긴다면 이 워크스페이스에 게임을 열어둘 수도 있습니다.

> **TIP 047** | 컨텍스트를 최대화하기 위해 개인 작업흐름을 최적화하라

07 | 정신을 똑바로 차리는 방법

이번 장에서 우리는 주의와 집중이라는 주제에 대한 많은 문제를 다뤘습니다. 지성을 날카롭고 명료하게 가다듬기 위한 도구로 명상을 추천했고 외부 뇌세포를 둘 때의 이득을 설파하고 주의 산만의 위험성에 대해 경고했습니다.

그럼, 우리 자신을 더 날카롭게 가다듬기 위해서는 어떻게 하면 될까요? 가장 중요한 것은 자의식입니다. 정신을 똑바로 차리면서 의도적으로 일할 필요가 있다는 것을 되새기는 것이죠. 우리 사람이라는 기계가 하는 대로 맡겨두면 기본 설정상 프로그래밍이나 지식 기반 업무에는 잘 안 맞습니다.

잘 모르겠으면 다음 세 가지만이라도 기억해 보세요.

1. 재잘거리는 L 모드를 입 다물게 하는 법을 배우세요.
2. 과정 중에 의식적으로 일하고 생각을 더해가세요. 아직 '완료'되지 않은 일이라도요.
3. 컨텍스트 전환이 얼마나 비싼지 자각하고 어떻게든 그 폐해를 줄여보세요.

적어도 이 영역들에만 태클을 걸기 시작하다 보면 집중을 유지하고 자신의 주의력을 통제할 수 있는 길로 가게 될 것입니다.

다음 할 일 ➡

- ❏ 여러분을 산란하게 하는 반복적인 것들을 생각해 보세요. 더 이상 산만해지지 않고 처리할 수 있는 흐름을 만들 방법이 있나요?

- ❏ 언제 여러분이 가장 생산적인지 알아보세요. 그리고 그 시간에는 주의를 빼앗는 것을 제거해 보세요.

- ❏ '다운(down)' 타임과 '생각하는' 시간을 추적해 보세요. 이 둘을 헷갈리지 마세요.

- ❏ 얼마나 쉽게 일에서 벗어나게 되나요? 혹은 벗어날 수 있나요? 더 쉽게 집중을 유지할 수 있도록 일에서 벗어나는 것을 더 어렵게 할 수 있나요?

- ❏ 만약 팀 내에 전문가가 있다면 전문가를 관찰해 보세요. 그리고 그들이 어떻게 산란을 피하는지 살펴보세요.

09 장

전문성을 넘어서

"진정한 발견으로 가는 여행은
새로운 경관을 찾아다니는 것이 아니라
새로운 눈으로 세상을 보는 것이다."

- 마르셀 프루스트

저와 이 여정을 함께해주셔서 고맙습니다.

여러분 중에는 아마도 지난 몇 년간 이 내용들을 대화나 프레젠테이션, 기조연설 등에서 접한 적이 있을 것입니다. 제가 이런 주제들에 대해서 전문가라고 말하진 않겠습니다. 하지만 열심히 하다 보면 그냥 잘 아는 것을 넘어서는 진보를 이룰 것입니다.

그럼 이제 뭘 하면 될까요?

여러분은 지금까지 저의 다양한 관찰과 간간이 끼어 있는 통찰을 읽었고 몇몇 좋은 아이디어로 들떠 있을 수도, 다른 것들 때문에 혼란스러울 수도 있겠지만, 여러분이 '새로운 눈'을 갖게 되었기를, 그리고 어딘가에서 다음으로 뭘 하면 좋을지에 대한 생각이 싹트고 있기를 바랍니다. 하지만 지금껏 살펴본 모든 것들과 마찬가지로 이것도 의도적으로 접근해야 합니다. 그래서 변화를 이뤄내는 데 도움이 될 만한 몇 가지를 제안하겠습니다. 어디서 시작하면 좋은지, 그리고 결국 전문성을 넘어서면 뭐가 있는지를 살펴보겠습니다.

01 | 효과적인 변화

여러분의 뇌는 이 모험을 우리와 함께 할 의무가 없습니다. 마음은 배우고 싶지만 물리적인 뇌는 뭐든 간결하게 유지하려고 합니다. 결벽증 가정부처럼 뇌는 이게 감성적으로 끌리는 내용도, 생존하는 데 가치 있는 일도 아니라고 생각하면 바로 갖다 버립니다. 뇌는 우리가 앞서 이야기한 것들도 아침 출근길에 운전하는 것과 비슷한 류로 격하시켜버립니다. 그래서 여러분은 뇌에 이게 중요하다는 확신을 줘야 합니다. 신경을 써야 하는 거죠. 이제 여러분의 주의를 좀 끌었나요...

{ 연습으로 지속성을 높인다 } 변화는 늘 보이는 것보다 힘듭니다. 이건 그냥 경구 정도가 아니라 물리적인 현실이죠. 오랫동안 깊이 배어든 습관은 뇌의 신경망에 고속도로를 놓은 것과 같습니다. 이런 오래된 습관은 쉽게 사라지지 않습니다. 그 옆에 다른 경로를 통하고 지름길이 있는 새로운 신경망의 고속도로를 놓을 수 있지만 예전 길도 남아 있습니다. 언제든지 이전으로 되돌릴 수 있게, 곧 후퇴할 수 있도록 대기하고 있습니다. 연습은 완벽하게 해주지는 못하지만 오래 지속되게 할 수는 있습니다.

이런 오래된 습관이 남아 있으리라는 사실을 깨닫고 행여 예전으로 돌아간다고 해도 너무 자책하지 마세요. 뇌가 그렇게 되어 있는 것입니다. 그저 잘못을 인지하고 새롭게 마음을 다잡고 앞으로 나아가면 됩니다. 그런 일은 또 일어날 것입니다. 다만 그런 일이 일어난다는 사실을 깨닫고 다시 바른 길을 찾아가면 됩니다. 이건 학습 습관을 바꾸든, 담배를 끊든, 체중 감량을 하든 다 마찬가지입니다.

변화라는 주제는 개인적이든, 조직에 대한 것이든 아주 크고 복잡합니다.[1] 쉬운 일도 아니고 지속적인 노력이 필요하다는 것을 인정해야 합니다. 그 변화를 효과적으로 이루어내기 위한 방법들을 몇 가지 소개합니다.

계획으로 시작하라.

시간을 내서 전투에 임하세요. 여러분이 무엇을 달성했는지를 기록하고 충분히 잘 해내지 못했다고 느낄 때는 그 기록을 돌이켜보세요. 아마 생각보다 많이 왔을 겁니다. 이것도 외

---

1   효과적인 조직의 변화 패턴을 보고 싶다면 『두려움 없는 변화: 새로운 아이디어를 도입하는 패턴』 [MR05]을 보세요.

부 뇌세포(exocortext)의 훌륭한 활용법입니다. 일지나 위키, 웹 등을 활용해서 진도를 기록하세요.

진짜 적은 실수하는 것이 아니라 아무것도 하지 않는 것이다.

위험은 뭔가 잘못하는 데서 생기는 게 아닙니다. 아무것도 하지 않는 데서 생기는 것입니다. 실수를 두려워하지 마세요.

새로운 습관은 시간이 걸린다.

새로운 활동이 습관이 되려면 적어도 3주 정도는 꾸준히 해야 합니다. 더 오래 걸릴 수도 있죠. 충분한 시간을 가지세요.

믿으면 사실이 된다.

지금껏 봐왔듯이 생각은 물리적인 뇌의 연결과 화학 작용을 변화시킵니다. 변화가 가능하다고 믿어야 합니다. 실패할 것이라고 생각한다면, 그 생각대로 될 겁니다.

작은 걸음으로 나아가라.

낮은 가지에 걸린 과일부터 따세요. 작고 달성 가능한 목표를 세우고 그 목표에 도달하면 스스로에게 상을 주세요. '헹구고 또 헹구기'입니다. 다음 단계를 작게 잡으세요. 한 번에 한 걸음만 걸으면 됩니다. 커다란 목표를 마음속에 담고 있되, 거기에 이르는 모든 단계를 생각하려고 하지 마세요. 바로 다음 것만 생각하면 됩니다. 목표를 위해서 알아야 하는 것들은 그 목표에 다가가면 저절로 나온다는 사실을 배워야 합니다.

02 | 내일 무엇을 할 것인가

어떤 새로운 모험이든 어느 정도 관성이 있게 마련입니다. 가만히 쉬고 있으면 계속 거기에 있으려는 경향이 있습니다. 새로운 방향으로 움직인다는 것은 관성적인 저항을 극복해야 한다는 것을 의미합니다.

> "당신이 할 수 있는 것이 무엇이든, 혹은 무엇을 할 수 있다고 꿈꾸든, 그것을 시작하라. 대담함에는 재능과 힘, 마술이 담겨 있다. 지금 당장 시작하라."
>
> - 파우스트, 요한 볼프강 폰 괴테

그냥 시작하세요! 뭐부터 시작하는지는 그렇게 중요하지 않습니다. 일단 이 책에서 얻은 것들을 의식적으로 시작해 보세요. 내일 아침부터 바로 하는 겁니다.

첫 단계로 할 만한 것으로는 이런 것들이 있습니다.

- 책임을 지기 시작하세요. "왜"라고 묻는 것, "어떻게 안 건가요?", "나는 어떻게 알 수 있죠"라고 묻는 것을 두려워하지 마세요. "잘 모르겠어요. 아직은."이라고 대답하는 것도 두려워하지 마세요.

- 컨텍스트를 유지하고, 인터럽트를 피하는 데 도움이 되는 것을 두 가지 정도 골라서 지금 당장 해보세요.

- 실용주의 투자 계획을 만드세요. 그리고 SMART 목표를 수립하세요.

- 자신이 자신의 분야에서 초보자에서 전문가라는 스펙트럼 사이에 어디쯤 있는지 생각해 보세요. 어떻게 하면 더 진보할 수 있을까요. 솔직해져야 합니다. 레시피가 더 필요한가요? 맥락이 더 필요한가요? 규칙과 직관은요?

- 수련하세요. 골치 아픈 코드가 있나요? 다섯 가지 다른 방법으로 다시 짜 보세요.

- 실수를 더 많이 할 수 있는 계획을 짜보세요. 실수는 좋은 것입니다. 거기에서 배우세요.

- 메모장을 들고 다니세요(줄이 없는 게 더 좋습니다). 거기에 낙서도 하고 마인드맵도 그리고 메모도 하세요. 생각을 여유 있게 하고 흐르게 하세요.

- 미학과 부가적인 감각에 마음을 열어보세요. 그게 사무실 칸막이 안이든, 책상이든, 코드든 그게 얼마나 '흥미로운지'에 관심을 기울여보세요.

- 블로깅을 시작해 보세요. 읽은 책에 대한 소감도 적어보고요.[2] 책을 더 많이 읽을수록 쓸 것도 많아질 겁니다. SQ3R과 마인드맵을 활용하세요.

- 하루 일과 중에 시간을 내서 생각에 잠기는 산책을 해보세요.

- 독서 모임을 시작해 보세요.

- 모니터를 두 대 놓으세요. 그리고 가상 데스크톱을 활용해 보세요.

- 각 장의 '다음 할 일'을 다시 보고 시도해 보세요.

---

2 물론 이 책을 언급해주신다면 더할 나위 없이 감사한 일이죠. 그럴 때는 다음 링크를 이용해주세요. http://pragprog.com/titles/ahptl(한국어판: http://wikibook.co.kr/ptal-reprint/) 거듭 감사드립니다.

저는 정말 흥미로운 주제들에 대해 살짝 표면만 긁었지만 연구자들은 계속 새로운 사실을 발견하고 예전 생각들을 반증하고 있습니다. 제가 제안한 것들에 동의할 수 없다면 걱정하지 말고 다음으로 넘어가세요. 시도해볼 것은 수도 없이 많습니다.

03 | 전문성을 넘어서

마침내 전문성에 대한 이 모든 이야기가 끝나고 더 전문가가 되었다면, 전문가 다음에는 무엇이 있을까요? 마치 기묘한 순환 고리처럼, 여러분이 전문가가 되고 나서 달성하고 싶은 파랑새는 아마도... 초보자의 마음가짐일 것입니다.

> "초보자의 마음을 가지면 많은 기회가 있지만 전문가 중에 그런 사람은 드물다."
>
> – 순류 스즈키 로시

전문가가 자신의 전문성과 죽음의 키스를 한다는 것은 이런 것입니다. 일단 자신이 전문가라고 믿게 되면 많은 가능성에 대한 마음을 닫습니다. 호기심을 가지고 행동하지 않게 되죠. 자신의 분야에서 숙달하기 위해 많은 시간을 들인 주제에 대한 권위를 잃을까 두려워 변화를 거부하게 될 수도 있습니다. 자신의 판단과 시각이 도와주는 게 아니라 구속하게 됩니다.

수년간, 이런 현상을 많이 봐 왔습니다. 사람들은 자바나 그 이전의[3] C++ 같은 언어에 많은 투자를 합니다. 자격증을 전부 따고 API와 관련 도구에 대한 수십 권의 책을 달달 외웁니다. 그리고 전보다 훨씬 명확하고 직관적으로 프로그램을 짤 수 있고, 더 철저하게 테스트하고, 더 쉽게 높은 동시성을 달성할 수 있는, 그런 새로운 언어가 등장합니다. 그들은 이 새로운 언어를 배우고 싶어하지 않습니다. 그들의 필요에 따라 진지하게 평가해보지 않고 새 언어를 깎아내리는 데 에너지를 씁니다.

이것은 여러분이 원하는 전문가는 아니겠죠.

---

3   C 프로그래머를 말하는 것. 수년간 계속 C 프로그래머로 머물러 있는 경우를 제외한다면.

그보다는 늘 '초보자'의 마음을 유지하세요. '만약에'라는 질문을 하고, 때로는 아이들의 만족할 줄 모르는 호기심, 궁금증과 놀라움을 흉내 내 보세요. 이 새로운 언어는 정말 좋을 수도 있습니다. 아니면 또 다른 언어가 있을 수도 있고요. 이 멋진 객체지향 운영체제를 쓰려고 하지 않더라도 거기서 뭔가를 배울 수 있습니다.

선입견이나 성급한 판단, 고정된 시각을 벗어나서 학습에 접근해 보세요. 아이들이 하듯이 있는 그대로 바라보세요.

우와, 이거 정말 멋집니다. 이게 어떻게 돌아가는 거죠? 이건 뭐죠?

새로운 기술이나 생각, 혹은 여러분이 잘 모르는 것에 대한 자신의 반응을 인지해 보세요. 자기 인식은 전문가가 되는 열쇠이고 또 전문가를 넘어서는 열쇠이기도 합니다. 하지만 '예전 습관의 신경망 고속도로' 문제의 희생양이 되기도 합니다.

{ **인지하라** } 지금 이 순간, 그리고 여러분이 작업 중인 맥락 속의 자신을 인지하세요. 저는 우리가 실패하는 가장 큰 이유가 뭔가를 자동조종되게 내버려 두는 경향이 있기 때문이라고 생각합니다. 우리는 새롭고 신선한 속성을 느끼지 못한다면 잊어버리게 됩니다. 레오나르도 다빈치는 600년 전에 이에 대한 불평을 했었죠. "사람들은 보지 않고 보고, 듣지 않고 듣고[4] 맛을 느끼지 않고 먹으며, 느끼지 않고 만지고, 생각하지 않고 말한다." 우리는 늘 이런 점에선 유죄입니다. 바빠서 허겁지겁 식사를 하고 맛이나 풍미를 느끼지 않고 가버립니다. 사용자나 고객이 제품에 대해 원하는 것을 정확하게 말하는 것을 귀로는 듣지만 머리는 듣고 있지 않습니다. 눈은 늘 뭔가를 보지만 머리는 보지 않습니다. 이미 알고 있다고 가정해버립니다.

'진주 귀고리를 한 소녀'라는 소설에서 저자는 화가 버미어(Vermeer)와 그의 가장 유명한 작품(책 제목이기도 한)에 감명을 받은 한 소녀에 대한 가상의 이야기를 그렸습니다. 그 이야기에서 버미어는 소녀에게 그림을 가르치게 됩니다. 젊은 숙녀가 입고 있는 드레스를 묘사해 보라고 합니다. 소녀는 노랗다고 대답했습니다. 버미어는 놀란 척을 했습니다. 정말이니? 소녀는 다시 좀 더 주의 깊게 보더니 말합니다. 갈색 무늬가 있어요. 그게 전부니? 버미어가 묻습니다. 이제 소녀는 더 골똘하게 드레스를 연구합니다. 소녀가 말합니다. 아뇨. 녹색과 갈색의 무늬예요. 가까이서 비친 걸 보면 가장자리가 은색이고 천이 갈라지면서 그 아래에 있는 옷이

---

4 (옮긴이) look without seeing, hear without listening. 보고 듣는 데 주의를 기울이지 않는다는 것.

보이는 부분에 검은 점 무늬가 있고, 드레스 아래에 주름이 접히는 그림자는 더 어두운 노란 색이에요.

소녀가 처음 드레스를 보았을 때는 단지 "노랗다"만 이야기했습니다. 버미어는 소녀에게 그 가 보는 것처럼, 놀라운 복잡성과 풍부하고 미묘한 차이로 가득한 것을 볼 수 있도록 유도했 습니다. 이것이 바로 우리 앞에 던져진 도전입니다. 세상을 바라보고 또 바라보는 것, 우리 자 신을 바라보는 것, 바로 있는 그대로 완전하게 바라보는 것입니다.

> "영원한 불침번은 자유의 비용이다."
>
> - 존 필폿 커란의 유명한 경구. 1790.

영원한 불침번은 자유의 비용일 뿐 아니라 자각의 비용이기도 합니 다. 자동조종에 맡기면 아무것도 조종하지 못합니다. 길고 곧게 뻗은 고속도로에서는 그래도 되지만 인생은 종종 굽이굽이 좁은 열두 고 개를 넘어가는 것에 더 가깝습니다. 스스로를, 그리고 자신의 상태를 지속적으로 재평가하고 습관과 과거의 지혜가 눈앞에 있는 진실을 보는 눈을 가리지 못하게 해야 합니다.

TIP 048 | 핸들을 잡으세요. 자동조종에 기댈 수 없습니다

앞으로 나아가서 핸들을 잡으세요. 여러분은 자신에게 필요한 것을 이미 가지고 있습니다. 아인슈타인, 제퍼슨, 푸앵카레, 셰익스피어와 동일한 뇌를 갖고 있죠. 그리고 역사상 어느 때 보다도 많은 사실과 허구, 시각을 바로 활용할 수 있습니다.

행운이 있기를 바라며, 여러분이 어떻게 해내고 있는지를 알려 주세요.

제 이메일 주소는 andy@pragprog.com입니다. 여러분에게 어떤 방법이 좋았는지, 어떤 것은 평이했는지 알려주세요. 여러분의 새로운 블로그나 여러분이 시작한 멋진 오픈소스 프 로젝트를 보여주세요. 여러분이 그린 멋진 마인드맵을 스캔해서 저에게 메일로 보내주세요. forums.pragprog.com에 글을 올려주세요. 이것은 단지 시작일뿐입니다.

고맙습니다.

앤디 헌트 인터뷰

이 인터뷰는 역자와 여러 명의 검토자들이 앤디 헌트에게 질문하고 싶은 것들을 모아서 질문하고 그 답을 받은 것입니다. 주로 책 내용과 연관된 것들에 대한 인터뷰입니다.

Q: 도요타에서는 학습자가 제대로 배우지 못했다면 그것은 학습자의 잘못이 아니라 교육자(trainer)의 잘못이라고 이야기합니다. 반대로, 이 책에서는 학습은 교사가 가르치는 것이 아니라 학생이 배우는 것이라고 이야기하고 있죠. 물론, 이 두 이야기가 꼭 충돌하는 이야기는 아닐 테지만 이에 대해서 어떤 견해를 갖고 있으신지 듣고 싶습니다.

A: 질문에 있는 것처럼 두 이야기 모두 사실일 수 있습니다. 학습은 교사의 책임인 동시에 학습자의 능력입니다. 학습이 성공적이지 않았다면 교사가 학습 내용을 전달하는 방법을 찾지 못한 잘못이 있을 수 있겠지만, 결국 학습은 배우는 사람이 하는 것입니다. 교사가 억지로 배우게 만들 수는 없습니다. 학습은 학습자가 하는 것이며 교사는 그 과정을 도와주는(facilitate) 역할입니다. 즉, 교사에게 의무(resposibility)와 책임(accountability)이 있지만 한계가 있습니다.

예를 들어, 의사는 꿰맨 곳이 빨리 봉합되게 하고 여러분에게 운동을 하게 만들 수는 없습니다. 이런 것은 전적으로 여러분에게 달린 것입니다.

Q: TWI(Training Within Industry, 산업 내 훈련)에 대해서 어떻게 생각하시나요? 미국에서는 사라졌지만 도요타에서 채택되고 발전했습니다. 그 목표는 이 책과 같은 듯 한데, TWI에서 어떤 부분을 더 배워야 하고, 또 어떤 부분은 버려야 할까요? 얼핏 보면 TWI가 초보자에게는 유용하지만 전문가의 생산성을 깎아먹는 규칙을 강제하는 것처럼 보입니다. 하지만 또 도요타는 전문가를 길러내는 회사로도 유명합니다.

A: 저는 TWI에 대해서는 잘 모릅니다. 하지만 일반적으로 이야기한다면 우리가 일하는 분야(소프트웨어)에는 그런 종류의 수습생 제도나 직업 내 훈련 과정을 찾아보기 힘듭니다. 아주 부끄러운 일이죠. 이 책에서 거듭 지적한 것처럼 학습은 실세계의 경험과 조화될 때 가장 효과적입니다. 아니, 어쩌면 그렇게 해야만 효과적이라고 할 수도 있을 겁니다.

하지만 이런 훈련 과정은 초보자뿐 아니라 전문가도 고려해야 합니다. 그리고 학습자의 욕구뿐 아니라 교육자의 욕구도 고려해야 합니다. 전문가에게 교육 역할을 강요하면 아마도 즐겁게 하지 못할 것이고, 심지어 교육에 필요한 기술은 없을 수도 있습니다.

제가 아주 큰 회사에서 일할 때, 많은 직원이 신입 직원의 멘토 역할을 해야 했습니다. 모든 회사가 하는 일이지만, 어떻게 멘토가 될 수 있는지에 대한 교육은 전혀 없었고, 가이드라인도, 멘토에게 어떤 이익도 없었습니다. 물론, 그 발상은 처참하게 실패했죠.

관련된 이야기를 좀 더 하면, 이런 과정을 만들 때는 멘토와 수습생의 관계를 조망해 보아야 합니다. 단순히 몇 가지 '베스트 프랙티스(best practice)'를 초보자에게 가르친다고 되는 것이 아닙니다. 이 분야에는 아직 잡아내지 못한(그리고 많은 경우 쉽게 잡아내기 힘든) 암묵지들이 많습니다. 이런 암묵지를 전달하는 유일한 방법은 실력 있는 실무자와 함께 일하는 것뿐입니다.

Q : R 모드에 대해 많은 지면을 할애하셨는데요. 하지만 이 책은 R 모드를 활용해서 읽기 어렵습니다. 물론 책이라는 한계가 있긴 하지만 헤드 퍼스트 시리즈와 같은 시도를 할 수도 있었을 것 같은데, 헤드 퍼스트의 방식은 어떻게 생각하시나요?

A : 헤드 퍼스트 시리즈처럼 과격한 방식은 아니지만 이 책에서도 미묘한 기법들을 몇 가지 시도했습니다. 물론 그래도 몇몇 검토자들은 그림과 일화에 대해 불평을 했지만, 이것들은 대부분 다양한 이유로 의도적으로 배치된 것입니다. 독자들로부터 반응을 이끌어내거나 특정한 방식으로 산란하기 위한 것이죠. 모든 사람이 만족하는 프레젠테이션 방식은 아니지만 캐시와 버트(헤드 퍼스트의 창시자)조차도 헤드 퍼스트 스타일이 그들의 많은 교수법 아이디어 중 하나일 뿐이라는 점을 지적한 바 있습니다.

근본적으로는 모든 책 기반 재료가 그 효과에 한계가 있다는 문제가 있는 것이죠. 인쇄된 정적인 지면에서 할 수 있는 것은 많지 않습니다. 진정한 해결책은… 음, 그것에 대해서도 연구하고 있습니다. 앞으로 일어날 발전을 지켜보세요.

· · · · · ·

Q : 마인드맵은 단일 부모 노드에 단일 루트 노드입니다. 만약 이 원칙을 깬다면 어떨까요? 부모 노드를 여러 개 가질 수도, 없을 수도 있고 아무렇게나 연결할 수도 있다면 목적 없는 자유 연상을 할 때는 더 도움이 되지 않을까요? 아니면 단일 루트 노드라는 규칙이 어떤 장점이 있나요?

A : 그게 그렇게 중요하다고 생각하지는 않습니다. 무엇을 달성하고 싶은가에 따라 다르겠죠. 불분명하고 탐험적인 주제라면 기본적인 관계가 더 명확해지기 전까지는 자유롭게 연결할 수 있는 그래프가 좋을 수 있습니다(적어도 시작 단계에서는요).

단일 루트 노드의 장점이 하나 있다면 여러분이 어떤 주제에 집중하게 해준다는 것입니다. 물론, 동시에 여러 개의 마인드맵을 그린다고 문제가 될 것은 전혀 없습니다.

Q: 제 자신이 드라이퍼스 모델에서 어느 단계 쯤에 있는지 어떻게 알 수 있을까요? 혹은, 다른 프로그래머가 어떤 단계에 있는지 어떻게 평가할 수 있을까요? 전문가에게 초보자보다 더 많은 급여를 주려면 단계를 측정할 수 있어야 할 텐데, 드라이퍼스 모델이 각 단계가 어떤 특성을 지니는지를 보여주긴 하지만 단계를 측정하기에는 좀 부족해 보입니다. 좋은 방법이 없을까요?

A: 그건 이 산업에서 우리가 처한 어려운 문제 중 하나입니다. 프로그래머의 능력을 평가하는 데 믿을 만한 좋은 지표나 방법은 아직 없습니다. 드라이퍼스 형제는 심도 있는 인터뷰를 통해서 평가했고, 또 해당 영역은 객관적으로 생산성을 측정할 수 있는 분야였습니다. 이것이 우리가 처한 어려움이죠. 프로그래머의 생산성을 측정할 만한 객관적인 지표는 없습니다.

하지만 몇 가지 일반적인 가이드라인은 제시할 수 있습니다. 전문가 프로그래머는 자신이 예측한 시점에 잘 마무리를 짓고 버그도 더 적고 변명거리도 더 적습니다.

· · · · · ·

Q: 말콤 글래드웰의 '아웃라이어'를 읽어보셨나요? 그 책에서는 전문가가 되기까지 1만 시간이 필요하다고 합니다. 이 책에서는 10년이라고 말하고 있죠. 이 주제가 한국의 커뮤니티에서도 논의된 적이 있는데, 아웃라이어에서 말하는 1만 시간은 의도적인 수련 시간이며 10년이란 시간은 하루에 3시간씩 수련해서 10년에 1만 시간이 된다는 식으로 해석한 적이 있습니다. 이 해석을 인정한다면, 하루에 3시간 이상의 의도적인 수련을 쌓고 학습을 한다면 10년이라는 시간을 더 단축시킬 수 있겠지요. 재미 있는 관점이라고 생각하는데, 어떻게 생각하시나요?

A: 맞습니다. 10년이라는 통계에는 현대인으로서 삶을 영위하면서 실질적으로 할 수 있는 의도적인 수련 시간이 얼마일 것이라는 가정이 들어가 있죠. 제 기억이 맞다면, 그 연구에서 그 시간을 얼마간 단축시킬 수 있다는 언급도 했을 것입니다. 하지만 여전히 '자바 7일 완성!' 문화가 원하는 것보다는 훨씬 많이 걸립니다.

Q : IDEO 메서드 카드를 알고 있으신가요? 오블리크 전략과 비슷해 보이는데, 이것 역시 유용한 방법이라고 보시는지요?

A : 직접 써본 적은 없지만 본 적은 있는데, 역시 유용해 보였습니다. 여러분을 관습적이고 습관적인 타성에서 벗어나게 해줄 수 있는 것이라면 뭐든지 좋습니다. 때때로 단지 동전 던지기를 해보는 것처럼 단순한 것도 도움이 됩니다.

만약 두 가지 어려운 선택사항 중 하나를 골라야 한다면, 동전을 던져 보세요. 그것이 공중에 있는 동안 여러분은 둘 중에 어떤 것이 좋은지 깨달을 수도 있을 겁니다. 어떤 면이 나올지 마음 속으로 바라고 있는 모습을 발견할 수도 있죠. 그럼 이제 여러분은 진정으로 원하는 것이 뭔지 알게 되고, 결정을 내릴 수 있겠죠.

· · · · · ·

Q : 외부 뇌세포로 위키를 추천하셨는데요. 선호하는 위키 구현을 소개해주실 수 있나요?

A : 지금은 텍스트메이트의 간단한 매크로를 쓰고 있습니다. 위키워드에 문법 강조와 하이퍼링크를 지원해주죠(이맥스의 emacs–wiki–mode와 비슷합니다). 그 외에도 사람들이 저에게 많은 위키를 추천해줍니다. 중요한 것은 여러분에게 필요한 기능이 뭐가 있느냐겠지요.

· · · · · ·

Q : 이너게임을 아주 좋아합니다만, 프로그래밍에 이너게임을 적용하는 것은 어렵더군요. 조언을 해주신다면?

A : 짝 프로그래밍을 해보세요. 그리고 내비게이터일 때와 드라이버일 때 정신적으로 어떻게 다른지 인지해보세요. 내비게이터는 좀 더 경험적으로 생각하는 경향이 있고 이–17가지를–잊으면–안돼라든지, 괄호 닫는 것 같은 미시적인 수준에서 한 발 떨어져서 생각할 수 있습니다. 내비게이터는 상황적인 피드백을 적용하기도 좋고 낮은 단계의 산란으로부터 자유롭습니다.

Q: 만약 작업 공간에서 벗어나는 것을 물리적으로 힘들게 만든다면 휴식을 취하기도 어려워지지 않을까요? 휴식을 취하는 것 역시 컨텍스트를 유지하는 것만큼 중요한 일 아닌가요?

A: 필요한 만큼 휴식하는 것은 아주 중요합니다. 제가 발견한 사실은 어떤 분리되고 휴식을 위해 최적화된 '휴식 공간'이 있으면 정말로 쉴 수 있지만 그저 생각 없이 구글링을 하거나 뉴스를 읽는 것은 시간 낭비일 뿐이라는 것입니다.

· · · · · ·

Q: 이 책을 출판한 이후로 뭔가 바뀌거나 더 발전한 생각이 있다면?

A: 당연히 있죠! 저는 늘 우리의 이성과 합리적인 사고 능력이 얼마나 허약한지에 놀라고, 본질적으로 이성적인 생물이 아니라는 데 놀랍니다. 얼마나 우리가 일이나 취미 생활에서 창조적인 충동을 표현하지 않고 포기해버리는지에 놀랍니다. 우리가 얼마나 마음이 닫혀 있고 거짓된 믿음에 집착할 수 있는지, 눈앞에 명백한 증거가 있음에도 무시하는지에 놀랍니다. 또한 우리의 마음이 얼마나 회복력이 있고 적응력이 뛰어난지, 어떠한 어려움도 헤쳐 나갈 수 있는 충분한 능력이 있다는 데 기쁨을 느낍니다.

[AIT99]   F. G. Ashby, A. M. Isen, and A. U. Turken. A neuropsychological theory of positive affect and its influence on cognition. Psychological Review, (106):529 – 550, 1999.

[All02]   David Allen. Getting Things Done: The Art of Stress—Free Productivity. Simon and Schuster, New York, 2002.
한국어판: 끝도 없는 일 깔끔하게 해치우기 | 데이비드 알렌 지음 | 공병호 옮김 | 21세기북스 (북이십일) | 2002

[Ari08]   Dan Ariely. Predictably Irrational: The Hidden Forces That Shape Our Decisions. HarperCollins, New York, 2008.
한국어판: 상식 밖의 경제학 – 이제 상식에 기초한 경제학은 버려라! | 댄 애리얼리 지음 | 장석훈 옮김 | 청림출판 | 2008

[AT04]   Erik M. Altmann and J. Gregory Trafton. Task interruption: Resumption lag and the role of cues. Proceedings of the 26th Annual Conference of the Cognitive Science Society, 2004.

[BB96]   Tony Buzan and Barry Buzan. The Mind Map Book: How to Use Radiant Thinking to Maximize Your Brain's Untapped Potential. Plume, New York, 1996.
한국어판: 토니 부잔의 마인드맵 북 | 배리 부잔, 토니 부잔 지음 | 권봉중 옮김 | 비즈니스맵 | 2010

[Bec00]   Kent Beck. Extreme Programming Explained: Embrace Change. Addison–Wesley, Reading, MA, 2000.
            한국어판: 익스트림 프로그래밍: 변화를 포용하라 | 신시아 안드레스, 켄트 벡 지음 | 김창준, 정지호 옮김 | 인사이트 | 2006

[Bei91]   Paul C. Beisenherz. Explore, invent, and apply. Science and Children, 28(4):30 – 32, Jan 1991.

[Ben01]   Patricia Benner. From Novice to Expert: Excellence and Power in Clinical Nursing Practice. Prentice Hall, Englewood Cliffs, NJ, commemorative edition, 2001.

[Ber96]   Albert J. Bernstein. Dinosaur Brains: Dealing with All Those Impossible People at Work. Ballantine Books, New York, 1996.

[Ber06]   Ivan Berger. The virtues of a second screen. New York Times, April 20 2006.

[Bre97]   Bill Breen. The 6 myths of creativity. Fast Company, Dec 19 1997.

[Bro86]   Frederick Brooks. No silver bullet—essence and accident in software engineering. Proceedings of the IFIP Tenth World Computing Conference, 1986.

[BS85]   Benjamin Samuel Bloom and Lauren A. Sosniak. Developing Talent in Young People. Ballantine Books, New York, 1st edition, 1985.

[BW90]   H. Black and A. Wolf. Knowledge and competence: Current issues in education and training. Careers and Occupational Information Centre, 1990.

[Cam02]   Julia Cameron. The Artist's Way. Tarcher, New York, 2002.
            한국어판: 아티스트 웨이, 줄리아 카메론 지음 | 임지호 옮김 | 경당 | 2003

[CAS06]   Mark M. Churchland, Afsheen Afshar, and Krishna V. Shenoy. A central source of movement variability. Neuron, 52:1085 – 1096, Dec 2006.

[Cia01]   Robert B. Cialdini. Influence: Science and Practice. Allyn and Bacon, Boston, MA, 4th ed edition, 2001.

[Cla00]   Guy Claxton. Hare Brain, Tortoise Mind: How Intelligence Increases When You Think Less. Harper Perennial, New York, 2000.

[Cla04]   Mike Clark. Pragmatic Project Automation. How to Build, Deploy, and Monitor Java Applications. The Pragmatic Programmers, LLC, Raleigh, NC, and Dallas, TX, 2004. 한국어판: 실용주의 프로그래머를 위한 프로젝트 자동화: 빌드, 디플로이, 모니터링 | 마이크 클라크 지음 | 김정민, 김정훈 옮김 | 허광남 감수 | 인사이트 | 2005

[Con01]   Hans Conkel. How to Open Locks with Improvised Tools. Level Four, Reno, NV, 2001.

[Csi91]   Mihaly Csikszentmihalyi. Flow: The Psychology of Optimal Experience. Harper Perennial, New York, NY, 1991. 한국어판: 몰입: 미치도록 행복한 나를 만난다 | 미하이 칙센트미하이 지음 | 최인수 옮김 | 한 울림어린이(한울림) | 2004

[Dan94]   M. Danesi. The neuroscientific perspective in second language acquisition research. International Review of Applied Linguistics, (22):201 – 228, 1994.

[DB72]   Edward De Bono. PO: a Device for Successful Thinking. Simon and Schuster, New York, 1972.

[DB73]   J. M. Darley and C. D. Batson. From jerusalem to jericho: A study of situational and dispositional variables in helping behavior. Journal of Personality and Social Psychology, (27):100 – 108, 1973.

[DD79]   Hubert Dreyfus and Stuart Dreyfus. The scope, limits, and training implications of three models of aircraft pilot emergency response behavior. Unpublished, 1979.

[DD86]   Hubert Dreyfus and Stuart Dreyfus. Mind Over Machine: The Power of Human Intuition and Expertise in the Era of the Computer. Free Press, New York, 1986.

[Den93]   Daniel C. Dennett. Consciousness Explained. Penguin Books Ltd, New York, NY, 1993.

[Doi07]   Norman Doidge. The Brain That Changes Itself: Stories of Personal Triumph from the Frontiers of Brain Science. Viking, New York, 2007. 한국어판: 기적을 부르는 뇌 – 뇌가소성 혁명이 일구어낸 인간 승리의 기록들 | 노먼 도이지 지음 | 김미선 옮김 | 지호 | 2008

[Dru54]   Peter F. Drucker. The Practice of Management. Perennial Library, New York, 1st perennial library ed edition, 1954.
한국어판: 경영의 실제 | 피터 드러커 지음 | 이재규 옮김 | 한국경제신문 | 2006

[DSZ07]   Rosemary D'Alesio, Maureen T. Scalia, and Renee Zabel. Improving vocabulary acquisition with multisensory instruction. Master's thesis, Saint Xavier University, Chicago, 2007.

[Dwe08]   Carol S. Dweck. Mindset: The New Psychology of Success. Ballantine Books, New York, 2008 ballantine books trade pbk. ed edition.
한국어판: 성공의 심리학 | 캐롤 드웩 지음 | 정명진 옮김 | 부글북스 | 2006

[Edw01]   Betty Edwards. The New Drawing on the Right Side of the Brain. HarperCollins, New York, 2001.

[FCF07]   Fitzsimons, Chartrand, and Fitzsimons. Automatic effects of brand exposure on motivated behavior: How apple makes you "think differ ent". http://faculty.fuqua. duke.edu/%7Egavan/GJF_articles/ brand_exposure_JCR_inpress.pdf, 2007.

[Fow05]   Chad Fowler. My Job Went To India: 52 Ways to Save Your Job. The Pragmatic Programmers, LLC, Raleigh, NC, and Dallas, TX, 2005.

[Gal97]   W. Timothy Gallwey. The Inner Game of Tennis. Random House, New York, rev. ed edition, 1997.

[Gar93]   Howard Gardner. Frames of Mind: The Theory of Multiple Intelligences. BasicBooks, New York, NY, 10th anniversary ed edition, 1993.

[GG86]   Barry Green and W. Timothy Gallwey. The Inner Game of Music. Anchor Press/ Doubleday, Garden City, NY, 1st edition, 1986.

[GHJV95]   Erich Gamma, Richard Helm, Ralph Johnson, and John Vlissides. Design Patterns: Elements of Reusable Object—Oriented Software. Addison—Wesley, Reading, MA, 1995.
한국어판: GOF의 디자인 패턴: 재사용성을 지닌 객체지향 소프트웨어의 핵심 요소, 개정판 | 에릭 감마 지음 | 김정아 옮김 | 피어슨에듀케이션코리아 | 2015

[GP81]   William J. J. Gordon and Tony Poze. Conscious/subconscious interaction in a
            creative act. The Journal of Creative Behavior, 15(1), 1981.

[Gra04]   Paul Graham. Hackers and Painters: Big Ideas from the Computer Age. O'Reilly &
            Associates, Inc, Sebastopol, CA, 2004.
            한국어판: 해커와 화가 | 폴 그레이엄 지음 | 임백준 옮김 | 한빛미디어 | 2014

[Haw04]   Jeff Hawkins. On Intelligence. Times Books, New York, 2004.

[Hay81]   John R. Hayes. The Complete Problem Solver. Franklin Institute Press, Philadelphia,
            Pa., 1981.

[HCR94]   Elaine Hatfield, John T. Cacioppo, and Richard L. Rapson. Emotional Contagion.
            Cambridge University Press, Cambridge, 1994.

[HS97]   J. T. Hackos and D. M. Stevens. Standards for Online Communication. John Wiley
            and Sons, Inc., New York, 1997.

[HS07]   Neil Howe and William Strauss. The next 20 years: How customer and workforce
            attitudes will evolve. Harvard Business Review, July 2007.

[HT00]   Andrew Hunt and David Thomas. The Pragmatic Programmer: From Journeyman to
            Master. Addison–Wesley, Reading, MA, 2000.
            한국어판: 실용주의 프로그래머 | 데이비드 토머스, 앤드류 헌트 지음 | 김창준, 정지호 옮김 |
            인사이트 | 2014

[HT03]   Andrew Hunt and David Thomas. Pragmatic Unit Testing In Java with JUnit. The
            Pragmatic Programmers, LLC, Raleigh, NC, and Dallas, TX, 2003.
            한국어판: 실용주의 프로그래머를 위한 단위 테스트 with JUnit | 데이비드 토머스, 앤드류
            헌트 지음 | 김정민 옮김 | 인사이트 | 2004

[HT04]   Andrew Hunt and David Thomas. Imaginate. Software Construction, 21(5):96 – 97,
            Sep–Oct 2004.

[HwMH06]   Andrew Hunt and David Thomas with Matt Hargett. Pragmatic Unit Testing In C#
            with NUnit, 2nd Ed. The Pragmatic Programmers, LLC, Raleigh, NC, and Dallas, TX,
            2006.

[Jon07]   Rachel Jones. Learning to pay attention. Public Library of Science: Biology, 5(6):166, June 2007.

[KB84]   David Keirsey and Marilyn M. Bates. Please Understand Me: Character and Temperament Types. Distributed by Prometheus Nemesis Book Co., Del Mar, CA, 5th ed edition, 1984.

[KD99]   Justin Kruger and David Dunning. "unskilled and unaware of it: How difficulties in recognizing one's own incompetence lead to inflated self-assessments". Journal of Personality and Social Psychology, 77(6):1121 – 1134, 1999.

[Ker99]   Joshua Kerievsky. Knowledge hydrant: a pattern language for study groups. http://www.industriallogic.com/papers/khdraft.pdf, 1999.

[KK95]   M. Kurosu and K. Kashimura. Apparent usability vs. inherent usability: Experimental analysis on the determinants of the apparent usability. Conference companion on Human factors in computing systems, pages 292 – 293, May 7–11 1995.

[Kle04]   Gary Klein. The Power of Intuition: How to Use Your Gut Feelings to Make Better Decisions at Work. Doubleday Business, 2004.

[Kno90]   Malcolm S Knowles. The Adult Learner: a Neglected Species. Building blocks of human potential. Gulf Pub. Co, Houston, 4th ed edition, 1990.

[Kou06]   John Kounios. The prepared mind: Neural activity prior to problem presentation predicts subsequent solution by sudden insight. Psychological Science, 17(10):882 – 890, 2006.

[KR08]   Jeffrey D. Karpicke and Henry L. Roediger, III. The critical importance of retrieval for learning. Science, 319(5865):966 – 968, Feb 2008.

[Lak87]   George Lakoff. Women, Fire, and Dangerous Things: What Categories Reveal About the Mind. University of Chicago Press, Chicago, 1987.

[Lev97]   David A. Levy. Tools of Critical Thinking: Metathoughts for Psychology. Allyn and Bacon, Boston, 1997.

[Lev06]   Daniel J. Levitin. This Is Your Brain on Music: The Science of a Human Obsession. Dutton, New York, NY, 2006.

[Lew88]   Pawel Lewicki. Acquisition of procedural knowledge about a pattern of stimuli that cannot be articulated. Cognitive Psychology, 20(1):24 – 37, Jan 1988.

[Loh07]   Steve Lohr. Slow down, brave multitasker, and don't read this in traffic. The New York Times, Mar 25 2007.

[Lut06]   Tom Lutz. Doing Nothing: A History of Loafers, Loungers, Slackers, and Bums in America. Farrar, Straus and Giroux, New York, 1st edition, 2006.

[Mac00]   Michael Macrone. Brush Up Your Shakespeare! Harper-Resource, New York, 1st harperresource ed edition, 2000.

[Mas06]   Mike Mason. Pragmatic Version Control Using Subversion. The Pragmatic Programmers, LLC, Raleigh, NC, and Dallas, TX, second edition, 2006.
           한국어판: 서브버전을 이용한 실용적인 버전 관리 | Mike Mason 지음 | 류광 옮김 | 정보문화사 | 2006

[MR05]   Mary Lynn Manns and Linda Rising. Fearless Change: Patterns for Introducing New Ideas. Addison-Wesley, Boston, 2005.

[Mye98]   Isabel Briggs Myers. MBTI Manual: A Guide to the Development and Use of the Myers-Briggs Type Indicator. Consulting Psychologists Press, Palo Alto, Calif., 3rd ed edition, 1998.

[Neg94]   Nicholas Negroponte. Don't dissect the frog, build it. Wired, 2.07, July 1994.

[Nor04]   Donald A Norman. Emotional Design: Why We Love (or Hate) Everyday Things. Basic Books, New York, 2004.
           한국어판: 이모셔널 디자인 | 도널드 노먼 지음 | 박경욱, 이영수, 최동성 옮김 | 김진우 감수 | 학지사 | 2006

[Nyg07]   Michael T. Nygard. Release It!: Design and Deploy Production-Ready Software. The Pragmatic Programmers, LLC, Raleigh, NC, and Dallas, TX, 2007.
           한국어판: Release It: 성공적인 출시를 위한 소프트웨어 설계와 배치 | 마이클 나이가드 지음 | 신승환, 정태중 옮김 | 위키북스 | 2007

[Pap93]   Seymour Papert. Mindstorms: Children, Computers, and Powerful Ideas. Basic Books, New York, 2nd ed. edition, 1993.

[PC85]   George Pólya and John Horton Conway. How to Solve It: A New Aspect of Mathematical Method. Princeton University Press, Princeton, expanded princeton science library ed edition, 1985.
           한국어판: 어떻게 문제를 풀 것인가? (개정판) | G. 폴리아 지음 | 우정호 옮김 | 교우사 | 2008

[Pie81]   Paul Pietsch. Shufflebrain: The Quest for the Hologramic Mind. Houghton Mifflin, Boston, 1981.

[Pin05]   Daniel H. Pink. A Whole New Mind: Moving from the Information Age to the Conceptual Age. Penguin Group, New York, 2005.
           한국어판: 새로운 시대가 온다 | 다니엘 핑크 지음 | 김명철 옮김 | 한국경제신문 | 2007

[Pol58]   M. Polanyi. Personal Knowledge. Routledge and Kegan Paul, London, 1958.
           한국어판: 개인적 지식: 후기비판적 철학을 위하여 | 대우학술총서 5189 | 마이클 폴라니 지음 | 김봉미, 표재명 옮김 | 아카넷 | 2001

[Pre02]   Steven Pressfield. The War of Art: Break Through the Blocks and Win Your Inner Creative Battles. Warner Books, New York, warner books ed edition, 2002.

[Raw76]   G. E. Rawlinson. The Significance of Letter Position in Word Recognition. PhD thesis, University of Nottingham, Nottingham UK, 1976.

[Raw99]   G. E. Rawlinson. Reibadailty. New Scientist, (162):55, 1999.

[RB06]   C. Rosaen and R. Benn. The experience of transcendental meditation in middle school students: A qualitative report. Explore, 2(5):422 – 5, Sep–Oct 2006.

[RD05]   Johanna Rothman and Esther Derby. Behind Closed Doors: Secrets of Great Management. The Pragmatic Programmers, LLC, Raleigh, NC, and Dallas, TX, 2005.
           한국어판: 실천가를 위한 실용주의 프로젝트 관리: 위대한 관리의 비밀 | 에스더 더비, 요한나 로스맨 지음 | 신승환, 정태중 옮김 | 위키북스 | 2007

[Rey08]   Garr Reynolds. Presentation Zen: Simple Ideas on Presentation Design and Delivery. New Riders, Berkeley, CA, 2008.
           한국어판: 프리젠테이션 젠: 생각을 바꾸는 프리젠테이션 디자인 | 가르 레이놀즈 지음 | 정순욱 옮김 | 에이콘출판 | 2008

[RG05] Jared Richardson and Will Gwaltney. Ship It! A Practical Guide to Successful Software Projects. The Pragmatic Programmers, LLC, Raleigh, NC, and Dallas, TX, 2005.
한국어판: Ship It! 성공적인 소프트웨어 개발 프로젝트를 위한 실용 가이드 | 자레드 리차드슨, 윌리엄 그월트니 주니어 지음 | 최재훈 옮김 | 위키북스 | 2007

[RH76] Albert Rothenberg and Carl R. Hausman. The Creativity Question. Duke University Press, Durham, N.C., 1976.

[Rob70] Francis Pleasent Robinson. Effective Study. Harpercollins College, New York, NY, fourth edition, 1970.

[RW98] Linda S. Rising and Jack E. Watson. Improving quality and productivity in training: A new model for the hightech learning environment. Bell Labs Technical Journal, Jan 1998.

[Sac68] Sackman. Exploratory experimental studies comparing online and offline. Communications of the ACM, pages 3 – 11, Jan 1968.

[SB72] G. Spencer–Brown. Laws of Form. Julian Press, New York, 1972.

[Sch95] Daniel L. Schwartz. The emergence of abstract representations in dyad problem solving. Journal of the Learning Sciences, (4):321 – 354, 1995.

[Sen90] Peter Senge. The Fifth Discipline: The Art and Practice of the Learning Organization. Currency/Doubleday, New York, 1990.

[SES90] Jonathan Schooler and Tonya Engstler–Schooler. Verbal overshadowing of visual memories; some things are better left unsaid. Cognitive Psychology, 22, 1990.

[Sev04] Richard Seven. Life interrupted. Seattle Times, Nov 28 2004.

[SH91] William Strauss and Neil Howe. Generations: The History of America's Future, 1584 to 2069. Morrow, New York, 1st edition, 1991.

[SH06] Venkat Subramaniam and Andy Hunt. Practices of an Agile Developer: Working in the Real World. The Pragmatic Programmers, LLC, Raleigh, NC, and Dallas, TX, 2006.
한국어판: 애자일 프랙티스 | 벤컷 수브라마니암, 앤디 헌트 지음 | 신승환, 정태중 옮김 | 인사이트 | 2007

[Smi04]   David Livingston Smith. Why We Lie: The Evolutionary Roots of Deception and the Unconscious Mind. St. Martin's Press, New York, 1st edition, 2004.
한국어판: 거짓말쟁이는 행복하다 | 데이비드 리빙스턴 스미스 지음 | 정명진 옮김 | 부글북스 | 2007

[SMLR90] C. Stasz, D. McArthur, M. Lewis, and K. Ramsey. Teaching and learning generic skills for the workplace. RAND and the National Center for Research in Vocational Education, November 1990.

[SO04]   H. Singh and M. W. O'Boyle. Interhemispheric interaction during global/local processing in mathematically gifted adolescents, average ability youth and college students. Neuropsychology, 18(2), 2004.

[SQU84]   Edwin A. Abbott (A. SQUARE). Flatland: A Romance of Many Dimensions. Dover 2007 Reprint, New York, 1884.
한국어판: 이상한 나라의 사각형 | 에드윈 애벗 지음 | 신경희 옮김 | 경문북스(경문사) | 2003

[Swi08]   Travis Swicegood. Pragmatic Version Control using Git. The Pragmatic Programmers, LLC, Raleigh, NC, and Dallas, TX, 2008.
한국어판: Git, 분산 버전 관리 시스템 | 트라비스 스위스굿 지음 | 김성안, 이두원 옮김 | 인사이트 | 2010

[TABM03] J. Gregory Trafton, Erik M. Altmann, Derek P. Brock, and Farilee E. Mintz. Preparing to resume an interrupted task: Effects of prospective goal encoding and retrospective rehearsal. International Journal Human—Computer Studies, (58), 2003.

[Tal07]   Nassim Nicholas Taleb. The Black Swan: The Impact of the Highly Improbable. Random House, New York, 2007.
한국어판: 블랙 스완: 0.1%의 가능성이 모든 것을 바꾼다 | 나심 니콜라스 탈레브 지음 | 차익종 옮김 | 동녁사이언스 | 2008

[TH03]   David Thomas and Andrew Hunt. Pragmatic Version Control Using CVS. The Pragmatic Programmers, LLC, Raleigh, NC, and Dallas, TX, 2003.
한국어판: 실용주의 프로그래머를 위한 버전 관리 using CVS | 데이비드 토머스, 앤드류 헌트 지음 | 정지호 옮김 | 인사이트 | 2004

[Tra97]   N. Tractinsky. Aesthetics and apparent usability: Empirically assessing cultural and methodological issues. CHI 97 Electronic Publications: Papers, 1997.

[VF77]   Dyckman W. Vermilye and William Ferris. RelatingWork and Education, volume 1977 of The Jossey-Bass series in higher education. Jossey-Bass Publishers, San Francisco, 1st edition, 1977.

[vO98]   Roger von Oech. A Whack on the Side of the Head. Warner Business Books, New York, 1998.

[Wei85]   Gerald M. Weinberg. The Secrets of Consulting. Dorset House, New York, 1985.
한국어판: 컨설팅의 비밀 | 제럴드 M. 와인버그 지음 | 홍성완 옮김 | 인사이트 | 2004

[Wei86]   Gerald M. Weinberg. Becoming a Technical Leader: An Organic Problem-Solving Approach. Dorset House, New York, 1986.
한국어판: 테크니컬 리더: 혁신, 동기부여, 조직화를 통한 문제 해결 리더십 | 제럴드 M. 와인버그 지음 | 조승빈 옮김 | 인사이트 | 2013

[Wei06]   Gerald M. Weinberg. Weinberg on Writing: The Fieldstone Method. Dorset House Pub., New York, 2006.

[Whi58]   T. H. White. The Once and Future King. Putnam, New York, 1958.

[WN99]   Charles Weir and James Noble. Process patterns for personal practice: How to succeed in development without really trying. http://www.charlesweir.com/papers/ProcessPatterns.pdf, 1999.

[WP96]   Win Wenger and Richard Poe. The Einstein Factor: A Proven New Method for Increasing Your Intelligence. Prima Pub., Rocklin, CA, 1996.

[ZRF99]   Ron Zemke, Claire Raines, and Bob Filipczak. Generations at Work: Managing the Clash of Veterans, Boomers, Xers, and Nexters in Your Workplace. AMACOM, New York, 1999.

책 속의 사진 설명

* Portrait of a wizard, 1977, marker on cardboard by Michael C. Hunt.

* Man with hat, 2007, pen and ink by Michael C. Hunt.

* Portrait of Henri Poincaré, public domain image courtesy of Wikipedia.com.

* Portrait of John Stuart Mill, public domain image courtesy of Wikipedia.com.

* Photo of labyrinth at Grace Cathedral copyright Karol Gray, reprinted with permission.

* Photo of labyrinth etched in marble copyright Don Joski, reprinted with permission.

* Photo of plunge sheep dip copyright 1951 C. Goodwin, reprinted under the terms of Creative Commons Attribution 3.0.

* Photo of Mark II engineer's log courtesy of the U.S. Naval Historical Center.

* Screen shot of PocketMod courtesy of Chad Adams, reprinted with permission.

* Diagram of affinity grouping copyright Johanna Rothman and Esther Derby, reprinted with permission.

* Figure of representational system predicates courtesy of Bobby G. Bodenhamer, at www.neurosemantics.com, reprinted with permission.

* Pencil illustrations by the author.

* Except as noted, remaining photographs courtesy of iStockPhoto.com.